KB234983

사누키우동 순례 109

우동현(うどん県)으로 불리는 카가와현,
그 지상 최고의 우동 맛집 109!

일본어 표기에 대한 안내

일본어의 바른 한글 표기법은 '東京(とうきょう)→도쿄'입니다. 즉 발음대로 표기하자면 '토우쿄우'라고 해야 하는 것을 첫소리의 격음과 장음을 표기하지 않는다는 규정입니다. 그러나 이 책에서는 일본어의 표기를 구별하기 위하여 첫소리의 격음과 장음을 표기하였습니다. 단, 우리에게 너무도 익숙한 지명(예를 들자면 도쿄 같은)은 원래 맞춤법 규정에 맞추어 표기하였음을 알립니다.

사누키우동 순례 109

김효선 지음

Book
magazine&publishing

세토중앙차도
사카이데 시
사카이데 시청
아야가와
JR 사카이데역
야소바역
텐도지
가모가와역
사카이데IC
골드타워
유타즈역
고쇼지
마루가메항
사누키후추역
마루가메역
JR 요산선
마루가메 시청
이노쿠마 겐이치로 현대미술관
마루가메성
마루가메시
도키카와
사누키후지산
마루가메 스타디움
타카마츠 고속도로
우도히관
93
92
91
94
62
60
8
7
27
23
25
28
26
6
5
17
19
18
88
38

스조우지역
39
젠츠지시 IC
40
41
젠츠지
젠츠지역
시민 체육관
87
89
도키카와 하천공원
코토덴 코토히라선
13
14
쿠리구마역
11
도키카와 생물공원
15
공원
10
오카다역
12
N
하자마역
뉴 레오마월드
58
57
코토덴코토히라역
에나이역
코토히라역
107
108
79
80
81
82
83
사누키 만노우공원
만노우 타운
JR 도산선
84
만노우저수지

　얼마 전에 수많은 화제를 낳았던 연극 〈19-80〉을 관람한 적이 있다. 열아홉 살의 부잣집 도련님 해럴드는 매번 다른 방법으로 자살 시도를 하며 어머니의 관심과 사랑을 받고 싶어 하는 청년이다. 그의 놀이터는 폐차장에, 묘지, 장례식장 등 삶의 종말을 암시하는 장소뿐이다. 여든 살의 모드는 살고 있는 집도 내놓아야 할 형편에 처해 있지만 늘 유쾌하다. 그녀는 자신의 안위보다는 주변의 삶을 보살피려 한다. 수족관의 돌고래와 방치되어 죽어가는 나무에 이르기까지, 그녀는 죽어가는 모든 것을 살피고 싶어 한다. 그러나 사실 모드에게는 누구에게도 말하지 않은 비밀이 있었다. 그녀는 마음 깊은 곳에서 자신의 삶을 80세의 생일과 함께 마감하기로 결심하고 있었던 것이다.

　관심받기 위해 드러내놓고 죽음을 부르짖는 청년과 가슴 깊숙한 곳에 죽음을 감춘 노파는 죽은 사람을 떠나보내는 장례식에서 처음 만난다. 열아홉의 헤럴드는 여든의 할머니 모드와 함께 시간을 보내며, 그녀의 유쾌한 자유와 순수한 사랑을 통해 새로운 삶의 방법을 배우고 사랑을 배운다. 모드가 죽음을 맞아들이기로 결심했던 80세의 생일날, 헤럴드는 청혼반지를 들고 모드를 찾지만 모드는 죽음을 택한다.

　죽음을 이야기하지만 결코 무겁지 않은 연출이 맘에 들었고, 유쾌하고 깊은 철학이 담긴 모드의 삶이 내게 고스란히 전해져 왔다. 더불어 단호하게 삶을 정리하며 떠나는 모드의 깊은 고독도 느낄 수 있었다. 여든이라는 나이의 내가 아직 상상이 되지는 않지만, 삶과 죽음에 대해 모드와 같은 자세를 지켜낼 수 있을지 생각도 했었다. 다만 60이라는 갑자(甲子)의 한 바퀴의 차이가 현실에서는 그리

쉽게 열리기 어려울 거라는 생각도 좀 했었던 것 같다. 더구나 한국처럼 유교가 뿌리 깊이 박힌 나라에서는 말이다.

우동 순례의 시작을 이런 뜬금없는 연극 이야기로 시작한 까닭은, 스스로는 아니라고 생각을 하면서도 어쩔 수 없이 뿌리박은 나의 무의식적인 선입견의 틀을 다시 한 번 돌아보게 하는 작은 만남 때문이다.

우동 순례만을 위해 오롯이 빼낸 한 달. 한껏 들뜬 마음으로 타카마츠(高松)행 비행기에 오른 나의 설렘을 하늘도 아셨는지, 또 다른 설렘을 안고 비행기에 오른 젊은이와의 만남을 주선(?)해 주셨다. 카가와(香川)대학 법학부에 진학하여 유학생활을 시작하게 된 효석 군은 헤럴드와 같은 열아홉 살이었지만, 응석꾸러기도 애늙은이도 아닌, 미래를 이야기하는 희망에 찬 청년이었다.

20대의 두 딸을 둔 나도 사실 "요즘 애들이란!" 소리가 저절로 나오는 게 어쩔 수 없는 현실이건만, 효석 군과 이야기를 나누면서 또 다른 '요즘 애들'의 한 면을 보게 되어 기뻤다. 나 또한 효석 군에게 전철에서 자리 양보나 바라고 주변의 시선 따윈 아랑곳하지 않는 할머니로는 보이지 않았을 것이다. 비록 나는 모드처럼 60세의 나이 차이 따윈 상관없는 소울메이트가 되어줄 수 없을지는 몰라도, 여전히 자신이 하고 싶은 일에 설렘을 간직한 멋진 할머니쯤으로는 기억되고 싶다.

그럼 이제 시작해 볼까나!
너덜너덜해진 가이드북과 지도 한 장을 손에 들고, 카메라와 물을 챙겨서 사누키우동 순례의 길을 떠나보자고! Right Now!

うどん

うどん
うどん

사누키우동 순례에 앞서 독자 여러분의 이해를 돕기 위해 먼저 몇 가지 귀띔을
해야 할 것 같다.

먼저 '사누키우동'이란 이름부터 살펴보자.

상호로 많이 접하는 '사누키우동'이란, 한마디로 말하자면 우리의 평양냉면이
나 함흥냉면과 같다. 즉 '사누키' 지방의 우동으로, 사누키(讚岐)란 카가와(香川)
현의 옛 지명에 해당한다. 우리에게 냉면의 양대산맥인 평양냉면과 함흥냉면이
있다면, 일본에는 3대 우동이라 하여 미즈사와(水沢)우동, 이나니와(稲庭)우동, 사
누키(讚岐)우동이 있다.

1. 미즈사와(水沢)우동

400년경 전 미즈사와지(水澤寺)의 참배객에게 수타 우동을 제공했던 것에서
기원한다. 미즈사와지는 아스카(飛鳥)시대에 창건한 관동 지역 33영지(坂東33個
所)의 16번째에 해당하는 사찰로, 유서가 깊어 예로부터 참배객이 많았다. 죠슈
(上州), 즉 현재의 군마(群馬) 현은 예로부터 밀가루 재배가 왕성하였으며, 지금도
밀가루 생산량 전국 2위를 자랑한다.

미즈사와우동은 차가운 자루우동이 일반적이며, 일부 가게에서는 따뜻한 우
동 메뉴 자체가 없다. 찍어 먹는 소스는 간장 소스와 참깨 소스 등 가게에 따라 다
르다. 참배객을 대상으로 했던 기원 때문인지, 가격이 비싸서인지, 지역 주민들
보다는 관광객이 주 소비층을 이룬다.

2. 이나니와(稲庭)우동

아키다(秋田) 남부에서 제조하는, 손으로 밀어서 말린 건조 우동이다. 냉국수보다 약간 두껍고 엷은 황색을 띠는 건면으로, 밀 때 식용식물유를 쓰지 않고 전분을 사용하는 점이나 마르기 전에 밀어주어서 납작한 형태로 만드는 것이 특징이다. 각지에 전해지는 '고향의 맛'이라고 하여, 2007년에 농림수산부가 선정한 〈농산어촌의 향토요리 100선〉에 뽑히기도 했다.

3. 사누키(讚岐)우동

3대 우동 중 가장 대중적인 우동으로 알려져 있는데, 이는 카가와 현이 우동 생산량과 소비량에서 모두 일본 내 1위를 차지하기 때문이다. 사실 '사누키우동'이라는 명칭은 카가와 현이 우동을 지역의 명물로 선전하기 시작한 1960년경에 붙여진 것으로 그리 오래 되지 않았지만, 카가와 현에서 우동은 주민의 생활에 특이한 위치를 차지하고 있다.

일본은 '토시코시소바(年越しそば)'라고 하여 섣달 그믐날에 메밀국수를 먹는 풍습이 있는데, 카가와 현에서는 메밀국수보다 우동을 먹는 경우가 많다고 한다. 또한 카가와 현의 신문사 사이트에는 스포츠나 날씨, 육아 등과 함께 '우동' 파트가 별도로 마련되어 있을 정도다. 절 주변에 가게들이 밀집해 있는 미즈사와우동과는 달리, 사누키우동은 현의 곳곳에 분포해 있어 생활에 밀착한 음식으로 정착하였으며, 남녀노소를 불문하고 폭넓은 고객층을 보유하고 있다.

사누키우동의 종류

사누키우동에는 어떤 종류가 있을까?

사실 사누키우동은 면 자체와 스타일을 특징으로 삼는 것이지, 완성한 요리 메뉴로써 통일된 것은 없다고 한다. 따라서 나오는 형태에 따라 그 종류를 구별하여 주문한다.

1. 카케우동(かけうどん)

조금 싱거운 맛의 다시(だし 조미된 우동국물로, 일반적으로는 '츠유つゆ' 또는 '우동츠유うどんつゆ'로 불리나 카가와에서는 '다시'라고 부른다.)를 부어 잘게 썬 파와 텐카스(天かす 튀김 앙금)를 올린 우동. 얇게 썬 카마보코(蒲鉾 어묵)를 함께 올리는 경우도 있다. 가장 심플하고 가격도 싸다. 멸치 다시와 가츠오 다시로 나누어진다.

2. 카야쿠우동(かやくうどん)

의미는 '건더기가 있는 우동'을 말하나, 카마보코가 조금 들어간 정도의 심플한 것부터 여러 종류의 고명이 올려 있는 것에 이르기까지 다양하다. 일반점에서는 가장 심플한 메뉴를 '카케'가 아니라 '카야쿠'로 설정해 놓은 곳도 있다.

3. 자루우동(ざるうどん)

삶은 면을 냉수에 헹구어 자루(ざる소쿠리)에 올리고, 진한 맛의 다시에 찍어 먹는 우동. 고명으로는 파와 생강이 많다.

4. 쇼우유우동(醬油うどん)

냉수로 식힌 우동 사리에 쇼우유(醬油 간장)를 조금
넣어서 먹는 우동. 기죠유우동(生醬油うどん)이라고도
부른다. 강판에 간 무와 레몬 등으로 맛을 조절한다.

5. 붓카케우동(ぶっかけうどん)

진한 맛의 다시를 적은 양 부어서 먹는 우동. 자루우동처
럼 찍어 먹는 수고를 하지 않아도 된다. 따뜻하게도 차게도
먹을 수 있다.

6. 유다메우동(湯だめうどん)

물로 헹군 우동을 다시 따뜻한 물에 담가 내는 우동. 가장
오래된 식용법으로, 다시에 찍어 먹는다. 카마아게우동과
대비되어 사용되는 용어. 여름철에는 냉수에 넣어서 냉우
동으로도 먹는다.

7. 카마아게우동(釜あげうどん)

삶아서 물로 헹구기 전의 따뜻한 우동. 면의 상태를 이야기하는 것이기도 하
고, 완성된 요리를 말하는 것이기도 하다. 카마(釜 솥)에서 삶아진 면을 삶은 물째
용기에 담아내고 다시를 찍어 먹는 우동. 주문을 받은 다음에 삶기 때문에 10~15
분 정도 기다려야 한다.

8. 카마타마우동(釜玉うどん)

물기를 뺀 카마아케우동의 면에 날달걀, 고명, 다시 또는
간장을 섞어서 먹는 우동. 우동 사리가 식기 전에 날달걀을
섞어서 반숙을 만든다.

사누키우동의 스타일

아마도 사누키우동이 다른 우동과 구별되는 가장 큰 특징이 아닌가 싶다. 사누키우동집에는
셀프점, 제면소(製麵所), 일반점 등 3가지 타입이 있다.

1. 셀프점 타입

학교의 급식이나 구내식당을 생각하면
된다. 벨트 컨베이어 방식으로, 우동의 사
리 수를 말하여 면을 받은 다음, 자기가 면
을 데워 다시를 넣고 고명을 올려서 먹는
다. 다 먹은 다음에는 용기 반납까지 그야
말로 셀프. 가게에 따라 지불 순서(선불 또는
후불)가 다를 수 있으므로 다른 손님들을 잘
관찰하여 따라한다.

2. 제면소(製麵所) 타입

면을 제조하는 것이 본업이지만, 면을 뽑
는 옆에서 우동을 먹을 수도 있도록 한 귀퉁
이를 제공하는 가게. 셀프점 타입보다도 '더'
셀프라고 생각하면 된다. "이런 곳에 가게
가?!" 싶은 장소에 위치한 개성파가 많다. 음
식을 먹을 수 있는 공간 자체가 협소하기 때
문에 오래 기다리기 일쑤이며, 서서 먹는 정
도는 각오해야 한다.

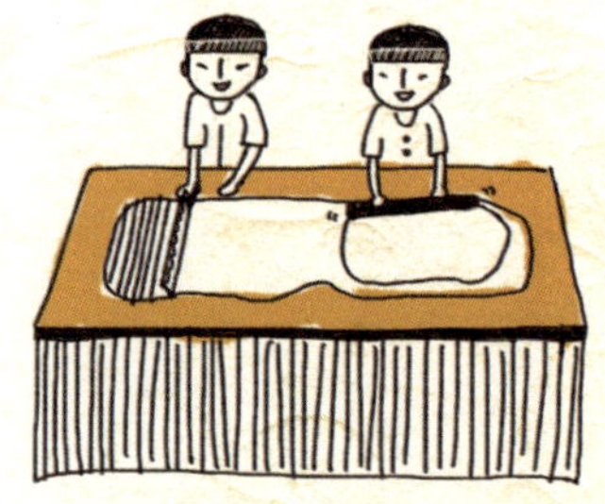

3. 일반점 타입

보통의 음식점이다. 가게에 들어가 앉아 메
뉴를 보고 주문하고, 주문한 우동이 나오면 맛
있게 먹으면 된다. 물론 다 먹고 나면 식기는
그대로 두고 계산만 하면 된다. 메뉴의 종류가
많은 것이 특징이다.

이 정도의 상식으로 무장을 했으니 이제 여러분도 나와 함께 우동 순례를 떠날
준비가 된 것 같다. 저마다 특색 있는 맛난 우동을 먹으며 시골 풍경도 감상하고,
지나는 길에 만나는 사람들과 인연의 정도 쌓고, 지역의 자랑거리인 미술관과 박
물관도 둘러보고, 역사의 흔적들과도 조우하면서 사누키우동 순례를 떠나보는
거다.

12/21
금요일

타카마츠(高松) 시에서는 효고마치(兵庫町)와 마루가메마치(丸亀町), 중앙공원(中央公園)과 리츠린공원(栗林公園)들을 이정표 삼아 걷다 보면 어렵지 않게 우동집들을 발견할 수 있다. 가까우면 바로 옆집, 멀면 1시간 거리에 다양한 우동집들이 즐비한 것이다.

우동 순례의 첫쨋날은 타카마츠의 중심상가로 들어서는 길인 효고마치에서 시작해 보려고 한다. 이 길은 옛날 무사들의 병기를 보관해 두었던 창고(兵庫)가 있던 곳으로, 효고마치란 이름도 여기에서 유래한 것이다.

타카마츠 역에서 고급 상가들이 밀집한 마루가메마치와 만나는 지점까지가 효고마치이고, 사거리에서 계속 직진을 하면 카타하라마치(片原町)로 이어진다. 타카마츠 시내에서는 이 거리만 알아도 필요한 것을 다 살 수 있고 먹을 수 있다.

　영업시간보다 이른 시각에 도착한 탓에 이제 문을 열기 시작하는 효고마치를 어슬렁거리며 시간을 보낸 뒤에야 사누키멘교우에 들어갈 수 있었다. 오늘의 첫손님으로 들어선 나는 가장 기본 메뉴인 붓카케우동을 시켰다. 기본 고명인 파, 무, 깨, 레몬이 올려 나왔다. 첫맛은 약간 달았지만 깨가 바로 향과 함께 단맛을 지우고 고소함으로 마무리했다. 우동 순례라는 거창한 타이틀을 내건 첫날의 첫 번째 우동이었지만, 기대만큼 강한 인상을 주지는 못했다. 내가 너무 맘만 앞선 기대를 한 건가?

🍜 ぶっかけうどん **붓카케우동** 小 430엔

うどん **우동** 小 140엔, 튀김 90엔

점심시간, 치쿠세이 앞에는 이미 긴 줄이 늘어서 있었다. 자전거를 타고 오는 이들도 있었지만, 대부분은 인근 직장인들이 점심을 먹기 위해 찾아온 듯했다. 입구에는 설문지 같은 것을 나눠주는 이들이 있었는데, 식사를 마치고 나오는 이들은 귀찮아하는 내색도 없이 기꺼이 설문지를 받아들었다.

치쿠세이의 입구에 들어서면 먼저 어떤 튀김을 먹을지 주문을 받는다. 물론 튀김을 원하지 않으면 주문하지 않아도 된다. 튀김을 주문한 전표를 받아들고 줄을 따라가다가 면을 주문하는 곳에 이르면, 대·중·소로 면의 크기를 말한 다음 튀김 전표를 내밀고 계산을 한다.

면을 받으면 뜨거운 물이 있는 곳으로 가서 그물망에 면을 넣고 뜨거운 물에 10초간 담갔다가 꺼내 물기를 뺀 뒤에 그릇에 담는다. 그리고는 뒤에 있는 조미대로 가서 자신의 입맛에 따라 무, 생강, 파, 미역, 레몬 등을 우동 위에 올리고 주문한 튀김이 놓여 있는 테이블에 가서 우동을 먹으면 된다.

탱탱한 면발은 식감을 높이고 국물 맛 또한 깔끔하다. 신선한 재료로 즉석

에서 튀겨내는 튀김은 더할 나위 없이 맛나다. 다만 아쉬운 것은, 튀김도 우동도 모두 맛나게 먹은 뒤에는 뒤도 돌아보지 않고 즉시 일어나 나와야 한다는 점이다. 줄지어 기다리는 이들의 수많은 눈동자가 뒤통수를 긁어대기 때문이다. 그래도 가볼 만한 가치가 있는 집이다.

우동보우는 그야말로 옛날 우동집 분위기를 풍겼다. 대부분이 여자 손님들이어서 그런지 실내도 조용해서 서두름 없이 휴식을 취하며 우동을 먹기에 좋은 집이다. 차분한 분위기에서 손님들이 책이나 신문을 보며 우동 먹는 모습들을 구경하며 있자니 주문한 카케우동이 나왔다. 얇은 달걀지단 위에 간 생강을 올려놓은 카케우동은, 오늘 먹은 다른 우동들에 비해 면발이 부드러웠다. 이 집의 분위기와도 어울리는 맛이라고나 할까? 치쿠세이에서와 달리 느긋하게 우동을 먹고, 또 느긋하게 화장실도 다녀왔다. 우동보우는 그런 차분함과 여유가 있어 좋다.

　　번화가인 마루가메마치에 있는 우동집으로, 전에는 주로 이 집의 맞은편에 있는 빵집과 책방을 들리느라 지나치곤 했었다. 드디어 오늘 눈에 익은 아카시야의 입구를 찾아 들어섰다. 좁은 입구와 달리 실내는 널찍했다. 실내를 둘러보는 사이 주문한 카레우동이 나왔다. 깍두기 크기의 감자가 푹 익어서 퍼진 맛이 좀 굵은 우동의 면발과 잘 어울렸다. 종일 우동을 먹었지만 우동을 먹는 지루함을 달래주는 따뜻하고 부드러운 맛이었다. 아무리 소(小)자라고는 해도 카레우동 한 그릇을 깨끗하게 비웠다. 마루카메마치에 들른다면 꼭 한 번 먹어보라고 추천하고 싶은 맛이다.

カレーうどん 카레우동 小 390엔

카가와 현 서쪽으로 가는 우동 순례는 타카마츠(高松) 역에서 JR 요산(予讃)선을 타는 것으로 시작했다. 사누키후추(讃岐府中) 역에서 내리기 위해 탄 전철은 각 역마다 정차하는 보통열차로, 어린 시절의 추억을 연상시키는 오래된 낡은 열차다. 창밖으로 지나치는 마을의 풍광도 그렇지만, 간이역에서 기차를 탄 사람들이 승무원에게 표를 구입하는 모습을 보던 나는, 한순간에 삶은 달걀과 사이다만으로 행복했던 기차여행의 추억 속으로 빠져들었다.

온양이나 천안에 있는 온천에 가기 위해서 우리 가족은 항상 기차를 타곤 했는데, 나는 온천에서의 목욕보다는 기차를 타는 재미와 잠시 정차한 역에서 먹는 우동, 식구들과 함께 먹던 자장면과 탕수육이 좋았다. 그래서 다음엔 언제쯤 아버지가 온천여행을 가

자고 할지 손꼽으며 기다리곤 했었다.

　평소엔 까맣게 잊고 있던 그런 옛 추억을 회상시켜주는 모티브가 바로 완행 열차이다. 이제는 초고속으로 달리는 세련된 열차 안에서 창밖을 구경하기보다는 인터넷을 즐기는 것이 당연한 풍경이 되어버렸지만, 이런 낡은 열차를 타고 있으면 아날로그 세상에서 행복했던 어린 시절을 추억할 수 있어 좋다. 익숙한 냄새의 담요를 덮고 있는 느낌처럼 말이다.

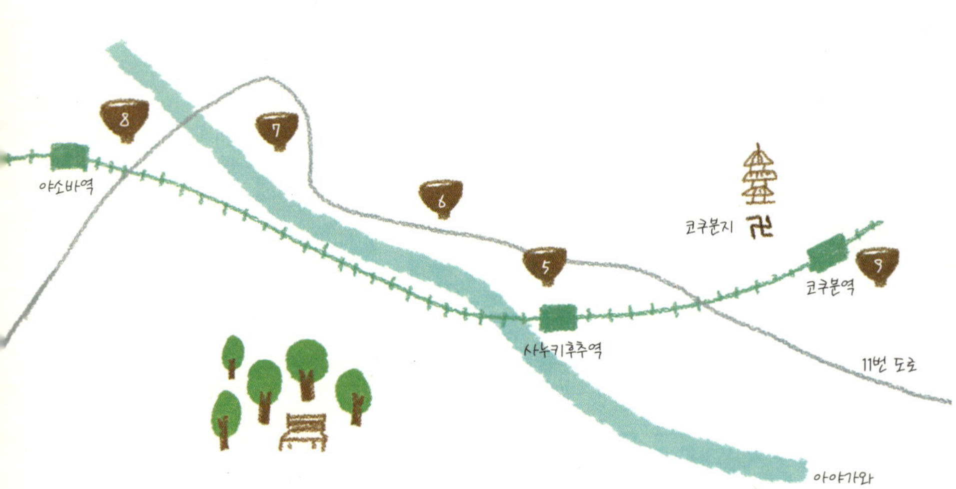

　사누키후추(讚岐府中) 역에 내려서 아야가와(綾川)를 따라 산책하듯 마을길을 걷는다. 앞에서 오던 꼬마가 내게 인사를 했건만 나는 생각에 빠져 걷다 그 인사를 놓치고 말았다. 얼른 뒤돌아 아이에게 뒤늦은 인사를 하자, 아이도 뒤돌아 다시 인사를 건넨다. 상쾌한 날이다.

　야마시타우동은 이름 그대로 산 아래에 있는 집이지만, 실은 강가와 더 가깝다. 1959년에 개업한 집이니만큼 오래된 분위기가 물씬 풍긴다. 실내에는 택시 운전사 제복을 입은 두 분이 앉아 오니기리와 튀김, 우동을 드시고 있었다. 나도 카케우동을 시키고, 여러 가지 종류도 많은 튀김 중에서 새우가 들어간 튀김을 하나 집어 들었다. 먼저 국물을 한 입 넘겨본다. 이런! 정말 나무랄 데 없이 깔끔한 맛이다. 면발의 쫄깃한 찰기가 식감도 좋다. 금방 튀겨낸 것인지 아직 따뜻한 튀김도 아삭하게 씹히며 입안에 고소함을 남긴다. 정말 맛나게 우동을 먹었다. 땀까지 흘리면서 말이다. 최고! 최고!

かけうどん 카케우동 小 150엔, 튀김 150엔, 300엔

야마시타우동에서 나와 계속 아야가와(綾川)를 따라 올라가다 보면 큰 도로를 만나는데, 그 대로에서 횡단보도를 건너 작은 길로 접어들면 바로 가모우우동이 보인다.

무라카미 하루키는 순수하게 장소로만 본다면 이 우동집이 가장 마음에 든다고 했다. 산자락이 내려앉은 한쪽으로는 논밭이 펼쳐지고, 나머지 한쪽으로는 아야가와가 흐르고 있으며, 논밭 한가운데는 작은 개천도 흐른다. 그는 평상에 앉아 우동을 먹었다고 했다. 벼이삭이 가을바람에 살랑거렸고, 어디선가 새 울음소리가 들렸다고 했다. 물론 우동도 맛있다고 했다.

그로부터 13년이 흘렀다. 주변의 논밭에는 이제 꽤 집들이 들어섰지만, 아야가와도 우동집 앞의 작은 개천도 그대로다. 실내에 자리라곤 8개뿐인 아주 작은 우동집인 탓에 여전히 많은 사람들이 우동그릇을 들고 나와 흩어져 있는 몇 개의 나무의자에 앉거나 작은 평상에 앉아 먹는다. 물론 그보다 더 많은 사람들은 서서 먹는다. 날씨가 추워서인지 자동차로 가지고 가 먹는 사람도 있다.

나도 줄을 서서 차례를 기다렸다. 주문한 카케우동을 받아들고 나는 우선 국물부터 맛본다. 일품이다. 다

음으로 우동 위에 올려진 얇고 좀 넓은 유부(きつね)를 한입 베어 무니 달지 않
고 고소하다. 남은 키츠네에 우동을 싸서 먹는데, 정말이지 맛있다. 튀김은 치
쿠와(ちくわ 어묵의 일종) 튀긴 것을 하나 골랐다. 순전히 예뻐서 선택했는데 맛도
좋았다.

　하늘을 벗 삼아 뻥 뚫린 곳에서 우동을 먹는 것도 색다른 즐거움이었다. 이러
니 차를 끌고서라도 오고 싶겠지. 와카야마(和歌山)에서 왔다는 사람도 있고, 고
베(神戸)에서 온 차도 보인다. 추천할 맛으로는 '최고! 최고! 최고!'다. 오늘은 연
거푸 최고로 맛있는 우동을 먹으니, 혼자라는 외로움 따윈 느낄 새도 없이 즐겁
고 행복한 웃음이 절로 나왔다.

🍜 釜あげうどん 카마아게우동 190엔

　가모우우동 가는 길이 작은 뒷길이라면, 큰길인 11번 도로가에 있는 우동집이 미사사이다. 큰길가에 있어 쉽게 찾을 수 있다. 문을 열고 실내로 들어서니 할아버지 세 분이 우동을 다 드신 후 맥주를 마시며 얘기를 나누는 중이었다. 동네아저씨들이다. 실내에는 고교야구 승리깃발이 온 벽면에 붙어 있었는데, 그 세월이 얼마인지 마치 기름집에 걸려 있던 것인 양 세월의 때가 묻어났다.

　주인은 할머니였는데 혼자 일을 하셨다. 한눈에 이방인인지를 알아보시고는 어디서 왔는지를 물었다. 서울에서 왔다고 하자, 어떻게 이런 시골까지 오게 된 것인지 궁금해 하셨다. 맛있는 우동집을 찾아 걸어다니는 중이라고 했더니, 할아버지 손님 중 한 분이 손가락을 치켜세우며 대단하다고 하신다. 그는 내가 먹은 우동 값을 '오셋타이(お接待)'라며 대신 내주시고, 다음 집은 어디냐고 물으셨다. 텟짱을 가려고 한다고 대답하니 선뜻 차로 데려다 주시겠다고 하신다. 배도 부르니 걸어가는 게 좋겠다고 어려운 거절을 하며 자리에서 일어서는데, 주

인 할머니가 '오셋타이'라며 귤 두 개를 내 손에 쥐어주셨다. 사람 사는 정이 이런 거지, 이렇게 소소하게 정을 나누고 산다면 얼마나 좋을까. 우동의 따뜻한 국물로 뜨거워진 뱃속에 인심으로 마음까지 뜨거워진 나는 어르신들께 거듭 인사를 하며 미사사를 빠져나왔다.

지도대로라면 미사사에서 나와 강을 따라 1시간 정도 걸으면 다음 목표인 텟짱이 나올 터였다. 마을로 접어들었지만, 마을 골목길 어디에서도 사람을 만날 수는 없었다. 다시 강가로 나와 강둑길을 따라 걷는다. 기분이 좋아 노래가 절로 나왔다. 차가운 강바람이 세차게 불어왔지만 오히려 촉촉한 습기가 볼에 와닿는 느낌이 좋았다. 보이는 곳 어디에도 사람의 그림자 없이 홀로 걷고 있었지만, 전혀 쓸쓸하지도 외롭지도 않았다.

텟짱은 비록 프랜차이즈점이지만, 몇 곳에 추천되어 있기에 일단 가보기로 맘먹은 곳이다. 이 집의 우동은 중화풍이라 소개되어 있었는데, 우리 식으로 말하자면 해물우동쯤인 것 같다. 짬뽕 분위기를 풍기는 우동 메뉴가 많았다. 두리번거리며 앞에 있는 사람을 따라 주문하기를 기다리고 있는데, 우동집 문이 열리고 풍채가 대단한 아줌마가 들어왔다. 그녀는 키도 컸지만 어찌나 뚱뚱한지 마치 스모선수 같았다.

우동집에 들어선 그녀는 제일 뒤에 서 있던 내 뒤에 섰는데, 마침 줄을 따라가며 튀김을 찍고 있는 내게 뭐라고 화를 냈다. 무슨 말인지 알아들을 수 없었지만, 알아들었다 해도 이해하지는 못했을 거다. 사람이 많은 것도 아니고 방해가 된 것도 아닌데 무엇 때문에 내게 화를 낸 건지 알 수가 없었다. 내 앞에 있는 사람도 의아한 듯 그녀를 바라보았다. 너무 배가 고파서 화가 났나? 뭐 그럴 수도 있겠지 싶은 마음으로 불쾌한 기분을 털어버렸다.

나보다 앞서 우동을 받아든 그녀의 우동그릇은 대(大)자로, 우동그릇이 김치통만 하다. 아마도 사리가 세 개는 들어갔을 것이다. 그렇다면 대충 500~600g 정도의 양이다. 사실 나는 지금까지 가본 우동집에서 대자를 주문한 사람을 본 적이 없다. 욕은 먹었지만 그녀는 내게 지금 '신세계'를 보여주고 있는 셈이다.

게다가 그녀는 먹는 동작도 특이했다. 뽀얀 우동가락을 바라보면서 얼굴만큼 길게 들어 올린 후 마치 흡입하듯이 먹었다. 우동을 다 먹을 때까지 그렇게 같은 동작을 반복했다. 마치 의식을 치르듯 말이다. 그녀 나름의 우동 먹는 법인가 본데, 보는 이에게는 약간의 웃음마저 주었다. 우동을 다 먹은 그녀는 포장된

면까지 받아들고는 유유히 사라졌
다. 어쩌면 그녀야말로 진정한 우동
의 달인인지도 모르겠다.

ごまだれうどん 고마다레우동 450엔

　나는 여러 곳에 소개되어 있던 이
집의 고마다레우동(ごまだれうどん)
을 주문했다. 고마다레(ごまだれ)란
참깨소스를 말한다. 차가운 면 위에
올린 새싹을 고마다레에 비벼 먹으
니 참깨 드레싱에 버무린 샐러드를 우동과 함께 먹는 기분이다. 아주 특별할 것
은 없지만 나름 괜찮은 맛이다. 그러나 지나는 길이라면 모를까, 많은 시간을 들
여서라도 꼭 들러야 할 만큼의 맛은 아니다.

ぶっかけうどん 붓카케우동 小 230엔

　텟짱을 나온 나는 돌아가는 길에 시간도 있고 해서 가까운 역인 JR 요산(予讚)선 야소바(八十場) 역에서 전철을 타고 코쿠분(国分) 역에서 내렸다. 80번째 영지인 코쿠분지(国分寺) 가는 길에 있는 역이다. 나는 걸어서 사찰순례를 했었지만, 기차를 타고 순례하는 이들이라면 여기 코쿠분 역을 이용해야 한다. 코쿠분지를 걸어가는 순례자들은 이곳에서 대부분 잠을 자고 간다. 나도 이곳 여관에서 하루를 머물렀었다. 이런 경우에는 숙박비에 식사가 포함되어 있기 때문에 JR 요산선 기찻길 바로 옆에 있는 우동집을 그냥 지나쳤어야 했다. 오늘은 바로 그 미시마에 가보려고 한 것이다.

　자리에 앉아 주문한 우동을 기다리고 먹는 사이 꽤 여러 대의 열차가 지나갔다. 땡땡거리는 요란한 소리와 함께 차단기 내리는 소리가 나면 이내 덜커덩거리며 열차가 지나간다. 내가 타고 온 JR 요산선과 도산(予讚)선, 코토덴 코토히라(琴平)선이 모두 지나는 길이어서인지 다른 곳보다 열차의 빈도수가 높다.

덜컹거리며 지나가는 열차 소리를 온몸으로 들으며, 오랜 세월의 흔적이 고스란히 쌓여 있는 식탁에 앉아 우동을 먹고 있자니 마치 과거로 타임슬립한 느낌마저 들었다. 조금 아쉬웠던 것은 우동의 맛이었다. 분위기에 취해서 그렇지, 우동의 맛은 딱히 특별할 것도 없는 그저 평균치의 사누키우동이었다.

미시마를 나와 80번째 사찰인 코쿠분지(国分寺)로 향한다. 바람을 타고 코쿠분지의 종소리가 들려왔다. 아마도 방금 도착한 순례자가 종을 쳤을 것이다. 한국의 절과는 달리 일본에서는 절을 찾는 이라면 누구나 종을 칠 수가 있다. 88 사찰 순례를 하며 나도 매번 종을 쳤었다. 그런데 재미있는 것은, 이 종도 처음에 들어와서 쳐야지 절을 한 바퀴 다 돌고 나가면서 치면 '귀가의 종'이라 하여 운수가 없다고 여긴다는 점이다.

나라시대(奈良時代 710~794) 쇼무(聖武)천황의 명으로 전국에 코쿠분지(国分寺)가 건립되었는데, 그중 이곳 사누키쿠니(讃岐国)의 코쿠분지는 백제 승려인 교우기대사(行基大師)에 의해 세워진 절이다. 시코쿠(四国)에는 교우기대사가 세운 절이 30개에 이른다고 한다.

카가와 현의 코쿠분지, 즉 사누키코쿠분지(讃岐国分寺)에는 종에 대한 전설이 하나 있다. 16세기 말, 당시 타카마츠의 영주는 음색이 좋기로 평판이 자자하던 코쿠분지의 종을 간절히 손에 넣고 싶었다. 하여 논 1정을 절에 기부하고 타카마츠 성의 조석(朝夕)을 알린다는 명목으로 종을 성으로 옮겨 왔다. 그런데 어찌된 일인지 성으로 옮긴 다음부터 종은 아름다운 음색은커녕 어떤 소리도 나지 않았다. 뿐만 아니라 종이 옮겨진 후부터 성에는 이상한 사건이 연달아 일어나고, 못된 병이 유행하더니 영주마저 병상에 눕게 되었다. 병상에 누운 영주는 매일 밤 종이 원래의 자리인 코쿠분지로 돌아가게 해달라며 우는 꿈을 꾸었다. 결국 성에서 벌어지는 해괴한 일들이 모두 종의 저주에 의한 것이라고 생각한 영주는 즉시 종을 코쿠분지로 돌려보내고 병의 쾌유를 빌었다. 코쿠분지로 돌아온 종은 다시 좋은 음색으로 울렸고, 영주의 병도 마을의 이변도 사라졌다고 한다.

오늘도 나는 종을 쳐본다. 은은한 울림이 마음에 퍼져온다. 지금의 종은 물론 그때 영주가 돌려보낸 종은 아니지만, 종소리의 아름다움만은 분명 그에 못지 않을 것이리라.

코쿠분지(国分寺)

나래(奈良)의 도다이지(東大寺)가 충국분사인 코쿠분지는, 741년 쇼무텐노(聖武天皇)의 명으로 일본 각지에 건립된 국립사찰이다. 호국불교 정책의 일환으로 파악할 수 있으며, '일국일사(一国一寺)'가 기본이었으므로 시코쿠(四国)에도 4곳의 코쿠분지가 있다.

이중 사누키코쿠분지(讚岐国分寺)는 카가와 현 타카마츠 시 서부에 위치한 절로, 시코쿠의 88영지 중 제 80번째에 해당하는 사찰이다. 일대는 사누키쿠니(讚岐国)의 중심지이며 많은 유적이 발굴된 곳이기도 하다.

현재 경내는 창건 당시의 코쿠분지의 가람(伽藍 승려들이 불도를 닦으면서 머무는 절)과 중복되어 있는데, 전국에 남은 코쿠분지 사적 가운데서도 보존 상태가 좋아 국가의 특별사적으로 지정되어 있다. 그 외에도 본당과 본존, 동종이 국가의 중요 문화재로 지정되어 있다.

카가와 현의 남쪽 도키카와(土器川)를 따라 사누키후지산 (讚岐富士山)을 향해 걷는 우동 순례를 계획했다면, JR이 아닌 코토덴(琴電)을 타 보는 것도 좋다. 타카마츠 시내에 숙소를 정했다면 타카마츠치고우(高松築港)나 카타하라마치(片原町), 혹은 카와라마치(瓦町) 등 숙소에서 가까운 역을 이용하여 코토덴코토히라(琴電琴平. JR의 코토히라역과 구별하기 위하여 코토덴의 코토히라 역은 코토덴코토히라 역으로 명명)행을 타면 된다. 사실 모두가 알다시피 일본은 무엇보다 교통비가 비싸기 때문에 동선을 정하기에 따라 여행 경비 중 교통비의 비중을 줄일 수 있다. 코토덴(琴電)의 1일승차권은 1200엔이므로, 하루에 두 번 이상 기차를 타야 한다면 1일승차권을 이용하는 것이 좋다.

타카마츠치고우 역에서 종점인 코토덴코토히라(琴電琴平) 역까지는 1시간 정도 소요되며, 코토히라 행은 1시간에 2번 운행한다. 타카마츠치고우 역에서 이치노미야(一宮) 역까지 가는 열차는 15분 간격이지만, 엔자(円座) 역이나 코토덴코토히라 역까지 가는 열차는 30분 간격으로 운행된다. 코토덴코토히라 행 열차는 타카마츠치고우 역에서 매시간 정각과 30분에 출발을 하고, 타카마츠치고우 행 열차는 코토덴코토히라 역에서 매시간 13분과 43분에 출발한다. 이렇게 꼼꼼히 체크를 하긴 했지만, 사실 열차시간이라는 게 언제까지나 일정한 것은 아니므로 시간보다는 30분 간격으로 있다는 정도만 알면 될 것이다.

코토덴 완행열차 또한 향수를 자아낸다. 유리창에 코를 박고 하염없이 창밖을 내다보아도 지겹지 않았던 어린 시절을 떠올리며, 우리의 농촌 모습과 다를 것이 없는 작은 농촌마을들을 지나쳐 간다.

오늘은 오카타(岡田) 역에서 내려 북쪽의 사누키후지산을 바라보며 도키카와를 따라갈 예정이다. 길은 구획정리가 잘 되어 있고, 복잡할 만큼 많은 건물들이 있는 것도 아니니 우동집 찾기는 어렵지 않을 것이다.

かけうどん 카케우동 200엔

　오카다 역에 내리면 기찻길을 건널 육교가 보인다. 육교를 지나 직진하면 오른편에 선물용품점 Hanako가 보이고, 계속 직진하면 우체국이 보이는데, 여기서 조금만 더 걸어가면 왼편으로 우동집 깃발이 보인다. 7~10분 정도의 거리이다. 오늘은 일요일이라 다이하치의 영업이 12시면 끝나기 때문에 제일 먼저 들렸다.

　아무리 일요일이라 해도 12시에 문을 닫는 우동집이라니! 12시에 영업을 마친다면 점심 장사를 안 한다는 얘긴데, 일요일 아침 늘어지게 자고 아침밥 차리기도 귀찮으니 나와서 우동이나 한 그릇 먹으라는 얘긴가?

　그러나 10시 30분에 들어선 실내에는 손님이 없었다. 그렇다면 모두들 아침에 우동? 아침 8시부터 12시라는 영업시간이 영 돈벌이를 위한 것 같지 않다 싶었는데, 손님을 반기는 할머니를 보니 더욱 그런 생각이 들었다. 키가 유난히 작은 할머니는 연세도 제법 있으신 듯했다. 주방과 홀이 연결된 작은 문틈으로 할아버지도 보였는데, 한가한 탓인지 TV에서 흘러나오는 마라톤경기에 열중이셨다. 이 두 분의 손맛은 어떨까?

자리에 앉으니 커다란 창문 밖으로 작은 저수지와 함께 소박한 농촌의 모습이 펼쳐졌다. 일요일의 한가로운 풍경에 내 마음마저 느긋해졌다. 주문한 카케우동은 첫맛이 약간 달았지만 생강을 첨가해 먹으니 칼칼함이 더해져 맛이 좋았다.

어설픈 나의 일어 실력에 할머니는 어디서 왔는지 궁금해 하셨다. 노트에 빼곡하게 적힌 우동집을 보여드리자 동그래진 눈으로 이 모든 곳을 걸어서 다니느냐고 물어보신다. 네다섯 그릇씩 먹는 중이라 우동을 소화시키려면 걸어 다녀야 한다는 말에 고개를 끄덕이시며 "아이고, 배부르겠네!" 하고 추임새를 넣으신다. 그리고는 "스고이(대단해)!"란 한마디를 덧붙이며 주방으로 통하는 작은 문틈으로 마라톤에 빠져 계신 할아버지에게 중계방송을 하신다. 우동 한 그릇을 다 비우고 일어서 나오니 건강하게 잘 다니라는 인사와 함께 손을 흔들며 배웅까지 해주셨다. 뜨끈한 우동 한 그릇에 몸도 마음도 따뜻해졌다.

다이하치에서 한 그릇 뚝딱 해치운 우동을 소화하려면 최소한 2시간은 걸어야 하는데, 다음 목표인 와와와는 다이하치에서 걸어서 15분 정도면 닿을 수 있는 거리에 있었다. 어쩔 수 없지, 핑계 삼아 마을 좀 둘러볼까나? 낯선 마을을 산책하는 것도 실은 꽤 좋아하는 일 중의 하나니 말이다.

아름다운 사누키 들판과 시골의 평화로움에 묻혀 나도 그 풍경의 일부가 되어 걷는다. 저 멀리 이정표처럼 사누키후지산이 보인다. 이 들판의 랜드마크는 누가 뭐래도 사누키후지산인 셈이다. 겨울이지만 우리나라의 제주도보다 더 남쪽에 있으니 기후가 따뜻하여 들판을 걸어도 포근하다. 게다가 들판의 모습도 가을과 봄의 모습이 섞여 있다. 살짝 돋아나는 연둣빛이 있는가 하면, 추수가 끝난 밭두렁 옆으로 수수대가 늘어섰다. 한톤 가라앉은 겨울햇살 아래 넓게 펼쳐진 들판과 흩어져 있는 집들이 한 폭의 풍경화처럼 아름답다.

분명 이 정도에 큰 저수지가 있을 텐데. 엊저녁 지도를 보며 노선을 정할 때 한 번 둘러보자 맘먹었던 곳이다. 마을의 골목으로 들어선다. 한 20가구 정도 모여 있는 마을 뒤편에 큰 저수지가 있었다. 외지인이 불쑥 그들의 보금자리로 들어섰기 때문인지, 저수지에 들어서니 새들이 군무를 펼치듯 떼를 지어 날아갔다.

날갯짓을 따라 눈을 돌리자 사누키후지산이 저수지 바로 뒤편에 있는 듯 가까이 보였다. 후지산이 그렇듯 사누키후지산 또한 멀리서 보는 게 좋은 것 같다. 마주 보고 선 산은 신비롭지도, 그렇다고 여행자의 이정표 역할도 하지 못하니 말이다.

잠시 서 있었을 뿐인데 사뭇 한기가 든다. 아무리 남쪽이라도 겨울은 겨울인 건지 역시 물가는 춥다. 이제 뜨끈한 우동을 먹으러 가야지.

ぶっかけうどん 붓카케우동 小 350엔

　동그라미 세 개가 그려진 간판에 마음이 끌려 리스트에 넣은 와와와(わわわ)는, 뜻은 다르지만 발음이 같은 세 글자가 모여 만들어진 이름이다. 첫 번째 와는 話(화), 두 번째 와는 和(화), 세 번째 와는 輪(륜)이다. 이야기가 있고, 어울림이 있으며, 이것들이 둥글게 고리를 이룬다는 의미일까? 어쨌든 재미있는 이름이다.

　우동집을 나온 지 1시간 만에 또다시 우동집의 문을 열고 들어가 붓카케우동을 주문했다. 보통 뜨거운 면은 차가운 것에 비해 찰기나 끈기가 좀 떨어지지만, 몸의 한기를 떨쳐보고자 뜨거운 면으로 시킨다. 우동 위의 가츠오부시가 꽃잎처럼 흔들거렸고, 무 간 것과 생강 간 것, 파, 깨, 텐카스(天かす)가 올려 나왔다.

　달큰한 정도는 아니지만 첫맛은 텐카스와 깨로 고소하고, 진한 향기와 달리 살짝 매콤하기만 한 생강은 우리의 생강만큼 톡 쏘는 게 아니라 어딘가 단맛이 돌았다. 15분 거리를 1시간이나 걸어온 보람이 있는 맛이다. 흐뭇해지는 마음에 입꼬리가 올라가는데 즐거운 건 나만이 아닌가 보다. 옆 테이블의 손님들도 기분들이 좋다.

가족 3대가 우동을 먹고 있다. 세 살 정도일까? 어린 손자가 긴 우동가락을 입에 물고 일어섰는데, 우동가락이 길게 늘어지다 뚝 떨어졌다. 그 모습을 할아버지는 마냥 귀여운 듯 바라보신다. 어느 시대건 어느 나라건 아이는 가족 모두에게 웃음을 주는 존재인 것 같다. 정겨운 가족의 모습이 너무 보기 좋아 양해를 구한 뒤 사진에 담았다. 나는 혼자였지만 가족의 행복이 고스란히 전염된 듯했다.

 釜あげうどん 카마아게우동 小 350엔

　와와와에서 나와 마을과 밭 사이를 돌아다니며 시골풍경이 좋아 경치를 즐기며 느긋하게 걸으려는데, 두 그릇의 우동과 물을 마신 뒤라 급하게 화장실이 가고 싶었다. 그러나 들판 어디에서 화장실을 찾을 수 있단 말인가. 마음이 급해지는데 갑자기 강한 바람과 함께 비가 쏟아졌다. 서둘러 배낭에 넣어두었던 비상용 작은 우산을 펼쳐 들었지만 중과부적! 바람에 바로 뒤집어지고 말았다. 서둘러 입은 1회용 비옷도 소용없었다.

　어쩌나 싶은 마음에 허망하게 비가 쏟아지는 하늘만 바라보고 섰는데, 갑작스런 비에 새들도 놀랐는지 떼를 지어 한바탕 날아오르는 게 아닌가. 저 새들도 비를 피해 가는 거겠지? 새떼들이 내려앉는 모습을 바라보다 들판 사이로 우동집 간판이 보였다. 지도상으로 볼 때 아마도 후루사토일 것이다. 그렇다면 새들이 안내를 해준 셈이다.

　마을의 작은 골목길을 돌고 돌아 차가 다니는 길가로 나오니 후루사토였다.

화장실이 급한 만큼 제일 먼저 화장실을 찾았다. 이제부터는 무조건 우동집을 나올 때마다 미리미리 화장실을 다녀와야겠다. 한의원에 가면 늘 듣는 말이 밀가루 음식을 멀리하라는 거다. 체질에 안 맞는다는데, 어찌된 일인지 난 밀가루 음식이라면 사족을 못 쓴다. 빵이 좋고, 우동이 좋고, 스파게티가 좋다. 우동 순례를 시작하며 살이 찌는 것은 각오했다. 그러나 대책 없는 곳에서 배탈이 나는 건 다른 문제였다. 오늘 한의사 말을 무시해 온 벌을 톡톡히 받은 셈이다.

개운한 맘으로 자리에 앉아 카마아게우동을 주문했다. 카마아게는 뜨거운 물에 담겨 나오는 우동이다. 우동을 건져 파, 생강, 깨가 들어간 소스에 우동을 적셔 먹는 것이다. 자루우동이 자루, 그러니까 소쿠리에 담겨 나오는 우동을 소스에 찍어 먹는 거라면, 카마아게우동은 뜨거운 물에 담겨 나오는 우동을 건져 소스에 찍어 먹는 것이다. 기본 소스의 맛이 짜지도 달지도 않아서 맘에 들었다.

일요일이라서인지 가족 손님이 많았다. 모두 차를 타고 왔다. 이 지역을 걸으며 느낀 거지만, 지역 주민들은 자전거 혹은 소형차로 움직이지 나처럼 걸어다니는 사람들이 없다. 거리에서 사람들을 자주 못 만나는 이유이다. 1시간 정도의 거리를 걸어서 왔다고 하면 모두들 깜짝 놀란다. 비도 내리고 해서 그만 숙소로 돌아가려고 했는데, 우동을 먹고 나오니 언제 그랬냐는 듯 비가 멈췄다. 배도 안 아프고 비도 그쳤으니, 그럼 오늘의 일정을 계속해 볼까?

ぶっかけうどん 붓카케우동 小 240엔

　후루사토를 나와 다음 우동집을 향해 발걸음을 옮긴다. 역이 보이자 아까 젖은 바지가 아직 눅눅해 살짝 고민도 했지만, '비도 그쳤고, 엄연히 난 우동 순례 중이니깐! 탐방이 아니고 순례라고! 이런 비 따위에 질 수 없지!'란 맘을 다지며 역 입구는 눈길도 안 주고 지나쳤다.

　다음 우동집도 기찻길 옆에 있으니 국도와 기찻길이 나란히 평행선을 이루고 있는 사잇길을 따라가며 될 일이었다. 그런데 다시 비가 내리기 시작했다. 그것도 거센 바람에 따라 이리저리 방향을 바꿔 사방팔방에서 쏟아지며 나를 놀렸다. 사방을 둘러봐도 비를 피할 곳은 없었고, 비상용 접이우산은 약해빠져서 바람과 함께 쓰러졌다 일어서기를 반복했다. 걷는 기운에 춥지는 않았지만 확실히 모양 빠지는 일이긴 했다. 주말 나들이 차량들이 내 옆을 스쳐 지나고 있었기 때문이다. 저들에게 춤추는 우산과 함께 홀로 걸어가는 나는 어떻게 비춰질까? 갑자기 노래가 나왔다.

진 켈리처럼 아예 우산을 접고 멋지게 춤이라도 추고 싶지만, 그렇게까지 하면 지나는 차들이 불안할지도 모르니 참기로 하고, 흠흠. 어차피 사방에서 달려드는 비를 피할 수는 없으니 이왕이면 즐기며 걷는 것도 한 방법이리라. 춤을 추느라 다 부서져 가는 우산을 부여잡고 끊임없이 노래를 부르며 다음 우동집에 도착했다. 걷기에 적당한 거리인 6km 정도인 것 같다.

카가와야(香川屋)는 차가 다니는 큰길과 기차역 가까운 곳에 위치해 있다. 교통편이 좋다는 말이다. 주차장 또한 넓었다. 그만큼 사람들이 많이 온다는 것이겠지.

카가와야는 셀프우동집이다. 입구에서 쟁반에 물을 담아 들고 우동의 종류를 말한 다음 튀김, 오니기리(주먹밥), 오뎅이 늘어서 있는 곳을 지나며 먹고 싶은 접시를 쟁반에 담고 계산대에 이르면 주문한 우동이 나온다. 돈을 내고 테이블로 가기 전에 조미대에 가서 개인의 입맛에 맞게 양념들을 추가할 수 있다.

난 늘 생강을 더 첨가하고 텐카스(天かす)는 넣지 않는다. 텐카스를 넣으면 고소하지만, 튀긴 것이니만큼 깔끔한 맛이 사라지기 때문이다. 후루사토에서 따뜻한 붓카케우동을 먹었으니 이번에는 차가운 붓카게우동을 주문했다. 역시 차가운 면발은 씹는 맛이 쫄깃하다. 소스의 맛은 이 집도 약간 단 편이었다. 감탄을 자아낼 만한 맛은 아니었지만 나쁘지도 않은, 평균 수준의 사누키우동이었다.

かけうどん **카케우동 小 200엔**

마에바(まえば)는 카가와야에서 10분도 안 되는 거리에 있다. 둘 다 여러 가이드북에서 추천한 곳이다. 마에바는 50년 전통이다. 11년 된 카가와야의 우동 맛을 보았으니, 우동 순례자라면 마땅히 마에바에도 들려야 한다.

쿠리쿠마(栗熊) 역에서 내렸다면 육교를 지나치며 오른쪽이 카가와야이고, 왼쪽으로 내려 마을 안으로 들어가면 왼편으로 보이는 곳이 마에바이다. 마에바에서 우동을 먹으려면 동네를 좀 더 걸어야 했지만, 계속 비가 내리니 마냥 비를 맞고 돌아다닐 수만은 없어 그냥 마에바로 들어갔다.

한 발 들여놓는 순간, "나, 한 50년 된 집이요~!"라고 말하는 듯한 분위기가 고스란히 느껴졌다. 그러니까 깔끔한 체임점이나 패밀리 레스토랑 같지는 않다는 말이다. 몇 사람이 앉아 우동을 먹고 있었는데, 아마도 동네사람인 듯했다.

한쪽 자리에 앉아 카케우동 뜨거운 것을 시켰다. 이 집은 주로 단골손님들이 오는 것 같다. 우동 나오기를 기다리는 동안에도 면을 먹고 가는 손님보다 삶은 면과 튀김을 포장해 가는 이들이 많았다.

　뜨끈한 카케우동이 나왔다. 심플한 카케우동의 국물은 담백한 맛이다. 하지만 내가 아무리 우동을 좋아한다 해도 우동을 먹은 지 15분 만에 또 한 그릇의 우동을 먹기는 힘이 들었다. 결국 배가 불러 맛있어도 다 먹지 못했다. 남아 있는 우동 그릇을 내미는 것이 죄송스러워 그릇만 밀어놓고 얼른 고개를 돌렸다. 하루에 다섯 그릇은 먹겠다는 생각으로 짠 계획이라 해도, 정말이지 오늘처럼 4시간 30분 동안에 5그릇은 너무 과하다.

　　우동가락으로 가득 찬 배를 두드리며 타카마츠(高松)로 돌아가기 위해 쿠리
쿠마(栗熊) 역에서 열차를 탔다. 비 내리는 시골 들판 사이를 덜컹거리며 달리는
완행열차 안에서 스팀의 훈훈한 온기에 잠깐 눈을 감고 있었는데, 누군가 내 등
을 두드리는 기척에 깜짝 놀라 일어났다. 눈만 동그랗게 뜬 내게 역무원이 일본
어 특유의 부드러운 어조로 종점에 도착하였음을 알려주었고, 나는 고맙단 인
사도 잊고 엉겁결에 용수철처럼 튕기듯 일어나 밖으로 나왔다. 창피한 것보다
'와! 자~알 잤다!' 싶은 마음에 크게 기지개를 켜본다. 비도 어느새 그쳐서 하늘
도 내 몸처럼 개운한 얼굴을 하고 있었다.

오늘도 우동집 5곳을 정하고 자료를 챙겨 나왔다. 원래는 어제처럼 코토덴코토히라(琴電琴平) 행을 타고 오카다(岡田) 역에서 내리려고 했는데, 열차에서 지도를 열심히 보다 마음을 바꿔 오늘은 오카다보다 하자마(羽間)에서 내리자 싶었다. 어제와는 다른 새로운 길을 가고 싶은 욕심 같은 것도 있었던 것 같다. 그러나… 역을 나오자마자 나의 낭만적인 순간의 선택이 얼마나 잘못된 것인지 바로 깨달았다. 낯선 나그네에겐 참으로 불편한 길이었다.

열차에서 내려 코토히라 방향으로 찻길을 걷다 기찻길을 건너고, 다시 오른쪽으로 나 있는 토끼굴을 통과하며 길을 찾아나갔다. 도대체 내가 제대로 길을 찾아가고는 있는 것인지 물어보려고 해도, 조용하고 한적한 마을길에는 사람의 그림자도 만날 수가 없었다.

어쩔 수 없지, 어제도 길에서는 아무도 만나지 못했던 것을 떠올리며 애써 태연한 맘으로 우선 북동쪽으로 길을 잡았다. 혹시나 하는 맘으로 누군가를 만나기 원했지만, 역시 아무도 만나지 못했다. 한적한 길을 벗어나 차가 다니는 2차선 도로를 만나자 조금은 안심이 되었다. 어쨌든 방향감각이라도 잡을 수 있으니 말이다.

길을 따라 북쪽으로 가다가 드디어 폐차장 같은 곳에서 사람들을 만났다. 머리를 붉게 염색하고 작업복을 입은 젊은이들이었다. 지도를 펼쳐놓고 도움을 청하자 한 젊은이가 일어로 열심히 설명하더니, 내 얼굴을 한 번 보고 아무래도 안 되겠는지 사무실로 들어가 아주머니를 불러왔다. 셋이서 지도를 보며 현재의 위치를 설명해 주었다.

내가 제대로 찾아가고 있음을 확인하고 길을 떠나려는데, 아주머니가 잠깐 기다리라며 사무실에 들어가 뜨거운 캔 커피를 가져와 건넨다. 아주머니는 동방신기 팬이며 서울에 한 번 간 적이 있다고 했다. 동방신기 덕분에 난 뜨거운 커피를 선물 받은 것이다. 감사의 인사를 드리고 바로 마시지 않고 주머니에 품었다. 불안감과 함께 맞은 바람 탓에 좀 추웠던 터라 캔 커피는 마음은 물론 몸까지 따뜻하게 녹여 주었다.

도키카와를 건너 사누키후지를 이정표 삼아 다시 길을 나선다. 비록 인도가 없는 2차선 도로였지만, 대기가 맑고 바람도 약간 칼칼한 정도여서 마음 편하게 걸을 수 있었다. 그렇게 얼마나 걸었을까? 큰 자동차길 옆으로 오늘의 첫 목표인 명수정이란 한자가 보였다. 역에서 나와 1시간 30여분 만에 드디어 우동집에 도착한 것이다.

ぶっかけうどん 붓카케우동 小 480엔

　메이스이테이는 간판이 예뻐서 선택한 집이다. 실내에 들어서자 예쁜 아줌마들이 눈에 띄었다. 주방에서 홀까지 아줌마들만으로 운영하고 있는 듯했다. 이곳은 일반점이라 앉아 있으면 주문을 받는다. 사진을 보고 주문한 우동은 여름철 한정 판매라고 해서 그냥 붓카게우동으로 정했다. 튀김은 튀겨 놓은 것은 없고 주문을 해야 튀겨주는 것 같았다. 그래 그게 맛있지. 하지만 여긴 오늘의 첫 집이니 여기서 배를 채우면 어제처럼 마지막 집에서 우동을 남기게 될지도 모른다는 걱정에 그냥 우동만 주문하기로 한다.

　기본 고명으로 파와 생강이 올려 나왔다. 좀 더 다른 고명을 얹고 싶다면 다양한 고명이 준비된 곳에서 첨가하도록 되어 있었다. 난 늘 생강을 첨가하고 기본 맛을 본 뒤, 짜지 않을 경우 가츠오부시를 올린다. 이 집은 가츠오부시가 없어서 그냥 생강만 더 첨가했다. 짜지도 달달함도 없어서 좋았다. 면발도 탱탱한 편이긴 한데 식감 자체가 그리 찰지지는 않는다. 전체적으로 나쁘진 않았지만, 맛에 비해 가격이 비쌌다.

메이스이테이(明水亭)를 나오면 우측으로 도키카와 생물공원(土器川生物公園)의 이정표가 보인다. 도키카와의 강줄기를 따라 형성된 늪지와 생물들이 있는 공원이다. 큰길가를 혼자 걷는 것도 재미없고 하여 생물공원을 통과하여 걷기로 한다. 그러나 겨울날 평일의 공원은 역시나 조용했다. 그 흔한 새떼들도 다 어디로 가버린 건지.

다시 큰길로 나와 46번 도로를 따라 북쪽으로 50분 정도 걸었을까, 18번 도로 교차로가 나왔다. 이곳에서 좌회전을 하여 조금만 걸어가면 오늘의 두 번째 목표인 아와사키(岩崎)가 보일 터였다. 예상대로 이와사키는 깃발을 나부끼며 나를 반겨 주었다.

도키카와 생물공원(土器川生物公園)

마루가메시(丸亀市) 타루미쵸(垂水町)에 있는 생물공원. 반딧불이와 미즈아오이(水葵 접시꽃의 일종), 오니바스(鬼蓮 수련의 일종) 등의 희소동식물도 생식하는 자연이 풍요로운 공원이다. 〈사람과 자연의 공존, 생물과의 대화〉를 콘셉트로, 자연의 경이로움을 느낄 수 있는 공원으로 만들어졌다. 다양한 연령층의 사람들이 자연을 가까이 접하며 관찰하고 체험할 수 있는 공간으로 인기가 높다.

ぶっかけうどん 붓카케우동 小 250엔

생각했던 것보다 더 작은 우동집이었다. 자리에 앉아 붓카케우동을 주문했다. 내가 주로 붓카케우동을 시키는 것은 기본 음식에서 맛을 찾고 싶은 까닭이다. 기본이 맛있으면 다른 것도 맛있기 때문이다. 또 하나는 하루에 다섯 끼나 먹으려면 배가 불러서 국물이 있는 우동은 조금 버거운 게 사실이다.

이 집은 기본 고명에 생강, 파와 함께 김이 올려 있었다. 첫맛이 달콤했다. 김의 단맛일까? 생강의 향으로 기분이 좋았다. 그런데 먹을수록 단맛이 더 강하게 느껴진다. 깨를 뿌려 고소함을 더하고 시치미(七味)를 뿌려 단맛을 좀 죽였다. 난 솔직히 이 달달함이 싫다. 아무리 해도 익숙해지지 않은 맛이다. 그렇지만 국물 맛은 좋았다. 시치미를 넣어 약간.맵게 한 것이 효과가 있었던 셈이다.

　계산하고 나오려는데 이 집의 아줌마 두 분이 한국드라마에 푹 빠져 있는 것이 보였다. 안재욱이 나오는 드라마(서울에 돌아와서 알아보니 〈빛과 그림자〉란 드라마였다.)이다. 내가 한국에서 왔다고 이야기를 꺼내자, 자기는 안재욱 팬이라고 하면서 서울에 두 번, 부산에 한 번 다녀왔다고 자랑까지 한다.

　우리들 이야기가 들렸는지, 주방에 있던 아저씨가 나오더니 사진을 찍으라며 나를 주방으로 데리고 간다. 숙성된 면을 한 덩이 펼쳐서 밀대로 밀고 면발을 만드는 장면을 보여주셨다. 하도 진지하고 열심히 하는 바람에 그만 됐다는 소리를 못하고 연신 사진을 찍어야 했다. 친절함에 감사드리며 성함을 여쭈니 '이와사키(岩崎)'라고 한다. 가게 이름이 무슨 뜻인가 했더니 바로 사장님의 성이었던 거다. 하하.

かま玉うどん 카마타마우동 小 250엔, 튀김 100엔

이와사키 앞의 18번 도로를 따라 도키카와 건너 사누키후지 쪽으로 간다. 도키카와를 건너면 오른쪽에 아유미(步) 우동집을 알리는 간판이 보인다. 그러나 배도 부르고, 요시야(よしや)의 영업시간이 3시까지로 아유미보다 빠르기 때문에 먼저 들르기로 한다. 그래 봤자 아유미에서 요시야까지는 5분 정도의 거리밖에 되지 않는다. 이와사키에서 출발해서부터는 30분 정도.

그래도 오늘은 적당하다. 지금까지 두 그릇의 우동을 먹었지만, 아침부터 9km 정도를 걷고 배고플 때쯤 우동을 먹은 셈이라 크게 배가 부르지는 않다. 오늘은 거뜬할 것 같은 느낌 때문이었을까. 요시야에서는 카마타마우동을 주문하고 오징어 튀김도 하나 집어 들었다.

카마타마(かま玉)우동이란 뜨거운 면 위에 날달걀을 넣은 것이다. 나머지 고명은 개인이 하면 된다. 날달걀이 비릴 것 같지만 파와 생강을 넣으면 그 비린 맛은 없어진다. 난 시치미(七味)도 첨가했다. 맛! 있다. 이런 것이 우동 순례의

묘미인 듯싶다. 늘 뜻하지 않은 순간에 절로 탄성이 나오는 '맛'을 만나게 되는 것 말이다.

좋아하긴 하지만 먹으면 우동 먹기 힘들까 봐 그동안 먹지 않았던 튀김도 오늘은 한입 베어 문다. 아삭하게 씹히는 튀김옷 안에서 부드럽게 씹히는 오징어가 일품이다. 오랜만에 먹어서 그런가? 아니다, 이건 분명 맛있는 거다. 아이들이 맛있는 거 조금씩 아껴 먹듯이 나도 야금야금 천천히 음미하며 먹어본다.

ヘルシーぶっかけうどん 헬시 붓카게우동 小 400엔

만족스런 마음으로 요시야를 나와 다시 왔던 길을 거슬러 올라가 아유미(步)에 들어섰다. 실내에 들어서자 많은 우동 메뉴 중에서 인기 메뉴를 강조하며 두 개의 우동 사진을 걸어놓은 것이 눈에 띄었다. 하나는 고기와 치쿠와(ちくわ)튀김이 올려 있는 니쿠치쿠와텐우동(肉ちくわ天うどん)이었고, 또 하나는 미역과 마가 세팅된 헬시붓카케우동(ヘルシーぶっかけうどん)이었다. 나는 미역과 마가 들어간 것으로 시켰다. 뜨거운 우동에 마가 들어간다고? 그 맛이 궁금했다.

주문한 우동은 붓카게우동에 마를 간 것과 미역, 레몬, 그리고 치쿠와 튀김이 올려 나왔다. 언뜻 보기에도 언밸런스해 보이는 이 조합은, 그러나 맛을 본 순간 아무런 망설임 없이 엄지를 치켜세우게 했다. 오늘의 세 집은 나름 다 맛이 있었건만, 이 우동은 오늘 먹은 세 그릇의 우동을 순간 다 잊게 해주었다. 그 자리에서 다시 한 그릇을 더 먹고 싶단 생각까지 드는 맛이었다. 맛이나 재료 대비 가격도 참 착하다.

 わかめうどん 와카메우동 230엔

　아유미에서 다시 요시야 쪽으로 가는 18번 도로를 따라 길을 잡는다. 랜드마크는 사누키후지이다. 산이 가까워질수록 오늘의 마지막 목표인 야마노타니 우동집이 가까워지는 셈이다. 역시 사누키후지는 적당히 멀리서 바라봐야 멋있다. 길가에 줄지어 늘어선 전신주에서 뻗어 나온 전선들이 마치 사누키후지의 산자락을 동여맨 것처럼 보이니까 답답하다.

　18번 도로와 438번 도로가 만나는 교차로에 오늘의 5번째 집이자 75년 전통을 자랑하는 우동집이 있다. 거리로는 약 3km 정도지만, 이제는 배도 부르고 더 이상 우동을 먹을 수 없을 것 같단 생각에 천천히 쉬엄쉬엄 노래를 부르며 길을 간다.

　그렇게 1시간 만에 도착한 야마노타니에서 이번에는 와카메(わかめ 미역)우동을 주문해 보았다. 그런데 75년 전통에 너무 기대를 건 탓일까? 아니면 아까 먹은 우동 맛이 너무 강렬했던 탓일까? 물론 아직 배가 안 꺼진 탓도 있지만, 배

가 불러서가 아니라 내가 싫어하는 단맛 때문에 젓가락질이 더디기만 했다. 달아도 너~무 달다. 아주머니께서 단감을 먹으라며 내게 두 쪽을 건네셨는데, 그 단감처럼 달았다.

1938년에 개업을 하였다니 아마 3대쯤 이어지고 있겠지. 식당에는 할머니와 아주머니 두 분이 있었는데, 이들이 가족이라면 할머니와 엄마, 딸은 아닐까 생각해 보았다. 전통을 지켜가는 것은 힘든 일이다. 특히나 맛은 더욱 그러할 것이다. 시대에 따라 달라지는 입맛도 그렇고, 식재료 또한 그 맛이 변하지 않는가 말이다. 그렇기에 꼭 지켜야 할 것을 어떻게 지켜내느냐가 관건일 것이다.

어떻게든 먹어보려고 했지만 배도 부르고, 내게는 참으로 난제인 단맛으로 인해 결국에는 남길 수밖에 없었다. 이럴 때…, 미안하다.

이제부터는 더 먹으려 해도 우동집들이 문을 닫기 때문에 돌아서야 한다. 야마노타니우동처럼 늦게까지 하는 집은 많지 않기 때문이다. 1시간 반 정도 걸어서 오카다 역에 도착했다. 텅 빈 역사 안에 홀로 앉아 지는 해를 바라보았다. 밤으로 넘어가는 검붉은 노을은 슬프도록 고독한 빛이었다.

"정 주고 떠나시는 님~ 나를 두고 어데 가나~ 노을 빛 그 세월도 님 싣고 흐르는 물이로다~"

절로 나오는 노래는 김수철의 〈별리〉이다. 갑자기 왜 이 노래가 생각났는지 모르겠다. 간이역의 등불이 가물가물 사라지듯 어둡고 바람마저 싸늘한데, 아무도 없는 시골 간이역에서 노을을 보며 부르는 나의 연가는 애절하였다. 첫사랑의 임을 보내는 노래인데 어찌 서럽지 않을까.

"님을 향해 피던 꽃도 못내 서러워 떨어지면~ 지는 서산 해 바라보며 님 부르다 내가 운다~."

　노래는 끝이 나고 서산으로 해도 넘어갔다. 사실 내게 애절한 첫사랑 따위는 없다. 그러나 사랑! 그 쓸쓸함으로 마음 아팠던 기억은 아무리 시간이 지나도 잊히지 않아 오늘 같은 날이면 덧난 상처처럼 아프다.

　그러나 감상에 젖었던 것도 잠시, 너무 추워 이리저리 뛰어다니며 춤을 추웠다. 춤! 난 분명 리듬을 타고 움직였으니 춤이라고 하지만, 나의 그런 몸짓을 누가 춤이라 불러줄까? 어쨌든 난 열차를 기다리는 동안 계속 춤을 추었다. 일몰 후 겨우 남아 있는 불빛 아래, 어쩌면 그림자극 같은 나의 원시적인 종합예술(?)은 내 추억의 창고에 쌓아둘 아름다운 장면이 될 것이다.

12/25
화요일

아침부터 날씨가 흐리더니 보슬비가 좀 내렸다. 어제 많이 걸어서인지 아침에 일어나기가 힘이 들어서 오늘 오전은 좀 쉬면서 원고 정리를 해야겠다 싶었다. 아침을 먹고 와 달콤하게 잠도 잤다. 오늘은 오후에 문을 여는 우동집을 중심으로 몇 군데 돌아볼 생각이었다.

크리스마스 아침, 마루가메마치(丸亀町)를 어슬렁거리다 츠루마루(鶴丸)를 발견했다. 일본은 크리스마스가 축일이 아니라서 모두들 똑같이 출퇴근을 하는지라 아침의 거리는 한산했다. 크리스마스라는 '대목' 때문이기도 하지만, 마루가메마치는 기웃거려 볼 상점들이 많아 볼거리가 많다.

20. 鶴丸 丸亀町店 츠루마루 마루가메점 | 일반점

🕐 **영업시간** am11:30〜pm2:00, pm8:00〜am3:00(면 종료까지)

🏠 **휴일** 일요일·축일 　 **개업** 1981년(昭和56)

마루가메마치 끝에서 좌회전하면 츠루마루가 보이는데, 효고마치(兵庫町)에서 출발하면 7분 정도 걸린다. 미나미신마치(南新町)로 들어가는 사거리에 있다. 하도 지도를 많이 보다 보니 눈에 익은 글자라 들어갔지만, 알고 보니 내가 가고자 했던 츠루마루의 본점은 아니었다. 본점은 한 블록 전에 좌회전하여 좀 더 안쪽으로 들어가야 한다.

이 집의 인기 메뉴라는 카레우동을 시켰다. 카레 맛이 강하다. 카레를 좋아하는 이들이라면 더할 나위 없는 맛이다. 뜨거운 면발은 찬 것에 뒤지지 않는 찰기가 있었고, 카레 또한 깊은 맛이 우러났다. 기분 좋은 맛이었다.

마루가메마치 주변에는 오전에 영업을 하고 휴식시간을 가진 다음, 저녁 8시쯤에 문을 열어 새벽까지 장사를 하는 곳이 제법 많다. 늦게 퇴근해 간단히 우동

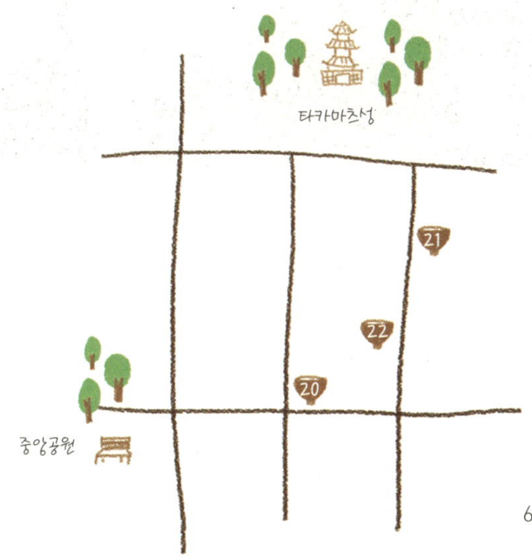

을 먹고 집에 가든가, 술을 먹은 이들이 2차로 들러 해장도 할 겸 배를 채우기 위해 우동을 먹는 것이다.

본점이 아니라 마루가메마치점에서 먹은 것이 못내 아쉬워 다른 날 저녁에 본점을 찾아간 적이 있었다. 두 번을 갔었는데, 가이드에 나온 영업시간이었으나 더 늦게 여는지 문이 닫혀 있어서 결국 본점의 우동은 맛볼 수 없었다.

츠루마루는 맛은 좋은데, 위치 탓인지 가격이 비싸다. 이 정도 맛이라면 카레우동 평균값이 300엔이었는데 말이다.

 カレーうどん 카레우동 800엔

21. 川福 카와후쿠 본점 | 일반점

영업시간 am11:00~am12:00　휴일 무휴　개업 1963년(昭和38)

天ざるうどん 텐자루우동 1,180엔

효고마치에서 직진을 하면 카타하라마치(片原町)로 이어지는데, 카타하라마치에서 라이온스 스트리트(ライオン通り)로 들어서서 조금 걷다 보면 왼쪽에 카

와후쿠(川福)가 보인다. 효고마치 기준으로 5분 정도의 거리이다.

이 집의 대표 메뉴 중 하나인 텐자루(天ざる)우동을 주문했다. 이 집이 자루우동의 원조라고 하며, 텐자루는 튀김(天ぷら)과 자루우동을 합친 말이다. 우동가락이 유난히 길었다. 젓가락으로 집어서 들어 올려 대충 눈짐작으로 봐도 내 팔 길이의 두 배는 될 것 같았다. 궁금해 물었더니 우동 가락이 120cm라고 한다.

소스와 함께 통깨, 파, 고추냉이, 레몬이 나왔다. 파는 아주 가는 실파를 송송 썬 것이라 파를 싫어해도 전혀 문제없을 것 같다. 소스에 고명을 넣고 레몬을 짠 다음 그 소스에 면을 적셔 먹는다. 첫맛이 깔끔하다. 그래, 바로 이런 맛이야. 쫄 깃한 면발의 식감이 입안에서 소스와 어울려 씹는 맛을 더욱 좋게 했다.

튀김으로는 꽈리고추, 고구마, 새우, 김, 단호박이 나왔다. 튀김옷도 적당하고 먹기 좋은 크기였다. 맛있다. 40분 전에 맛있게 카레우동을 한 그릇 해치웠는데도 그 맛이 잊힐 정도로 맛있다.

우동 순례를 하고 돌아와 숙소에서 원고를 쓰다 잠들기 전 약간 출출해지기 시작하면 난 이 집의 우동이 생각나곤 했다.

〈독자와 함께하는 여행〉을 하며 타카마츠에 잠시 머물 때면, 선물은 사야 하는데 쇼핑할 시간이 없어서 내게 선물 살 만한 곳을 묻는 분들이 많다. 늘 적당히 추천할 집이 없어 고민이었는데, 드디어 괜찮은 집을 하나 발견하게 되었다.

마루가메마치의 초입에 좀 큰 다이소가 하나 있는데, 그 골목 안으로 들어가면 바로 민예품점이 보인다. 시코쿠의 여러 곳에서 본 민예품점보다 싸고 다양한 민예품이 구비되어 있었다. 나도 몇 개 샀는데, 포장하는 값을 따로 줘야 하나 고민이 될 정도로 예쁘게 포장을 해주었다.

마루가메마치에는 내가 좋아하는 커피숍도 있다. '세인트 마르크'란 이름의 커피숍으로, 다이소 바로 앞집이다. 가격도 착해서 커피크림이 풍부한 아메리카노를 210엔에 즐길 수 있다. 가끔 이곳에 들러 커피를 마시며 거리를 구경하는 것도 타카마츠에서 내가 휴식을 취하는 한 방법이었다.

오늘도 부른 배를 가라앉힐 겸 아메리카노를 홀짝거리며 창가 자리에 앉아 있는데 뜬금없이 전화벨이 울렸다. 야마시타 씨였다. 세노 씨와 함께 만나고 싶은데, 시간이 되면 함께 저녁을 먹자는 내용이었다. 야마시타 씨는 한국에 근무한 경력이 있어 한국어를 잘한다. 세노 씨는 브라이트스푼에서 일하는 JR 파견 직원이다. 당장 저녁 약속을 잡았다.

저녁이 되기를 기다려 이들과 함께 찾아간 곳은 사누키노코코로(讚岐のこころ)였다. 이 집은 저녁에 문을 열어 다음날 새벽까지 장사를 하는 곳이다. 츠루마루 본점처럼 이 집도 두 번이나 허탕을 친 곳이다. 가이드에 있는 영업시간에 맞추어 갔지만 그때마다 준비가 되지 않았다고 해서 되돌아왔었다. 사실 이 집을 이렇게까지 가고 싶어 하는 까닭은 가이드북에 실린 메뉴에서 본 빙부상(氷釜上)이란 단어 때문이다. 빙부상이라니? 얼음솥 위에 우동을 놓았단 소린가? 뭐지?

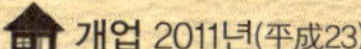

영업시간 pm6:00~am3:00(면 종료까지)

휴일 일요일 (월요일이 축일이면 일요일 영업)　개업 2011년(平成23)

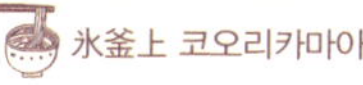
氷釜上 코오리카마아게 680엔

멋진 두 남자가 자전거를 리가호텔에 세워놓고 사누키노코코로(讃岐のこころ)로 들어갔다. 2011년에 문을 열었다면 우동집의 신세대인 셈이다. 그래서일까? '사누키의 마음'이라는, 듣기엔 꽤나 전통적인 이름을 내건 이유 말이다.

자리에 앉자마자 다른 메뉴는 볼 것도 없이 '코오리카마아게(氷釜上)'란 우동을 주문했다. 야마시타 씨도, 세노 씨도 '코오리카마아게'란 우동은 처음 듣는다고 했다. 하긴 나같이 우동 관련 책자를 들여다보며 찾고 또 찾아야 나오는 집의 특별 메뉴이니 그러기도 할 것이다. 이곳 사람들은 나처럼 공부할 필요 없이 늘 가던 곳에서 거의 늘 같은 메뉴의 우동을 뚝딱! 아님 후루룩 들이마시고 나오기 때문이다.

우동이 나오기 전에 먼저 기본 고명인 깨, 생강, 파와 함께 차가운 소스와 뜨거운 소스 두 개가 같이 나왔다. 드디어 우동 등장! 대바구니에 소복하게 사각

얼음이 쌓였고, 그 위에 김이 모락모락 피어오르는 뜨거운 면이 올려 나왔다. 이 뜨거운 면을 소스에 찍어 먹는다. 처음에 뜨거운 면을 차가운 소스에 적셔 먹은 뒤에 면을 얼음에 뒤섞으면서 우동을 먹는데 면발이 갈수록 쫀득해진다. 그러니까 면발이 부드러운 것에서부터 시작해 쫀득하게 식감이 변하는 것을 즐기며 먹는 것이다. 우동을 먹는 또 다른 재미다. 물론 맛도 있다.

우동을 먹으며 두 사람에게 "오늘 점심은 뭐 드셨어요?" 하고 물으니, 두 사람은 동시에 "우동!"이라고 답하다 마주 보고 웃었다. 이 두 사람은 다른 지방에서 손님이 오면 하루에 두세 번은 우동집을 간다고 한다. 외지에서 오면 사누키우동 중에서 각각 특성 있는 우동을 먹고 싶어 하기 때문이란다. 우동을 먹으며 야마시타 씨와 세노 씨가 각각 날을 잡아 나와 함께 우동 순례를 하기로 약속했다.

별난 우동도 먹고 자리를 이자카야로 옮겨 즐거운 이야기가 이어졌다. 이런 저런 얘기 끝에 나는 두 사람에게 카가와 현에 있는 면통단(麵通團)의 단장을 만날 수 있도록 주선해 달라고 부탁했다. 우동 순례를 기획하면서 면통단에서 발행한 책을 읽었던 터라 그를 만나고 싶었다. 면통단장은 왠지 재밌을 것 같은 인물이다. 그를 생각하면 넉넉한 살집에 유머가 넘치는 모습이 그려졌다.

일본어도 잘 못하는 내가 어떻게 면통단의 『대단한 사누키 우동(恐るべき讃岐うどん)』을 읽었는고 하니, 사연은 이렇다. 우리 아파트는 노인회 운영이 잘되는 편인데, 대부분 80이 넘으신 분들이라 일어를 잘하신다. 일어로 된 책 중에서 궁금한 것이 있으면, 전통이든 문화든 역사든 내가 알고자 하는 것 이상의 이야기를 심도 있게 설명해 주신다.

그 분들 중에 올해 88세이신 임장성 옹이 계시는데, 면통단의 책을 읽기 위해 특별히 부탁을 한 것이다. 내가 따듯한 차를 준비해서 아파트 꼭대기에 있는 도서실에 올라가면 임장성 옹께서는 책을 펼치고 순서대로 읽어주신다. 읽으며 한 줄 한 줄 해석을 해주시고, 또 이해를 돕기 위해 글의 배경이 되는 전통과 문화도 설명해 주신다. 하루에 1시간 내외로 책을 읽어 한 권을 다 읽기까지는 시간도 꽤나 걸렸다. 그렇게 공들여 읽은 그 책의 저자인 단장을 만나고자 부탁을 한 것이다.

타카마츠성 (高松城)

타카마츠성은 일본 3대 수성(水城) 중 하나로, 일명 타마모성(玉藻城)이라고도 불린다. 토요토미 히데요시(豊臣秀吉)의 시코쿠(四国) 제압 후, 1587년 사누키국의 영주가 된 이코마 카마사(生駒親正)에 의해 지어졌으며, 현재 남아 있는 구조는 마츠타이라 요리시게(松平頼重)에 의하여 개수(改修)된 것이다. 현재 성의 망루와 문은 중요문화재로 지정되어 있으며, 성터는 국가 사적으로 지정되어 있다.

성곽의 형식은 윤곽식(輪郭式) 평성(平城)으로, 주요 성곽이 시계방향으로 배치되어 있다. 성의 해자(垓字 외부의 침입을 막기 위해 파놓은 구덩이)는 3중으로 되어 있는데, 옛날에는 성벽이 직접 바다와 접해 있어서 해자는 모두 바닷물로 채워졌다고 한다. 성내에 직접 군선의 출입이 가능할 만큼 수군의 운용도 염두에 둔 설계로, 일본 최초의 본격적인 해성

(海城)이라고 할 수 있다.

현재는 타카마츠 시립 타마모공원으로써 개방되어 있으며, 2006년에는 〈일본의 100대 성(77번)〉으로 선정되기도 했다.

입장료 | 성인 200엔 어린이 100엔 (1월1일~3일은 무료 개방)

리츠린공원(栗林公園)

1625년부터 사누키 영주 5대에 걸쳐 약 100년에 걸쳐 완성된 일본식 정원이다. 메이지 정부가 들어선 후 1875년에 현립공원이 되어 일반에게 공개되었고, 1953년에는 특별명승지로 지정되었다.

이름은 '리츠린(栗林 밤나무 숲)'이지만 당초부터 소나무를 중심으로 한 정원으로, 이름의 유래가 된 밤나무 숲은 옛날에는 북문 부근에 존재했었지만 오리 사냥에 방해가 된다고 하여 벌목했다고 한다.

시운산(紫雲山)을 배경으로 하여 6개의 연못과 13개의 인공산을 절묘하게 배치한 다이묘(大名) 정원으로, 면적은 약 75ha(도쿄돔의 3.5배). 특별명승지로 지정된 정원 가운데 최대의 규모를 자랑한다.

외국인 관광객이 증가함에 따라 영어 표기 또한 〈Ritsurin Park〉에서 〈Ritsurin Garden〉으로 개정하였다.

개원시간은 일출에서 일몰까지. JR을 이용한다면 리츠린고엔키타구치(栗林公園北口) 역에서 내리는 것이 좋다(걸어서 3분). 리츠린고엔(栗林公園) 역에서 내리면 20분을 걸어야 한다.

입장료 | 성인 400엔 어린이 170엔

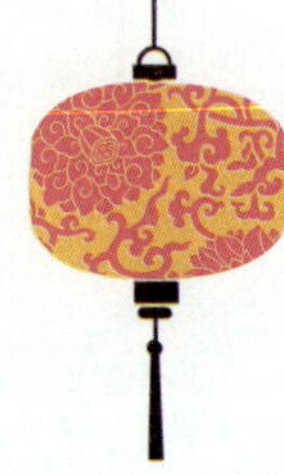

타카마츠 시립미술관(高松市美術館)

1988년 8월, 시내 중심부에 위치한 도시형 미술관으로서 오픈한 타카마츠 시립미술관은, JR 타카마츠(高松) 역과 코토덴(琴電) 카와라마치(瓦町) 역에서 걸어올 수 있는 거리에 위치하여 시민의 미술 감상과 학습활동의 장소로 사랑받고 있다.

미술관은 〈전후 일본의 현대미술〉, 〈20세기 이후의 세계 미술〉, 〈카가와의 미술〉등 3개의 섹션을 중심으로 상설전과 특별전의 양식으로 전시되고 있다. 카가와의 미술은 카가와칠기와 금속공예 등 카가와의 공예 작품을 중점으로 전시되어 있으며, 중요무형문화재 보유자의 작품들도 전시하고 있다.

개관시간 | am9:30~pm5:00
휴관일 | 월요일(월요일이 축일일 경우 화요일)
관람료 | 성인 200엔 대학생 150엔(고등학생 이하는 무료)

세토나이카이 역사민속자료관(瀨戶內海歷史民俗資料館)

국가 중요유형문화재 2건, 약 5700점을 포함하여 세토나이카이에 관한 자료 약 13만 점을 소장, 전시하고 있으며, 세토내해 지역의 역사와 문화를 소개하는 인문계 박물관이다. 2007년 카가와 현 역사박물관에 통합되었다.

1973년에 준공한 건물은 1975년도 일본건축학회상 작품상을 수상하며 여러 건축 잡지에 소개되었고, 1988년에는 제1회 공공건축상 우수상을 수상하였다. 또한 1998년에는 〈공공건축100선〉에도 뽑히는 등 카가와 현을 대표하는 건축물이다.

개관시간 | am9:00~pm5:00
휴관일 | 매주 월요일(월요일이 축일일 경우 화요일)
관람료 | 무료

시코쿠무라(四国村)

시코쿠민가박물관(四国民家博物館)의 애칭. 시코쿠(四国) 각지에서 오래된 민가를 이전하여 건축 복원한 야외 박물관으로, 1976년 개관하였다.

자연이 살아 숨쉬는 약 5만 m^2의 대지에는 에도(江戸)~다이쇼(大正) 시대에 걸친 지방색 짙은 건물이 배치되어 있으며, 당시의 생활 모습을 알 수 있도록 많은 가재도구도 전시되어 있다.

2002년 신축 개관한 시코쿠무라갤러리(四国村ギャラリー)는 세계적 건축가 안도 타다오(安藤忠雄)의 설계로 지어졌으며, 유럽의 그림과 조각, 불상, 청동기, 서예 등 폭넓은 미술품을 관람할 수 있다. 미술관 발코니에 서면, 입지를 살려 조성된 수경정원(水景庭園)과 멀리 타카마츠(高松) 시내가 발아래 펼쳐진다.

입촌시간 | am8:30~pm6:00 (11월~3월 am8:30~pm5:30)

휴일 | 연중 무휴

입촌료 | 성인 800엔 고교생 500엔 초중학생 300엔

갤러리입장료 | 성인 500엔 고교생 300엔 초중학생 300엔

12/26
수요일

오늘은 마루가메(丸亀) 시를 집중적으로 둘러볼 생각으
로 길을 나선다. 엊저녁 마루가메 시내에 있는 우동집들을
체크하면서 동선을 정하는 데 애를 먹었다. 어쩌면 오늘 나
처럼 시내를 돌아다니는 사람이 있다면, 몇 번이고 마주칠
지도 모르겠다. 마루가메 역을 중심으로 동으로 서로, 남으로 북으로, 지그재그
로 왔다갔다하지 않고서는 우동 한 그릇 소화시킬 거리가 나오지 않았기 때문
이다.

　서둘러 가보아야 일찍 문을 여는 집도 많지 않은 것 같아 여유
있게 모닝커피를 즐기고 천천히 출발하기로 했다. 출근시간이
지난 한산한 타카마츠(高松) 역에서 JR요산(予讚)선을 타고 마루
가메(丸亀) 역에서 내린다.

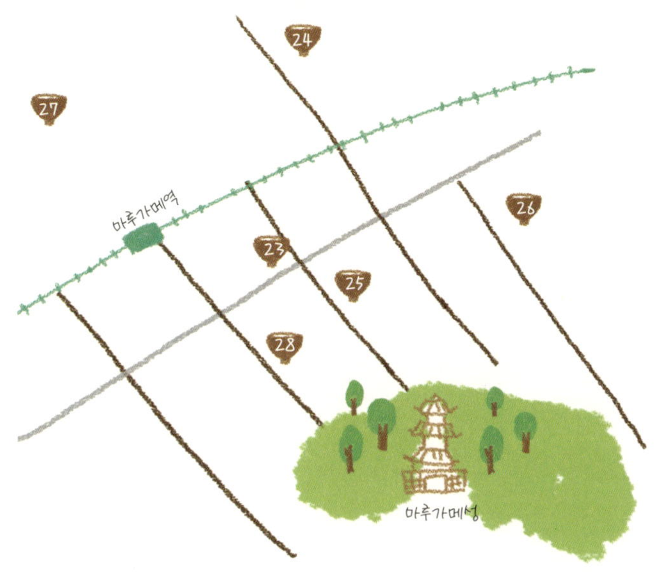

마루가메 역에 내리면 역 바로 앞에 이노쿠마 겐이치로 현대미술관(猪熊弦一郎 現代美術館)이 보인다. 히가시야마 카이이 세토우치미술관(東山魁夷 せとうち美術館)의 설계로도 유명한 건축가 타니구치 요시오(谷口吉生)의 작품이다.

미술관의 주인공 이노쿠마 겐이치로(猪熊弦一郎 1902~1993)는 일본을 대표하는 현대 미술가이다. 마루가메 출신이라는 인연으로 그의 미술관이 이곳에 있다는 정도만으로 그를 설명하기에는 부족하다. 그의 영향력으로 이루어진 일들이 카가와 현에 대단히 많기 때문이다.

그를 이야기하면서 꼭 소개해야 할 분이 계신다. 그의 이름은 '카네코 마사노리(金子正則 1907~1996)'로, 카가와 현의 지사를 지낸 분이다. 이노쿠마 겐이치로와 카네코는 마루가메 중학교(현 마루가메 고등학교)의 선후배 사이인 셈이다. 훗날 카네코가 카가와 현의 지사가 된 뒤에 현의 청사 신축에 대한 계획을 의논

하자, 이노쿠마는 일본 현대 건축의 아버지이며 '세계의 단게'로 불리는 건축가 단게 켄조(丹下健三)를 소개했다. 그렇게 단게의 설계로 건축된 카가와 현의 청사는 〈공공건축 100선〉에 뽑히기도 했다.

또한 이노쿠마는 1957년에 유네스코로부터 의뢰받은 작품을 만들기 위한 석재를 찾기 위해 시코쿠 지방을 방문 중이었던 조각가 노구치 이사무(野口勇)를 카네코 지사에게 소개하였고, 1959년에 단게 켄조는 세계적인 조각가 나가레 마사유키(流政之)를 소개하였다. 나가레 마사유키는 카가와 현 무레쵸(牟礼町)로 석재 조각을 비롯한 활동의 거점을 옮겼고, 1964년에는 나가레의 권유로 가구 디자이너 조지 나카시마도 무레쵸를 방문하게 된다.

이런 인연들이 꼬리를 물고 일어나 카가와를 풍요로운 예술 마을로 성장하게 만든 것이다. 세토 예술프로젝트들을 통하여 곳곳의 섬들이 미술관으로 새로 태어나게 된 것도 다 이러한 예술가들의 영향이 있었기 때문이다.

이는 내가 카가와 현이 일본에서 가장 작고 외진 곳에 있는 현임에도 나날이 아름다운 예술 마을로 발전해 가는 것이 궁금해 찾아낸 이야기이다. 이런 연유를 알게 되자, 더욱 특별한 애정으로 이노쿠마 겐이치로 미술관을 둘러볼 수 있었다. 그러나 이번 여행에서는 안타깝게도 미술관을 둘러보진 못할 것 같다. 25일부터 31일까지가 연말 휴관일이기 때문이다.

카네코 마사노리 지사는 이처럼 예술의 활성화뿐만 아니라, 1970년 오사카 만국 박람회를 통해 사누키우동을 알리고 그것을 특화하여 경제의 발전을 위해 헌신한 인물이다. 난 그를 본 적도 없지만, 그의 안목과 열정에는 박수를 보내고 싶다.

明太ちりめん 멘타이치리멘 490엔

　마루가메 역에서 내려 옛날 상가 골목에 있다는 오멘(おめん)을 찾아갔지만, 연말이어서인지 문을 닫았다. 할 수 없이 발길을 돌려 다음 집으로 향하려는데, 길이 좀 복잡해 누구에게든 묻고 싶었지만 사람을 만날 수가 없었다. 상가들은 아예 영업을 하지 않는 빈 점포들이 많았다. 2009년 봄 이곳을 지날 때도 상가에 문을 닫은 집들이 많아 의아하게 여겼었는데 그 모습이 여전했다.

　마침 지나는 길가에 작은 절이 있어 살펴보니, 빛바랜 남색 옷을 입은 스님 한 분이 마당에 비질을 하고 계셨다. 이젠 살았다 싶어 스님께 다가가 지도를 내밀며 길을 물어보다 눈이 마주쳤는데, 순간 숨이 멎을 듯했다. 남루한 옷차림과 달리 광채가 나는 인물이다. 총명해 보이는 맑은 눈빛에 조각 같은 얼굴은 빛이 났다. 목소리도 좋다. 장갑을 벗으며 지도를 잡는 손길도 예술이다. 난 내 지도보다 설명하는 그의 모습을 더 자주 보았다.

돌아서며 우동집으로 가는데 그 멋진 스님의 모습이 밟힌다. 참~ 멋있네! 내가 본 영화배우들보다 더 멋있어… 진흙탕에서도 빛날 거야…, 뭐 이렇게 중얼거리며 걷다 보니 츠즈미가 불쑥 나타났다.

입구에 들어서니 아! 기억이 났다. 2009년 봄, 난 이 집에서 오헨로(お遍路) 친구들과 우동을 먹었었다. 그때와 다른 방향으로 와서 같은 집이라는 생각을 못 했던 거다. 그때는 대로를 따라 걷다가 들어왔었던 기억이 난다. 맛있다며 크리스는 다른 종류로 한 그릇을 더 먹었던 집이다.

오늘은 이 집에서 잘한다는 명란젓이 들어간 우동을 먹어보기로 했다. 우동의 메뉴를 사진으로 찍어 놓아 주문하기도 쉽다. 명란젓이 올라간 우동 이름은 멘타이치리멘(明太ちりめん)이다. 우동면 위에 명란젓을 올리고, 그 위에 잔멸치와 파, 김이 올라가 있다.

첫맛은 짜다. 그런데 함께 나온 마요네즈를 첨가하니 짠맛이 사라지고 고소함이 남는다. 비린 맛도 없었다. 명란젓과 잔멸치, 그리고 마요네즈가 이렇게 잘 어울리다니! 처음 맛본 이색적인 우동에 감탄사만 연발하게 된다.

맛나게 한 그릇을 해치우고 넉넉한 마음으로 실내를 둘러본다. 우동집 주인인 듯한 예쁜 할머니가 우동 위에 올린 작은 멸치처럼 마른 몸으로 실내 이곳저곳을 살피며 일하고 있다. 벽에 유명인의 사진과 함께 사인을 붙여 놓은 것도 보였다.

그러고 보니 이 집의 이름인 츠즈미(つづみ)는 무슨 뜻일까? 내가 아는 일본 단어의 츠즈미(鼓)는 장구처럼 생긴 일본의 전통 타악기로, 어깨에 올려놓고 손으로 치는 북 이름이다. 이 집의 이름이 그 북의 츠즈미인지 어쩐지는 알 수 없지만, 만약 그 북을 생각한 이름이라면 맛있는 우동이 북소리처럼 멀리 퍼지기를 바라는 마음에서 지은 것은 아닌지 홀로 상상해 본다.

일본의 북 (和太鼓 vs 小鼓)

와타이코(和太鼓)는 일본 북(太鼓)의 총칭. 북채(桴)로 치는 것을 타이코(太鼓)라 하고, 손으로 두드리는 것을 츠즈미(鼓)라고 부른다. 보통 츠즈미(鼓)라고 할 때는 일본 특유의 전통 악기 중 하나인 고츠즈미(小鼓)를 뜻한다.

ぶっかけうどん 붓카케우동 小 220엔, 튀김 90엔

츠즈미를 나와 이제 마루가메항(丸亀港)으로 도착한 콘피라구(金毘羅宮) 참배객들이 모여들던 지역으로 향한다. 본토에서 콘피라의 본청인 콘피라구로 가는 길은 타도츠와 마루가메 항구 두 곳이다. 이제는 마루가메의 심벌이 된 큰 등탑이 있는 곳이다. 오늘 가고자 하는 곳은 가이드북에서 찾은 와타야(綿谷)라는 곳이다. 츠즈미에서 와타야까지는 느리게 걸어도 30분이면 충분하다.

콘피라가도(金毘羅街道)의 마루가메 항 출발점은 타스케토우로우(太助灯籠 태조등롱)라고 불리는 석등으로부터 시작된다. 에도시대 항구 연안에는 참배객들을 위한 여관이 많았을 것이다. 지금도 그 이름이 남아 있는 여관이 있고, 신사(神社)도 있다. 타마즈미(玉積)신사에는 항구를 드나드는 어부들의 안전을 위해 기원하는 이들이 몰렸을 것이다. 오늘 마루가메 작은 포구 안에는 어선만 있는 것은 아니다. 멋진 요트도 정박해 있다. 세월과 함께 변화되는 풍경의 한 구석에 와타야가 있었다.

점심시간이어서인지 와타야에는 사람들이 많았다. 회사와 인근 직장인들이 차를 타고 삼삼오오 몰려와 우동집 안과 밖에 길게 늘어서 있다. 나도 쟁반을 들고 물 한잔을 담아 줄을 따라간다. 어떤 우동을 먹을지 선택하고, 튀김이 늘어선 곳에서 원하는 것을 집거나 그냥 지나치면 우동이 나와 있다. 그럼 계산대로 가서 계산을 한 뒤에, 넣고 싶으면 고명이 준비된 테이블에 가서 필요한 고명을 더 첨가하고 자리를 잡고 앉아 먹으면 된다. 먹는 시간은 그리 오래 걸리지 않는다. 우동이 나온 시간이 11시45분, 다 먹고 일어서니 11시 53분이었다. 7분 만에 먹고 일어난 셈이다. 우동 맛은 특별하지 않았고, 튀김옷은 매우 두텁고 차가워서 맛이 없었다.

주방에 늘어선 사람들은 음식을 담아내고, 튀기고, 삶고 하는 일들을 일사천리로 해내면서 입으로는 계속 "이랏샤이마세(어서오세요)! 이랏샤이마세!"라고 외쳐대니 북적이는 사람만큼이나 시끌시끌하다. 사람들은 서서 기다리다 분주히 먹고 나갔다. 너무 시끄럽고 정신이 없는 데다 조금의 여유도 없으니 호흡도 빨라지는 것 같고 불안하다. 만일 늘 이렇게 점심을 먹는다면 아마 난 미칠 것이다. 글쎄…, 익숙해지면 괜찮을까? 아니, 익숙해지는 것도 싫을 것 같다.

아무리 소(小)자라고는 해도 동네가 작다 보니 우동 두 그릇에 배가 가득하다. 운동삼아 마루가메성(丸龜城)에 오르기로 한다. 다만 문제는, 마루가메성은 가파른 언덕을 올라야 한다는 점이었다. 하루 평균 다섯 집을 다니며 다섯 그릇의 우동을 차곡차곡 쌓아온 나의 배는 부풀대로 부풀어 올라, 몸을 수그리고 올라가야 하는 가파른 고개를 오르기가 만만치 않을 것이었다. 거친 숨을 몰아쉬며 다섯 걸음 후 5분을 쉬고, 또 씩씩거리며 다섯 걸음 후 5분을 쉬는 식으로 마루가메성에 올랐다.

사방팔방 탁 트인 전망 아래 사누키의 들판이 보인다. 북으로는 세토내해를 건너는 세토대교가 보이고, 항구에 있는 조선소의 커다란 크레인도 보였다. 그 옆 공장굴뚝에서 솟아오르는 하얀 연기는 오늘 동쪽으로 꼬리를 틀었다. 뒤를 돌아 남쪽을 바라보니 넓은 들판 위에 솟은 사누키후지산이 어느 곳보다 아름답게 보인다. 동쪽으로는 넓은 도키카와가 세토내해로 들어서는 모습 뒤로 사카이데(坂出) 시도 보였다. 서쪽으로는 젠츠지(善通寺) 시와 타도츠(多度津)이다.

내가 걸어다닌 모든 지역을 한눈에 바라보는 느낌은 남달랐다. 사누키후지산 아래에 흩어진 우동집들, 도키카와(土器川)변의 우동집들, 그리고 아야가와(綾川)를 따라가는 우동집들. JR 요산선(予讚線) 코토덴 코토히라선(琴電琴平線)

을 타고 돌아다니며 찾아갔던 우동집들이 보이는 듯하다. 그 우동집들의 위치를 가늠해 보며 하나씩, 하나씩, 깃발을 꽂아본다.

"난 우동나라의 여왕! 나의 이 뽀얀 피부는 유기농 밀가루를 닮았고, 말랑거리며 탄력 있게 솟아오른 나의 배는 잘 숙성된 우동반죽을 만지는 것 같아. 나의 튼튼한 팔다리는 우동가락처럼 듬직하고 튼튼하잖아! 그런데 말이야, 저 펄럭이는 나의 우동 깃발들이 너무 듬성듬성 있는 것 같지 않아? 그러고 보니 슬슬 배가 고파오는군. 벌써 우동을 먹은 지 1시간이 넘은 거야? 그럼 어서 이 성을 내려가야겠군. 가서 새로운 우동 깃발을 꽂아야지!"

마루가메성(丸亀城)

사누키국(讃岐国), 현재의 카가와 현의 마루가메 시에 있는 성으로, 카메야마성(亀山城), 호라이성(蓬莱城)이라고도 불린다.

마루야마 시의 남부에 위치한 카메야마(亀山 66m)를 이용하여 거의 사각형으로 카메야마의 주위를 내측 해자(垓字)로 둘러싼 윤곽식(輪郭式) 평산성(平山城 평야 가운데 있는 산이나 구릉 위에 축성한 성)이다.

일본에서 가장 높은 석벽(60m)을 지녔으며, 에도시대(江戸時代) 이전에 만들어진 텐슈(天守)는 국가 중요문화재로 지정되어 있다. 텐슈의 맨 위층에서는 세토대교(瀬戸大橋)와 세토내해(瀬戸内海)의 풍광을 조망할 수 있다.

성터 전역은 국가의 사적으로 지정되어 있으며, 성 전체를 카메야마공원으로 지정하여 개방하고 있다. 일부 남아 있던 외측 해자의 남쪽도 지금은 메워져, 소토보리로쿠도 공원(外濠緑道公園)으로 정비되었다.

ざるうどん 자루우동 290엔, 치쿠와튀김 80엔

마루가메성을 내려와 찾아간 시라카와(白川)는 마루가메 시민회관 안에 있는 우동집이다. 점심시간이 지난 후여서인지 실내는 한산했고, 곧 문을 닫으려고 마무리하는 중이었다. 다행히 남아 있는 면이 있어서 우동을 먹을 수 있었다.

이 집의 우동면은 특이하게도 폭이 좀 넓었지만, 그 넓은 면이 특별한 무언가를 위한 것은 아닌 듯 다른 느낌은 없었다. 물론 적당히 탄성을 지닌 면의 식감은 좋았다. 기대를 안 해서였을까? 치쿠와튀김은 의외로 맛있었다.

커피 생각이 간절했다. 커피를 마시며 느긋하게 1시간 정도 쉬고 싶었다. 마루가메성 주변에는 관청들이 몰려 있는데, 내 눈에 커피숍은 띄지 않았다. 커피숍을 찾기 위해 다시 걸었다. 이리저리 걷다 보니 도키카와까지 오게 되었다. 강변을 좀 산책하다 피곤이 몰려와 커피를 포기하고, 다시 정해놓은 순서대로 우동 순례를 하려고 길을 돌아오다 마을 골목길과 어울리지 않는 유럽풍의 현대식 건물을 보았다.

궁금해 들여다보니 레스토랑으로, 실내는 유럽스타일의 고급 장식품으로 멋스럽게 꾸며놓았다. 편한 의자에 기대어 커피를 주문했다. 커피의 맛은 그다지 만족스러운 것은 아니었으나, 등 기대고 쉰다는 것이 기분 좋았다.

조용한 휴식을 취하는데, 아줌마 한 분이 전화를 하면서 들어온다. 뭐라고 하는지는 몰라도 아줌마 목소리에 쩌렁쩌렁 실내가 울린다. 옛날 남대문 다방에 일수 받으러 다니던 아줌마가 같다. 대장부같이 거칠 것 없고, 주변의 분위기 따윈 전혀 고려하지 않는, 그런 아줌마다. 일본에선 좀처럼 볼 수 없는 풍경이다. 그분이 들어옴과 동시에 나의 휴식도 끝이 났다. 자리에서 일어선 나는 오늘의 4번째 우동집, 와타나베로 향한다.

붓카케우동 ぶっかけうどん 小 350엔

　와타나베의 첫인상은 깔끔함이다. 우동코너에도 접시가 단정하게 놓여 있었고, 모든 것이 제자리에 있는 듯 정돈이 잘 되어 있었다. 반갑게 맞이해 주는 아주머니도, 우동을 삶아주는 주방의 청년도 친절하다. 조용하고 따뜻한 분위기가 마음에 들었다. 그렇다면 우동의 맛은?

　붓카케우동을 주문했다. 우동면 위에 가늘게 썬 김이 올라가 있었고, 소스는 따로 작은 병에 담겨 나왔다. 함께 나온 작은 접시에는 레몬과 파, 와사비가 있었고, 테이블에는 생강과 텐카스, 파가 있었다. 생강을 좋아하는 나는 생강만 조금 더 첨가하고 소스를 살짝 부어 버무려먹었다. 레몬과 생강이 와사비의 톡 쏘는 맛과 잘 어울렸다. 가게의 분위기와 어울리는 상큼한 붓카케우동 한 그릇을 맛있게 먹었다.

うどん 우동 小 200엔

　이제 다시 항구 쪽에 있는 우동집 마고고로(まごころ)로 간다. 이 집을 선택한 것은 가이드북의 사진 때문이다. 우동집이 공장처럼 큰 데다 실내를 창고처럼 꾸며서 한번 가보고 싶단 생각이 들었다. 마고코로는 항구에 늘어서 있는 공장과 마루가메 PGC 골프장이 있는 곳에 있었다. 항구 주변에서 일하는 근로자들과 인근 공원에 산책을 오는 이들이 찾아올 위치이다. 대형주차장도 가까이 있으니 주차 문제도 해결되어 좋을 것이다.

　면통단 단장이 쓴 글에 의하면, 우동집의 주차문제 해결을 공약으로 내세우면 쉽게 현의 의원으로 당선될 것이란다. 그만큼 우동집의 주차문제가 큰 것이다. 어쨌든 마고토로는 그런 걱정은 필요 없는 셈이다.

　우동집 실내는 사진으로 본 것처럼 컸다. 천장은 긴 사각의 형광등과 가로등에 어울릴 것 같은 둥근 전등이 달려 있었다. 식당 주방의 열기를 뽑아내는 걸까? 도대체 왜 그리 큰 관이 천장을 통과하는 건지 모르겠지만, 천장에는 커다란 둥근 관들이 길을 만들고 있었다. 그리고 눈높이쯤에는 오뎅, 뜨거운 물(우동을 데우는 곳), 우동츠유(보온통에 소스가 담겨 있는 곳), 계산대, 빈 그릇 반입구 등, 뭐 이런 코너를 알리는 푯말이 매달려 있다. 마고코로는 '眞心(진심)'이라는 뜻인데, 고객을 위하는 진심어린 마음으로 이렇게 곳곳에 푯말을 붙여서 매달아 놓았나 보다.

이것저것 생각이 많은 탓이었을까, 정신을 차려보니 우동을 무얼 주문해 먹었는지 모르겠다. 먹다가 사진을 찍었는데 국물도 없는 비빔우동이었다. 늘 우동을 주문하고 받으면 사진을 찍고 노트를 하면서 우동을 먹었는데, 그 모든 과정을 잃어버렸다. 먹다가 아차! 싶어 사진을 찍었고, 숙소에 돌아와서야 노트도 하지 않았음을 깨달았다. 우동집에 사람도 없고 조용해서 방해 받을 일도 없었는데 말이다.

다만 한 가지 명확하게 기억나는 것은, 반입구에 벨트 컨베이어 시설이 되어 있었다는 점이다. 아무리 셀프점이라고 해도 이제껏 자동시설이 되어 있는 집을 만난 적은 없었다. 우동그릇이 든 쟁반이 서서히 멀어져가는 모습이 재미있어 슬그머니 웃음이 났다. 미소를 지은 채 나는 멀어지는 우동그릇을 향해 손을 흔들며 인사했다. 잘 가!

　마고코로를 나오니 이미 해가 져 있었다. 아무리 시차가 없다 해도 우리나라보다 동쪽에 있다 보니 실질적으로는 30분~1시간 정도 해가 빨리 진다. 우동 순례는 해가 짧은 겨울에 하는 것보다 봄이나 가을이 좋을 것 같다. 여름은 돌아다니기 너무 덥고, 겨울은 해가 짧기 때문이다.

　밤길이지만 난 여전히 선글라스를 쓴 채다. 이번 여행의 첫날 멍청하게도 안경을 깨먹은 탓이다. 일본은 안경이나 콘택트렌즈가 비싼 데다 안경을 고치거나 다시 맞추려면 시간도 많이 걸린다. 다행히 도수가 들어간 선글라스가 있어 그것을 밤낮없이 끼고 다니는 거다.

　밤길의 선글라스는 어색하기 짝이 없지만, 그나마 선글라스라도 껴야 제대로 보이니 어쩔 수 없다. 지방 도시의 밤길은 어둡다. 일본도 마찬가지이다. 가로등도 인색하게 있고, 집들에서 새어나오는 불빛도 거의 없다. 수로가 있는 작은 골목길을 지나는데, 자전거가 앞에서 온다. 작은 자전거 불빛이 나를 보더니 따리링~ 경고음을 낸다. 아마도 내가 쓴 선글라스를 의식해 경고음을 보낸 모양이다.

ぶっかけうどん 붓카케우동 小 250엔

　마루가메 역에 도착하니 떠나기가 아쉽다. 아무래도 60년 전통의 츠루야를 가봐야 할 것 같아서다. 영업 종료까지는 아직 1시간 정도가 남아 있으니, 시간은 충분하다. 문을 열고 실내에 들어서자 아줌마 한 분이 우동을 주문하고 있었다. 내가 차가운 붓카케우동을 주문하고 기다리는 사이에 소방관이 한 분 들어오더니 나베우동을 시켰다. 가끔 혼자인 것이 멋쩍기도 했는데, 폐점시간을 앞두고 모두 혼자 온 손님들이라니, 괜스레 마음이 편했다.

　우동은 차가운 유리그릇에 나왔다. 면 위에 올린 가츠오부시가 나비처럼 팔랑거리며 춤을 추었고, 쫑쫑 썬 실파가 모양 좋게 흩어져 있었다. 우선 보기엔 근사하다. 그런데 이런! 면에 끈기가 전혀 없다. 내가 먹은 우동 중에 이렇게 끈기가 없는 면은 처음이다. 차가운 면은 뜨거운 면보다 탄탄하여 식감도 좋고 찰기가 있는데, 이건 마치 불어 터진 면처럼 맛이 없다. 뭔가 전통에 걸맞은 맛이기를 내심 기대했건만 실망스러운 맛이었다.

역으로 돌아가는 길의 발걸음이 무거웠다. 상가의 불들이 하나 둘씩 꺼져 가는데, 이발소의 불빛만이 뱅글뱅글 돌아가고 있었다. 그러고 보니 마루가메 시는 유난히 이발소가 많았다. 오늘 하루 종일 마루가메 시를 돌아다니며 느꼈던 부분이다. 생각해 보니 카가와 현 동쪽의 사누키 시는 유난히 미장원이 많았었다. 그리고 사누키 시에 있는 우동집들이 더 맛있었다. 이발소가 많은 것과 미장원이 많은 것, 이것이 과연 우동 맛과 관계가 있는 걸까? 여대 앞에 맛집이 더 많은 것처럼?

오늘의 우동 순례는 세노 씨가 함께 해주었다. 언제나 웃는 얼굴의 세노 씨. 그래서 별명이 '스마일 세노상'이다.

〈시코쿠(四国) 88사찰〉 여행을 마치고 난 시코쿠 전도사가 되었다. 시코쿠의 순박함에 매료되어 시코쿠를 알리는 데 많은 시간을 보냈다. 『시코쿠 88사찰 순례기』를 펴내고, 강연과 잡지에 소개도 하고, 걷기행사를 통해서도 시코쿠를 알렸다. 물론 이런 일들은 시코쿠 측에서는 전혀 모르는 일이었다. 그러다 내가 하는 일들을 한국에 파견된 JINTO(일본정부관광국) 소장이 알게 되었다. 자신들도 모르게 시코쿠를 알리는 데 나의 역할이 컸다는 사실을 알게 된 그는 나를 도울 친구들을 소개해 주었는데, 그 기구가 바로 시코쿠 브라이트 스푼이다.

그때 만나 인연을 맺은 사람이 바로 세노 씨와 한국대표 김용균 씨이다. 그 후 우리는 〈독자와 함께 가는 시코쿠 88사찰 순례 여행〉을 두 차례 했고, 우동 기행도 두 차례나 하며 친구가 되었다. 오늘 그 세노 씨가 나와 함께 우동 순례를 나선 것이다.

오늘은 JR 코토쿠ㅅ(高德)선을 타고 사누키츠다(讚岐津田) 역에서 내려 600년 이상 된 소나무 숲을 보고 우동을 먹을 계획이다. 차량 한 칸으로 달리는 고토구 선은 평화로운 해안가 마을을 여유 있게 달렸다. 차에 탄 사람들이 채 열 명도 되지 않는다. 모두가 한가롭다. 창밖의 풍경도 창 안의 풍경도….

약 1시간 거리에 있는 사누키츠다 역에 내렸을 때, 난 이곳에서 다른 곳보다 더 신선한 향기를 느꼈다. 마치 레몬처럼 상큼한 향이다. 난 숨을 들이마시며 동네를 둘러보았다. 도대체 어떤 특별한 것이 있어 이처럼 상큼한 향기를 내는 걸까 싶어서다. 그러나 하루 종일 우동 먹을 준비로 일부러 굶고 왔다는 세노 씨를 위하여 일단은 먼저 우동집을 찾았다.

🍜 かけうどん 카케우동 200엔

가게 문을 열고 들어서니 바로 오른편에 우동그릇이 준비되어 있었다. 1玉, 2玉, 3玉, 3~5玉이라 쓰인 곳에서 원하는 양의 그릇을 갖고 가면 면을 준다. 난 1玉에서 그릇을 들었다. 그릇을 받아든 주인아저씨는 뜨거운 물에 몇 번 데운 뒤에 면을 담았다. 이 집의 대표 우동은 카케우동이다. 우동국물은 보온통에 담겨 있어서 원하는 양만큼 따라 담으면 된다. 고명이 준비된 곳에 가면 원하는 양념들을 첨가할 수 있는데, 그곳에 작은 메모가 있다.

《〈파: 2스푼은 무료지만 3스푼을 넣을 경우 10엔을 더 내주세요.〉》

흠! 재밌고 애교 있는 메모이다. 이 집의 파는 내가 좋아하는 아주 가는 실파이다. 난 2스푼이면 족하다. 금방 튀긴 튀김도 하나 추가했다. 이 집의 국물 맛! 끝내준다. 세노 씨도 엄지를 계속 세우며 맛있다고 했다. 면의 찰기도 좋고, 튀김옷도 얇고 맛있다. 우리가 국물을 한 번 더 따라 먹으니, 주인이 자기 집은 가츠오부시로 국물을 낸다고 설명해 준다. 대부분의 사누키 우동은 멸치로 국물을 내는데 말이다.

따뜻한 국물을 양껏 마신 우리는 츠다노 마츠바라(津田の松原)로 갔다. 마츠노야세이멘에서 나와 바닷가 쪽으로 조금만 걸어가면 된다. 츠다노 마츠바라는 이름 그대로 해안가에 광활하게 펼쳐져 있는 소나무 숲이다. 뿌리가 울근불근 솟아나오고, 뻗어 나온 가지가 늘어져 보조기둥을 세워둔 600년이 넘는 노송들이지만, 관리가 잘 되어 있어 건강한 모습이다. 소나무 숲은 세토내해의 작은 포구를 감싸고 있는데, 예쁜 등대와 방파제 그리고 모래사장이 아담하게 펼쳐지는 곳이다.

해안가를 슬슬 걸어가면 국가가 운영하는 숙박시설인 쿠아 파크 츠다(クアパーク津田)가 나온다. 이곳은 온천리조트지만, 쿠아 타라소 사누키 츠다(クアタラソさぬき津田)에서는 목욕만 즐기고 갈 수도 있다. 유럽스타일의 해양치료법인

타라소 테라피를 도입한 해수 노천탕과 사우나 등이 있어 부인병과 피부병, 타박상에 좋다고 한다.

활처럼 휘어진 해안가의 끝에는 돌고래센터가 있다. 세노 씨는 여름이면 이곳에 아이들을 데리고 와서 놀다간단다. 물이 얕아 수영하기도 좋고, 돌고래 쇼도 보고, 온천도 하고…. 멀리 가지 않고도 아이들과 즐길 수 있어 특히 여름에 카가와 사람들이 즐겨 찾는 곳이란다.

해안가를 돌아 다시 소나무 숲으로 왔다. 숲 입구에 빗자루가 있는데, 빗자루 걸린 곳에 '저를 5분간만 사용해 주세요.'라고 써 있다. 세노 씨가 빗자루를 내려 청소를 한다. 재미삼아 하는 5분간의 비질은 금방도 간다. 재미와 함께 공원 청소도 할 수 있으니, 아이디어가 참신하다.

소나무 숲 옆에 칠복신(七福神)을 모시는 신사가 있다. 칠복신은 에도시대에 크게 유행했던 민간 신앙으로, 각각 독특한 캐릭터를 지닌 7명의 행운의 신이다.

①에비스(惠比寿): 어부와 상인의 신 ②다이코쿠텐(大黒天): 부와 상업교역의 신 ③비샤몬텐(毘沙門天): 사무라이 신 ④벤자이텐(弁才天): 지식, 예술, 미, 음악의 신 ⑤후쿠로쿠주(福禄寿): 행복, 부, 장수의 신 ⑥호테이(布袋): 풍요와 건강의 신 ⑦주로진(寿老人): 지혜의 신

일본인들은 대부분 신년에 연하장을 주고받는데, 연하장으로 이 일곱 명의 신을 모두 배에 태운 그림을 애용하기도 한다. 그 복을 다 받으라고 말이다. 가끔은 절에서 이 칠복신을 발견하기도 한다. 섬나라이니 바다를 생계로 하는 이들이 많아서였을까? 물고기를 들고 있는 에비스라든가, 후쿠로쿠주 같은 부와 장수를 기원하는 신을 특히 많이 볼 수 있다. 한국 절에서도 이런 칠복신들을 모셔놓은 것을 쉽게 볼 수 있어 좀 놀란 적이 있다.

신년에는 칠복신을 모시는 신사순례도 한다. 타카마츠역에서 칠복신 순례자를 모으는 전단지를 본 적이 있다. 전단지에는 경비와 준비물, 루트 안내가 되어 있었다.

세노 씨가 칠복신 중에 첫 번째로 무엇을 두겠는지 내게 물었다.

"후쿠로쿠주! 부와 장수, 행복! 세노 상은?"

"나이 들면 당연 후쿠로쿠주지, 김 상!

킨린공원(琴林公園)

카가와 현 사누키 시(さぬき市) 츠다쵸(津田町)에 위치한 면적 약 9.3ha의 공원. 킨린(琴林)이란 소나무 숲을 스치는 바람이 거문고를 연주하는 듯한 소리를 낸다고 하여 붙여진 이름이라고 한다. 일반적으로는 '츠다노 마츠바라(津田の松原)'라고 불린다. 소나무 숲을 벗어난 곳에 펼쳐지는 아름다운 바닷가는 여름철 해수욕장으로도 인기가 높다.

しっぽくうどん 싯포쿠우동 600엔, かしわ天さるうどん 카시와텐자루우동 500엔

우리가 가려던 곳은 하류우가 아니었다. 세노 씨와 신나게 수다를 떨며 가다 보니 꺾어져야 할 곳을 그만 지나쳐버린 거다. 길에서 만난 아주머니에게 물으니 처음 가보려고 했던 곳보다 하류우가 더 맛있다고 해서 길도 지나친 김에 그냥 노선도 바꾸기로 했다.

탁월한 선택이었을까? 실내는 손님들로 가득했다. 분위기도 좋다. 자리가 나길 잠깐 기다렸다가 우리는 오늘의 두 번째 우동을 주문했다. 세노 씨는 카시와텐자루우동(かしわ天ざるうどん)을 시켰다. 닭튀김과 야채가 함께 나오는 자루우동이다. 즉석에서 튀겨 나오는 튀김은 그 맛이 일품이다. 튀김옷도 얇고 깔끔했다. 닭에 조미한 밑간도 좋다. 내가 추천받은 우동은 싯포쿠우동(しっぽくうどん)으로, 야채가 듬뿍 들어간 우동이다. 토란, 곤약, 파, 무, 당근, 닭고기가 들어 있고, 국물은 닭고기로 우린 것이라고 했다. 카가와 사람들은 겨울이면 이 우동을 좋아한다고 한다.

첫맛이 아! 깔끔하다. 달지도 짜지도 않다. 세노 씨와 난 계속 감탄사를 연발하며 우동을 서로 나눠먹었다. 뜨거운 우동도, 차가운 자루우동도 모두 식감이 아주 좋다. 적당한 굵기의 면발은 100cm는 될 것 같았다. 우동을 다 먹고 우린 동시에 엄지를 치켜세웠다. (세노 씨는 이 맛을 못 잊어서 나중에 가족들과 함께 다시 찾아갔다고 한다.)

ざるうどん 자루우동 400엔, かきあげ天 카키아게텐 500엔

이와세까지 오는 데 우리는 2시간 30분이 걸렸다. 먼 길을 돌아온 것이다. 원래 계획했었던 우동집을 두 군데나 갔었지만, 휴일이 아님에도 문을 닫았기 때문이다. 아마도 연말이기 때문인가 보다.

그래도 배가 고플 때쯤 먹게 되어 다행이다. 자루우동과 카키아게텐을 시켰다. 카키아게텐은 여러 가지가 섞인 튀김이 들어간 우동이다. 카키아게텐은 마츠야마 도자기에 튀김을 예쁘게 올린 모습으로 나왔다. 여러 가지가 섞인, 우리로 말하면 야채튀김 같은 건데, 모양이 참 예쁘게도 나왔다. 이렇게 튀김이 단정하다니, 아마도 틀을 사용하는 모양이다.

예쁜 그릇에 음식이 나오면 우선 기분이 좋다. 기분 좋게 한 입…, 아! 맛도 좋다. 우동 위에 튀김이 얹어진 경우 뜨거운 열기에 튀김옷이 젖어 부드러워지면서 국물에 튀김의 맛이 어우러진다. 첫맛은 약간 달았지만 이 정도면 괜찮다. 국물 맛도 면발도 아주 맘에 들었다. 오늘은 아주 성적이 좋다.

우동집을 나서려는데, 요리용으로 볼리비아 산(産) 소금을 파는 것이 보였다. 이건 무엇이냐고 물으니, "우리 우동은 모두 수제예요. 소금은 볼리비아 산이고, 다시마는 나가이(長井) 산, 설탕은 블랙원당을 쓰고, 물은 미네랄워터를 쓴답니다. 정성을 많이 들였죠."라고 설명했다. 설명하는 그의 얼굴에는 자신감과 자랑스러움이 듬뿍 담겨 있었다.

우동집은 대체적으로 빨리 문을 닫는데, 특히 사누키(讃岐) 시 지역이 빠르다. 대부분의 우동집이 오후 2시면 문을 닫는다. 늦어야 3시다. 그래서 하루에 다섯 곳을 돌아다니려면 시간표를 잘 짜야 한다. 첫 번째는 문을 일찍 여는 집으로 하고, 마지막 집은 그나마 제일 늦게까지 하는 집으로 정한다. 그래도 오늘은 4번째로 끝이다. 우동집들이 문을 닫아서 더 이상 진행할 수가 없기 때문이다.

どじょううどん 도죠우우동 950엔, 오뎅 3개 300엔

이고이는 87번 절 나가오지(長尾寺)에서 멀지 않은 곳에 있다. 날이 어두워져 갈 때쯤 이고이를 찾았다. 이 집은 된장을 풀어서 국물 맛을 낸 것으로 유명한 곳이다.

이번에는 도죠우동(どじょううどん)을 주문해 보기로 했다. 이 동네가 도죠우우동으로 유명하기 때문이다. 도죠우우동은 겨울철에 먹는 건강보양식 우동으로, 도죠우란 미꾸라지를 뜻한다. 즉 미꾸라지가 들어간 우동을 말하는 거다. 난 미꾸라지가 통째로 들어 있는 것은 먹을 수 없어서 세노 씨에게 부탁했건만, 주인이 도죠우우동은 양이 많다고 해서 내 몫의 우동은 시키지 않았다.

그래서 이제까지는 우동을 먹느라 한 번도 먹지 않은 오뎅을 우동 대신 먹어 보기로 했다. 오뎅은 곤약과 한펜(半平 다진 생선살에 마 등을 갈아 넣고 반달형으로 쪄서 굳힌 것), 킨차쿠(巾着 염낭)를 주문했다. 킨차쿠가 뭘까 했더니, 이름대로 복주머니처럼 생긴 유부주머니에 찰떡이 들어간 것이었다.

드디어 도죠우우동이 나왔다. 계절의 특미 도죠우우동은 무쇠솥에 끓여져 나왔다. 미꾸라지가 5마리나 들었다. 주인 말대로 진짜 푸짐하다. 된장이 들어간 국물에 두부, 유부두부, 우엉이 들어갔다. 면은 우리나라 칼국수 면처럼 굵고 넓다. 예전에는 추수를 끝내면 미꾸라지가 많아서 이런 우동을 자주 해 먹었단다. 요즘에는 정말 드물게, 어쩌다 별미 정도로 먹는다고 했다. 몸보신을 위해 먹은 보양식 우동인 셈이다.

난 추어탕은 잘 먹는다. 한국에서도 미꾸라지를 통째로 넣어 추어탕을 끓이는 집이 있지만, 난 늘 미꾸라지를 갈아서 끓인 집에서만 먹는다. 세노 씨는 땀을 흘려 가며 도죠우우동을 다 먹었다. 그 모습을 보니 나도 추어탕 생각이 간절해졌다.

나가오지(長尾寺)

카가와 현 사누키 시 남부에 위치한 절로, 시코쿠의 88영지 중 제 87번째에 해당하는 사찰이다. 전하는 바에 따르면, 739년 교우기(行基 나라시대의 고승)가 이 땅에 영감을 얻어 관음보살상을 조각하여 안치한 것에서 시작되었다고 한다.

코우보대사(弘法大師=空海)가 당(唐)으로 가기 전에 연초 7일째 되는 밤에 언덕 위에서 고마후(護摩符)를 사람들에게 던져주었다는 전설이 있는데, 이는 매년 1월7일이면 후쿠우바이(福奪い)라고 하여 지금까지 전해오고 있다. 825년 당에서 돌아온 코우보대사에 의해 영지로 정해졌다.

오늘은 카타하라마치(片原町)에서 나가오(長尾)선을 타고 가 노우가쿠부마에(農学部前) 역에서 내려 우동 순례를 시작할 것이다. 출발역 타카마츠치고우(高松築港)에서 나가오(長尾) 종점까지는 40분 정도로, 그리 멀지 않은 거리이다. 제법 많은 비가 내린다. 역 승차장의 슬레이트 위로 떨어지는 비 소리가 듣기 좋다. 마치 훌륭한 타악기 같다. 이렇게 비가 내리는 날이면 듣고 싶은 노래가 있다. Back at one이나 shape of my heart, By your side… 비와 함께 흠뻑 젖어 보고 싶은 곡들이다.

아쉽게도 이어폰을 갖고 오지 않아 음악을 들을 수가 없다. 가만히 앉아 눈을 감고 지붕 위로 떨어지는 빗소리와 선로의 자갈밭으로 떨어지는 빗소리에 집중해 보았다. 한참을 멍하니 그렇게 빗소리에 취해 있다 보니 슬슬 잠이 올 것만 같았다. 마침 보행 차단기가 내려가는 경보음이 울리며 열차가 도착했다.

열차는 두 량만이 연결된 차량으로, 사람도 거의 없다. 열차 한 구석에 커다란 등산 가방을 옆에 놓고 피곤한 모습으로 앉아 있는, 한눈에도 순례자임을 알 수 있는 노인이 있었다. 행색은 낡고 초라하나 소지품 자체는 돈 꽤나 지불하고 샀을 것들이었다. 세련된 인상의 노인! 궁금해 다가가 물었다.

"오헨로상(お遍路さん)? 죄송합니다, 제가 일어를 잘하지 못하는데 혹시 영어를…?"

"아! 네, 좀 합니다." 하며 밝게 웃는다.

"저도 4년 전에 헨로였어요."

"그랬군요. 그런데 지금은 어디 가십니까?"

"지금은 우동집을 순례하고 있습니다."

"아, 그래요? 재밌군요. 카가와 현을 다 돌아다니나요?"

"네, 거의 다 돌아다니죠. 어제도 시도선(志度線)을 타고 사누키(讚岐市) 시 해안가를 돌아다녔어요."

"재밌네요."

"지금 86번 절에 가시나요?"

"아뇨, 이틀 동안 비가 내린다고 해서 집으로 가요. 좀 있다 도착하는 타카다(高田)에 살죠. 어제 64번 마에카미지(前神寺)를 끝내고 갑니다. 저는 주로 텐트에서 자면서 순례를 하기 때문에 비가 내리면 병이 날까 봐 집으로 돌아가는 거죠. 비가 그치면 다시 65번부터 시작할 겁니다."

"혹시 휴가 중이세요, 아님 은퇴를 하셨나요?"

"어떻게 보여요?"

이럴 때 좀 곤란하다. 나이를 꽤 신경 쓰신다는 얘긴데…. 어떻게 보이냐는 말은 주로 여자들이나 되묻는 말이지, 남자들은… 글쎄…? 그래서 머뭇거렸다.

"글쎄요."

"난 예순여덟 살이랍니다. 은퇴했죠. 그럼 댁은?"

"오헨로상께서는 나이보다 젊어 보이십니다. 저는 쉰일곱입니다."

"아! 우동을 많이 드셔서 그런지 피부가 우동처럼 하얗군요. 나이보다 젊어 보이십니다."

"감사합니다."

뭐 이런 대화를 나누다 보니 타카다에 도착했고, 그는 "그럼 저는 이제 내립니다. 우동 순례 잘하세요."라는 말을 남기고 자리에서 일어났다.

나는 여행 초기에 기차여행을 많이 했다. 특히 장거리 기차여행을 하며 많은 사람들을 만나 좋은 이야기들을 나누었다. 두 달 동안 기차를 타고 다닌 북미대륙 여행 이야기는 한 권의 책으로 나왔다. 여행에서 만난 사람들과 주고받는 이야기는 지루함도 덜어주지만, 인생철학들이 녹아 있는 잠언 같은 말들이 쏟아져 나오기도 한다. 한편의 소설 같은, 영화 같은 이야기들을 나눌 때도 있다.

오늘 내가 오헨로상에게 거침없이 다가가 말을 걸 수 있는 것은 내가 끌어낼 대화의 실마리가 보였기 때문이다. 순례자의 복장과 짐들이 그랬다. 말이 통한다면 얼마나 좋은 이야기들이 많을지 알기 때문이다. 사실 말이 통하지 않아도 이심전심으로 느낄 수 있다. 걷는 인내심과 길가의 풍경들, 여관의 따듯한 온천물과 맛나고 풍요로운 식사들, 함께 걷는 친구들을 눈에 선하게 그려볼 수 있기 때문이다. 아마도 오헨로상이 더 멀리 갔었다면 더 많은 이야기가 있었을 것이다.

그가 열차에서 내린 뒤 메모를 했다. 글을 쓰려면 부지런해야 한다. 인내심이 있어야 하고, 꼼꼼해야 한다. 아! 쉬운 일이 아니다.

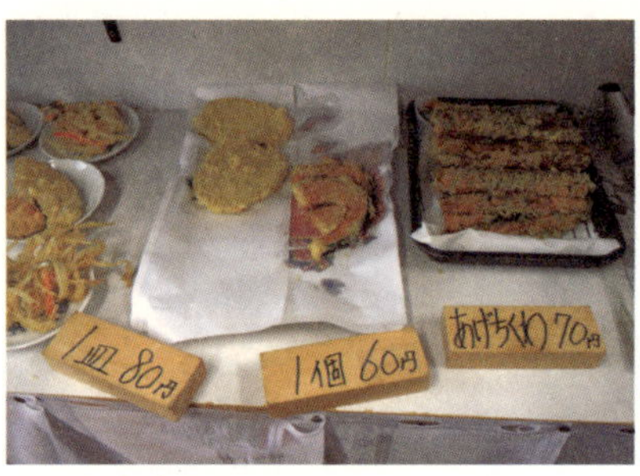

かけうどん 카케우동 160엔, 튀김 70엔

노우카쿠부마에(農學部前) 역에서 그리 멀지 않은 곳에 있다. 역에서 내려 기찻길을 건너가면 왼쪽으로 우동테이미키(うどん亭みき)가 있고, 도로에서 우회전하면 타다세이멘쇼가 있다.

먼저 타다세이멘쇼로 들어갔다. 좁은 실내에 사람들이 꽉 찼다. 젊은 가장이 애들을 데리고 와 우동을 먹고 있는 모습도 보이고, 홀로 온 남자들이 후후 불어가며 우동을 먹는 모습도 보인다.

겨우 문가에 자리를 잡고 앉아 카케우동을 주문한 다음 튀김 하나를 접시에 올렸다. 뜨끈한 국물이 담긴 그릇을 잡으니 온기가 손끝을 타고 몸을 데운다. 우동 면의 찰기도 좋고 국물 맛도 시원했다. 그런데 면의 양이 평균보다 적은 것 같다. 기본으로 들어가는 파와 생강에 시치미(七味)를 넣으니 칼칼함까지 더해져 더욱 맛이 좋다. 역시 여름에는 차가운 카케우동, 겨울에는 뜨거운 카케우동이 최고다. 이제 난 우동 소(小)자 정도는 먹는다기보다 마신다는 표현이 어울리는 경지에 이르렀다. 후루룩~! 2분이다.

かけうどん 카케우동 160엔, 튀김 100엔

타다세이면소에서 우동을 먹고 내친 김에 3분 거리의 옆집으로 갔다. 우동을 먹고 돌아선 지 10분 만에 또 한 그릇의 우동을 손에 든 셈이다. 단호박이 어찌나 맛있어 보이는지 그 유혹에 백기를 들고 망설임 없이 튀김도 집어 들었다. 다른 집에 비해 3배 정도는 커 보였다.

먼저 튀김을 먹는다. 얇은 튀김옷을 입은 호박이 달고 맛있다. 동글동글한 면발은 부드러우면서도 씹히는 맛이 좋았다. 국물에서 약간 단맛이 났으나 나쁘지 않았다.

이상하게도 실내에는 어르신들이 많다. 주인장도 할머니와 할아버지다. 내 옆에 앉아 계신 할머니는 글쎄… 어림짐작으로도 80을 바라보는 나이 같은데, 튀김을 안주삼아 병맥주를 마시고 계셨다. 내가 이 집에 들어와 우동을 주문하고 다 먹을 쯤, 그러니까 10분도 안 되는 시간에 맥주를 다 마시고 뜨거운 카마아게 우동을 후후 불어가며 드셨다. 아예 해장까지 하시나 보다. 또 다른 노인

내외분이 들어와 자리에 앉으시며 우동을 주문했다. 단골인 듯한 부부는 주인 장과 이런저런 동네 안부 이야기를 나누는 것 같았다. 이 집은 동네 어르신들이 모이는 곳인가 보다.

　우동 맛 자체는 가까이 있는 두 집이 크게 다르지 않았다. 다만 타다세이멘쇼가 젊은 사람들이 후다닥 먹고 일어서는 곳이라면, 우동테이미키는 느긋하게 우동을 먹으며 정담을 나누는 집인 거다.

폭이 좁은 도로에 제법 차량이 많다. 보행자를 위한 도로는 아니었지만, 소화도 할 겸 40분 거리니 걸어가려고 했다. 그런데 시간을 보니 마침 열차가 곧 들어올 시간인 거다. 비도 오는 터라 바로 앞에 있는 열차를 탔다. 노우가쿠부마에(農學部前) 역에서 구몬묘(公文明) 역까지는 180엔이다. 열차로는 다섯 정거장, 약 11분 정도 거리다.

구몬묘 역에서 내려 기찻길을 건너서 도로를 따라가면 얼마 안 가 타무라가 보인다. 밖에서 보기에 초라해 보이는 외관의 우동집이지만 안으로 들어서니 점심때라 사람들이 가득했다. 인근의 공장과 건설현장의 근로자들이 차를 타고 온 모양이다. 앉을 자리가 없어서 기다려야 했다.

연거푸 두 그릇이나 먹었으니, 세 번째는 국물이 적은 붓카케우동을 시킨다. 그런데 나온 우동면의 분량이 다른 곳보다 적었다. 평균 잡아 10%는 적은 것 같다. 지금의 내게야 적은 양이 고마운 일이지만, 다른 때라면 불만이 생겼을 거 같다.

면의 길이는 80cm 정도 되려나? 면의 굵기도 다른 곳에 비해 가늘었지만, 면발의 끈기가 좋아 씹는 맛은 좋았다. 좀 전에 먹은 두 그릇의 우동이 내 배를 가득 채우고 있었지만, 그래도 맛나게 후루룩 집어넣고 나왔다.

ぶっかけうどん 붓카케우동 小 150엔

숨이 차다. 그래서 다시 걷는다. 나가오지(長尾寺)까지는 한 정거장이다. 저 멀리 연기가 올라간다. 비가 오는 날 시코쿠의 농가를 걷고 있자면, 들에서 베어낸 잡풀들을 들판 한가운데의 쇠 화로에서 태우는 광경을 종종 볼 수 있다. 불똥이 떨어져 화재가 나는 것을 예방하기 위함이란다. 비에 젖은 마을에 한줄기 뽀얀 연기가 피어오르는 모습이 한 폭의 그림이다.

순례할 때 나가오지(長尾寺)에서 잠시 나의 납경장(納經帳)을 잃어버렸었다. 납경장은 88사찰 순례를 하며 지나온 절에서 받은 불경(佛經 불교의 가르침)의 경(經)을 모으는 수첩이다. 이처럼 경을 받는 행위를 '납경을 받는다'고 표현한다. 납경은 사찰의 고유번호와 함께 받는데, 그때마다 300엔의 납경비가 들어간다. 돈은 그렇다 쳐도, 87번을 순례하는 데 걸리는 시간은 걸어서 거의 한 달이다. 88곳의 사찰 순례 중에 마지막 한 곳을 남겨놓고 87번 사찰에서 납경장을 잃어버리다니! 상상해 보라, 이 얼마나 끔찍한 악몽인가! 그동안 소중하게 받아온 납경장을 잃어버렸다는 것은 단순한 무엇을 잃은 것과는 차원이 다른 문제였다.

그래, 스스로 돌아보자… 돌아보아야 한다. 차분하게… 차분하게… 마음속으로 되새기며 숨을 골랐다. 먼저 나가오지에 들어선 후 내가 움직였던 동선을 생각하고, 똑같은 길을 따라가며 침착하게 살폈다. 그렇게 눈을 부라리며 살피던 내게 눈에 익은 가방이 보였다. 본당의 납찰통 옆에 내 납경장이 들어 있는 작은 가방이 얌전히 놓여 있는 게 아닌가? 왈칵 눈물이 났다.

87번 나가오지에는 이런 말이 전해온다.

"마음을 단단히 먹지 않으면 정신이 흩어져 구토를 하고 현기증을 일으킨다."

마지막 한 곳을 남겨두고 순례자들은 이곳 나가오지 주변에서 하루를 묵는다. 다 왔다는 안도감으로 마음이 풀어지곤 하는데, 마음이 풀어지면 긴 여행길에 이런저런 사고가 나기 마련이다. 나 또한 납경통에서 그동안 내가 보고 싶었던 납찰서를 발견해 잠시 흥분했던 거다.

납찰은 순례자의 명함 같은 것이다. 순례자의 주소와 이름, 나름의 소망을 적은 작은 종이를 납찰서라고 하는데, 그것을 본당과 대사당 앞에 있는 납찰통에 넣는다. 납찰서는 횟수에 따라 색이 분리되는데, 흰색은 1~4회, 녹색은 5~6회, 적색은 7~24회, 은색은 25~49회, 금색은 50~99회 그리고 100회를 하면 비단으로 만든다. 이 비단 납찰서는 보기도 힘들고, 어떤 비단 납찰서는 손수 만들어 예술품의 가치도 있다고 한다. 말로만 듣던 그 비단 납찰서를 나는 오늘 처음으로 보았던 것이다. 비단 납찰서를 본 기쁨에 그동안 그렇게 소중하게 끌어안고 다니던 내 납경장을 납찰통 옆에 놓고 잊어버린 것이다.

나가오지에서 88번 오오쿠보지로 가는 길을 알리는 큰 돌기둥 이정표에 "人生の遍路(진세이노 헨로)!"라는 글씨가 써 있다.

인생에서 오직 한차례 걸어가는 순례길이라는 뜻이 아닌가? 나는 항상 내 인생길을 나만의 순례길이라고 생각해 왔다. 누구나 자신만의 순례길을 걷는 인생 순례자인 셈이다. 다 같은 것 같지만 자신만의 고유한 인생길을 가는 순례자, 아무도 대신해 줄 수 없는….

비에 흠뻑 젖은 나가오지에서 이제는 추억이 된 지난 일을 떠올리며 다음 우동집으로 향했다. 그러나 찾아간 사카노(嵯峨野)는 정기휴일이 아니었음에도 문을 닫았다. 이럴 땐 정말 화가 난다. 가이드북만 믿고 올 수밖에 없는 나 같은 사람들에게 이건 정말 어찌할 바를 모르겠는 상황이다. 말로는 표현 못할 실망감이 엄습한다.

할 수 없이 다음 스케줄이었던 카사도우야(笠堂や)를 가려고 하는데, 분명 가까운 곳임에도 불구하고 어느 방향이었는지가 헷갈렸다. 이리저리 주위를 살피다 아주머니 한 분을 만났다. 한눈에도 길을 헤매는 것이 보이는지, 내가 길을 묻자 씩 웃으시더니 앞장서며 따라오라고 한다. 가까운 지름길을 안다는 것이다. 물론 내가 알아들은 것은 '치카이미치(近い道)'란 말뿐이다. 아주머니는 개인집 담과 담 사이 겨우 한 사람이 지날 수 있는 폭의 골목을 지나 단 3분 만에 나를 우동집 문 앞에 데려다 주며 "카사도우야!"라고 손짓하며 웃었다. 친절하고 유쾌한 만남이었다. 내가 지도를 보며 열심히 찾아왔다면 큰길을 한 바퀴 돌아서야 겨우 도착했을 테니 빨라도 족히 10분은 걸렸을 터였다.

ざるうどん 자루우동 小 260엔

　자루우동 작은 것으로 주문했다. 늘 되도록 양이 적은 메뉴를 시킨다. 우동의 사리는 같지만 같이 나오는 것들을 합하면 양이 꽤 되기 때문이다. 오늘은 11시부터 시작해 1시 반 사이에 벌써 네 그릇째다.

　우동은 면발이 탱탱하고 찰기가 있다. 기본 소스는 짜거나 달지도 않았다. 면발의 크기와 굵기도 평균이었다. 길이는 70~100cm 정도다. 면의 폭이 일정한 것은 작두같이 생긴 기계 덕분이다(こま代き麺切り包丁). 면의 폭을 일정한 간격으로 놓고 손으로 옆을 탕탕 치면서 이동하면 일정한 간격으로 잘린다. 모든 집이 이 기계를 사용했다. 아주 획기적이고 유용한 발명품이다.

　면을 폭풍흡입하다 면 꼬리가 콧등을 쳤다. 탱탱하며 부드러운 촉감으로 콧등을 치는 느낌이 재밌고 기분 좋았다. 다시 해보려고 몇 번이나 다시 시도를 했지만 잘 되지 않았다. 혼자 먹어도 이런 재미가 쏠쏠하다. 다음에도 해봐야 쥐~!

かきあげ天 카키아게텐 570엔

　지난번에 세노 씨와 우동 순례를 하던 날, 원래는 이와세를 가며 도중에 있던 이케다야를 들르려고 했으나 그땐 휴일이어서 오늘 다시 찾았다. 비는 여전히 내리고, 나는 오늘도 회색빛 하늘 아래 시커먼 선글라스를 끼고 걷는다. 넓은 밭들 사이로 난 길이 3번 도로로, 우동집 앞으로 이 길이 지나가니 밭들 한가운데 우동집이 있는 셈이다. '이케다(池田)'란 이름답게 우동집 인근에는 큰 저수지가 있는 공원이 있었다.

　3시에 문을 닫는 집에 2시30분경에 들어섰다. 손님은 아무도 없었다. 사진으로 잘 정리된 메뉴판을 테이블 위에 올려놓아 주문하기가 편하다. 카키아게텐을 주문했다. 카키아게텐이란 야채와 새우를 섞어 만든 튀김이 붓가케 위에 올려 나오는 우동이다. 주문을 받으며 음식이 나오는 데는 10분 정도 걸린다고 말한다. 그렇다면 면을 바로 끓여주는 집이라는 뜻이다.

　기다리는 동안 여유 있게 주위를 둘러본다. 실내는 격조 있게 꾸며놓았다. 창을 통해 소나무와 넓은 주차장, 3번 도로로 지나는 차들이 보인다.

우동이 나왔다. 우선 감동은, 두꺼운 도자기 그릇을 데운 뒤에 뜨거운 붓카케 우동을 담았다는 점이다. 그 위로 튀김이 얹혀 있었다. 보기에도 먹음직스럽다. 무 간 것과 생강 간 것 그리고 소스가 따로 나왔다. 무와 생강을 다 넣고 소스를 조금 뿌린 다음, 버무리려고 그릇을 잡으니 따듯한 촉감이 그대로 전해져 마음도 따듯해진다.

면의 양이 유난히 많다. 물어보니 카가와 현 우동은 소(小)자 면이 200g 전후이지만 자기 집은 350g이라고 한다. 한 그릇의 우동만 먹는다면 아주 고마운 양이지만, 다섯 그릇째라면 꼭 고마운 일만도 아니었다. 그런데 어라? 면의 식감도, 소스의 맛도 훌륭하다. 무엇보다 우동을 다 먹도록 따듯함을 유지해 준다는 것이 좋았다. 따듯한 그릇을 만지며 먹는 기분도 새롭다. 질리지 않는 그 따듯함에 우동을 다~ 먹었다! 이미 부를 데로 부른 배가 터지기 일보직전이었지만, 맛있게 먹었다.

12/29
토요일

　오늘의 우동 순례는 야마시타 씨와 함께이다. 야마시타 씨는 카가와 현의 복지 담당 부서에 근무하는 공무원이다. 지금은 복지 부서에 있지만 예전에 관광 부서에 소속되어 있을 때는 2년간 서울 주재원으로 근무하기도 해서 한국어를 잘한다.

　우린《행복이 가득한 집》과 함께한 〈우동 앤 워크-한 그릇의 우동에 예술을 담다〉 독자 초대 행사에서 만났다. 브라이트 스푼 한국 대표인 김용균 씨가 그분을 초대한 것이다. 한국을 좋아하는 야마시타 씨는 우리 일행을 격려하고 도움을 주기 위해 우리와 동행했었다. 그때의 인연이 이어져 이번 우동 순례의 젠츠시 지역을 함께 하는 것이다.

카가와 현에 사는 현지인들은 우동집을 찾아 굳이 멀리 가지 않는다. 가까운 곳에 우동집이 수두룩하고, 대부분은 늘 가던 곳을 가기 때문에 나처럼 공부하 듯이 뒤져서 가지 않는다. 만일 매우 특별해서 유명한 우동집이라면 지나는 길에 들리는 정도이다. 그래서 오늘 둘러볼 우동집도 모두 내가 계획한다.

우선 영업시간과 휴일을 체크하고, 지도상에서 동선을 파악한다. 위치가 바다 쪽인지 산에 있는지 혹은 논 한가운데 있는지 등의 특이사항을 살펴보고, 다음으로 재밌는 간판이나 이름, 무언가 좀 특별해 보이는 집을 선택한다. 나는 역사가 오래된 집을 주로 찾긴 하지만, 그렇다고 근래에 생긴 집을 등한시하는 것은 아니다. 하루에 돌아볼 우동집을 선정하고 일정표를 짜는 데는 시간이 꽤 걸린다.

오늘은 75번 젠츠지(善通寺) 주변의 우동집을 살펴볼 생각으로, 76번 곤조우지(金倉寺)에서부터 시작을 한다. 두 사찰의 거리는 4km 정도이다. JR 요산(予讃)선을 타고 타도츠(多度津)역에 도착하면 바로 앞에 젠츠지로 가는 열차가 서 있는데, 이것이 바로 JR 도산(土讃)선이다. 도산선을 타고는 한 정거장만 더 가서 내리면 된다. 먼저 곤조우지(金蔵寺)역에서 가까운 우동집을 찾는다.

釜あげうどん 카마아게우동 小 250엔

　나가타 인 카노카의 대표 우동은 카마아게우동이다. 카마아게우동이란 뜨거운 솥에서 나온 뜨끈한 물에 그대로 담겨 나오는 우동을 말한다. 토요일 오전, 넓은 주차장에 줄지어 차들이 주차해 있는 것을 보니 이미 많은 사람들이 왔다는 뜻이렸다. 아니나 다를까, 안으로 들어서니 넓은 실내에 손님이 가득하다.

　이 집에서는 우동을 주문하고 돈을 내면 번호표를 준다. 손때 묻은 명찰 크기의 나무에 번호가 새겨져 있다. 번호표를 받아 빈자리를 찾아 앉아 기다리면 식탁에 술병 같은 항아리를 갖다 준다. '카노카(香の香)'라고 쓰여 있는 그 도자기 항아리에는 뜨거운 소스가 들어 있다. 우동이 나오면 번호를 부른다. 그럼 자리에 앉아서 손을 들면 자리로 우동을 갖다 준다.

　자, 이젠 손잡이를 잡고 나무 뚜껑을 열어 조심스럽게 소스를 따른다. 그리고는 파와 생강, 깨를 적당히 넣고, 기호에 따라 시치미(七味)를 첨가하면 된다. 이 집에서는 모든 그릇을 마츠야마 토산품인 도베도자기를 사용한다. 난 좀 투박

한 도베도자기를 좋아한다. 따듯하고 정이 느껴지는 그릇이다.

야마시타 씨에 의하면, 나가타 인 카노카는 타카마츠 시 외곽에 있는 유명한 우동집 오가타야(小縣家)에서 오랫동안 일을 해오던 사람이 2002년 독립하면서 자기의 우동집을 만든 것이라고 한다.

짜거나 달지 않고, 면발의 탄성과 식감도 좋았다. 면의 길이는 70~100cm 정도 되는 것 같다. 맛있게 먹었다. 우린 둘 다 소(小)자의 우동을 먹었는데, 야마시타 씨는 2분, 난 3분 정도 걸린 것 같다. 먹었으면 부지런히 나와야 한다. 줄 서서 기다리는 사람들이 많기 때문이다.

우동집을 나오면서 야마시타 씨가 말하길, 보통 이렇게 후다닥 먹고 나오는 우동집에는 여자들이 거의 없었다고 한다. 여자들은 조용히 앉아서 얘기를 나누고 시간을 여유 있게 보내는 우동집을 선호하고, 이렇게 시끄럽고 산만하며 남자들이 우글대는 우동집은 싫어했다고 한다. 그런데 그런 남자들이 다니는 우동집이 맛있다고 소문이 나면서 점차적으로 여자 손님들이 늘어나게 된 거라고 한다.

이번에는 곤조우지(金倉寺)를 통과하며 가는 우동집이다. 76번 사찰인 곤조우지는 774년에 창건되었으며, 치쇼우대사(智証大師)가 태어난 곳이다.

치쇼우대사는 어릴 적부터 아주 영리한 아이였다고 한다. 두 살 때쯤 놀고 있는 그의 몸으로부터 이상한 후광이 비쳐 사람들은 그가 부처의 환생이 틀림없다고 믿었으며, 5세 때에는 선녀가 나타나 "당신이 장래에 불법을 전한다면 우리가 반드시 보호할 것"이라고 말했다고 한다. 이 선녀는 부처의 제자로 가리제모신(鬼子母神)이다. 그래서 곤조우지에는 가리제모당이 있다.

치쇼우대사는 수행을 거듭한 뒤에 교토의 히에이잔(比叡山) 엔랴쿠지(延暦寺)의 5대 주지가 되어 불법을 넓히는 데 일생을 바쳤다. 그래서 곤조우지의 대사당에는 코우보대사(弘法大師)와 치쇼우대사 두 분이 모셔져 있다.

날씨가 화창하다. 전날 뉴스에는 비가 온다고 했는데 말이다. 날씨는 오히려 따듯하고 맑다. 걷기에 좋은 날씨이다. 곤조우지 주변에도 오래된 우동집들이 많은데, 특히 메이지(明治)시대부터 운영하던 우동집들이 있다. 기록에 의하면, 메이지시대 44년 동안에 우동집이 7군데 생겼다고 한다. 그중 2곳이 이 근처에 있다. 먼저 들린 집은 하나야 쇼쿠도우(はなや食堂)다.

かけうどん 카케우동 小 170원, 낙지튀김 200엔

　　이 집을 택한 것은 개업한 시기 때문이었다. 대략 123년이 넘는 집이다. 1세기가 넘는 세월 동안 우동집을 해왔다면 그 전통이 대단하지 않은가! 우동집은 낡은 목조가옥으로 매우 작았다. 들어가면 바로 주방이고 튀김솥이 보인다. 어찌나 먹음직스럽게 튀김을 만들어내는지! 그 유혹을 뿌리칠 수 없어서 우리도 낙지튀김을 주문했다.

카케우동을 주문하고, 고개를 숙여야 할 것만 같은 방으로 들어가 자리에 앉았다. 식탁이 세 개 있는 아주 작은 공간이다. 벽에는 유명인 혹은 취재 왔던 방송 팀이 남겨 놓은 사인들이 붙어 있다. 식탁에는 생뚱맞게 가위가 놓여 있다. 이건 뭐지? 그 궁금증은 튀김이 나온 뒤에야 풀렸다.

통째로 튀긴 낙지를 준비되어 있는 가위로 각자 잘라 먹으라는 뜻이었다. 낙지튀김은 나오는 순간부터 군침이 돌았다. 튀김옷도 얇고, 낙지는 부드러우면서도 쫄깃한 것이 제대로 낙지 맛이 났다. 튀김을 더 주문해야 할지 어쩔지 망설이는데 우동이 나왔다.

밀이 다른 걸까 생각이 들 만큼 우동의 면은 부드러웠고, 혀끝에 느끼는 국물 맛 또한 부드럽다. 카케우동 위에 올린 얇고 널찍한 유부에 싸서 먹으니 유부의 식감으로 맛이 훨씬 좋았다. 우동의 옛 맛을 느끼고 싶다면 추천할 만한 집이다. 하지만 이 집은 무엇보다도 낙지를 통째로 튀긴 튀김이 일품이다.

かけうどん 카케우동 小 140엔

　곤조우지(金倉寺)를 지나 젠츠지(善通寺)로 가는 길에 미야가와세이멘쇼(宮川製麵所)가 있다. 이곳도 사람들이 많다. 밖의 평상에 걸터앉아 먹는 사람도 있고, 우동집을 배경으로 기념사진을 찍는 이들도 있었다. 가게는 정말 제면소처럼 생겼다.

　실내는 두 사람이 나란히 움직일 수 없을 정도로 좁았다. 작은 실내에서 우동을 삶고, 튀김을 튀기고, 한편에서는 우동을 먹기 때문에 주변에 배치해 놓은 시설들만으로도 가득했다. 겨우 한 사람씩 지나는 공간이 있는 뿐이다.

　그나마 홀을 넓히면서 작은 방들의 기둥만 남기고 벽을 허물어서 튼 모양이다. 기둥과 기둥 사이에는 나무를 대어 테이블을 만들었는데, 누군가와 마주앉으면 무릎이 부딪힐 만큼 겨우 우동 한 그릇 올려놓을 폭이다. 우린 그곳에 앉았다. 어차피 자리는 그곳밖에 없으니까. 그래도 자리에 앉아 멸치 우리는 것을 보는 재미도 쏠쏠하다.

우동가락의 길이는 80~100cm 정도이고, 면발의 쫀득함도 좋다. 멸치로 우린 국물도 시원했다. 우동 위에 커다란 멸치를 올려놓고 먹는 이도 있었다. 우동을 먹고 나와 흘린 땀을 닦으며 "와~ 잘 먹었다!"란 말이 절로 나오는 집이다.

야마시타 씨와 땀을 흠뻑 흘리며 우동을 먹고 나오니 좀 쉬고 싶었다. 일단 다음 우동집으로 걸어가며 찻집이 나오면 들어가기로 했다. 야마시타 씨는 한국에서 근무하면서 한국노래를 몇 곡 배웠다고 했다. 술을 마신 뒤에는 꼭 2차로 노래방을 가는 술자리가 되풀이되어 자연스럽게 익히게 됐다고 했다.

부인은 한국 드라마의 팬이어서 녹화해 놓은 드라마를 자주 보기 때문에 어쩌다 야마시타 씨가 보기 위해 녹화해 놓은 것들은 빨리 지우라고 재촉을 한단다. 2년 만에 한국어가 이렇게 는다는 게 놀라웠다. 나는 일어 배우기가 이리도 힘든데 말이다.

처음 일어를 공부한 것은 시코쿠(四国) 사찰 순례를 위해서였고, 그 다음에도 일어를 좀 공부하긴 했지만 언제나 초급 수준이다. 시간이 없어 늘 독학을 하기 때문인지도 모르겠다. 아니면 절실함이 없어서일까? 사찰 순례할 때는 유키가 통역을 해주어 불편하지 않았고, 또 한자가 도움이 되었기 때문에 불편하지 않았다.

그 뒤 시코쿠에 자주 가게 되었을 때도 그나마 알고 있는 일어만으로 혼자 여행하는 데는 충분했다. 시코쿠 브라이트 스푼 기구를 알게 된 뒤로는 세노 씨에게 영어로 도움을 받든가, 한국 대표인 김용균 씨에게 도움을 받아서 또 어렵지 않았다.

야마시타 씨도 한국에서 노래방을 다니며 한국어를 업그레이드했다고 했는데, 사실 나도 한동안은 팝송으로 영어를 배우듯이 일어를 배우려고 엔카(演歌) 교실도 좀 다녔다. 그래도 일어를 배우는 일이 생각만큼 쉽지는 않았다.

야마시타 씨와 오랜만에 한국어로 이런저런 수다를 떨며 걷다 보니 소화도 되면서 피곤 또한 풀렸다. 이제 한 그릇 더 먹어볼까? 젠츠지(善通寺)로 가는 길목에 있는 히노데(日の出) 우동집을 찾았다.

かけうどん 카케우동 小 270엔

이 집의 역사는 140여 년이나 된다. 3대째 내려왔는데 더 이상 후손이 대를 잇지 않겠다고 하니 자기 대에서 우동집 문을 닫게 될 것 같다며 주인은 서운함 가득한 표정으로 말한다. 내가 가본 집 중 최고로 오래된 집이다. 주인 내외분 말씀이, 자기 집은 카가와 현에서 세 번째로 오래된 집이라고 한다. 1, 2위는 타카마츠와 코토히라 어디에 있다고 들었는데 이름은 모르겠단다. 하지만 내가 갖고 있는 책의 자료로는 이 집이 최고 오래된 집이었다. 내가 본 책 어디에서도 더 오래된 집을 발견할 수 없었다. 야마시타 씨도 모른다고 한다. 궁금하다. 도대체 어디지…?

히노데(日の出)는 오전에 들린 하나야쇼쿠도우(はなや食堂)보다 오래되었지만, 그 집보다 깔끔하게 정돈되어 있었다. 실내가 조금 더 넓기 때문인 것 같다. 칸으로 분리시킨 주방 벽면에 설치된 선반에는 오래된 옹기가 진열되어 있었다. 우동국물을 담는 데 쓰는 것일 게다.

이 집의 우동은 끈기가 없고 부드럽다. 어린 시절에 먹은 우동 같기도 하고, 칼국수 같기도 같다. 야마시타 씨도 옛날 어머니가 만들어주시던 우동맛이라고 한다. 국물도 깔끔했다. 향수를 느끼게 하니 맛이 더 깊게 느껴진다. 마음으로, 추억으로 먹는 맛이다.

이 집도 나카타 인 카노카(長田in香の香)처럼 오지항아리에 따끈한 간장소스를 담아 내놓는다. 선반 위에 있는 항아리들은 사람들이 많이 왔을 때 사용한다고 한다. 주인할머니는 자기 집은 옛 맛 그대로 만들고 있으며, 우동그릇도 옛날에 먹었던 그 우동그릇을 사용한다고 했다.

전통을 고수한다는 것이 힘든 일인데, 그 고집으로 3대를 유지했다면 대단한 일이다. 오래되었다고 다 맛있는 우동을 만드는 것은 아니다. 전통의 맛은 어쩜 현대의 인공감미료에 길들여진 우리들에게 외면당하고 있는지도 모른다. 새로 생기는 우동집들은 그렇게 길들여진 입맛에 맞추어 가고 있으며, 좀 더 자극적인 새로운 맛으로 손님을 유혹하려 한다. 늘 새로운 우동집이 문을 열고 또 닫을 것이다. 우동이 좋아 우동집을 차리는 젊은이들도 많고, 대를 이어 우동집을 하다 문을 닫고 한참의 세월이 흐른 뒤 그의 후손이 다시 우동집을 여는 곳도 있다고 들었다. 히노데의 후손도 비록 지금은 아니더라도 언젠가는 가업을 이어갈 날이 있기를 바라며 우동집을 나섰다.

드디어 75번 젠츠지(善通寺)에 왔다. 젠츠지는 일본 최대 종파인 진언종(眞言宗)의 창시자 코우보대사(弘法大師 774~835)가 태어난 곳이다. 바로 그가 시코쿠에 있는 불교 사찰 88곳을 영지로 선정해 사찰 순례길을 만들었는데, 그 '88사찰 순례자의 길'이 올해로 1200년의 역사를 지니게 된다. '산티아고 가는 길'이 1200년의 역사를 자랑하며 세계문화유산의 길로 지정된 것처럼, 여기 '88사찰 순례자의 길'도 세계문화유산에 신청을 해놓고 기다리는 중이다.

코우보대사는 쿠우카이(空海)라고도 불리는데, 이는 19세에 나라(奈良)의 대학을 중퇴하고 고치현(高知県)의 24번 사찰 호츠미사키지(最御崎寺)로 가는 길에 있는 굴에서 하늘과 바다만 내다보며 수행을 했다고 하여 얻은 이름이다. 순례자들은 코우보대사를 친밀하게 '오타이시상(お大師さん)'이라 부르기도 한다.

코우보대사는 사누키국의 유력 가문인 사에키 가(佐伯家)에서 태어났다. 그의 부친은 사에키 노아타이타(佐伯直田 법명善通)로, 젠츠지를 창건한 인물로 알려져 있다. 홍윤기 박사의 일본 문화사를 보면 코우보대사를 신라계로 설명했다. 물론 여러 고증을 통해서이다.

아차, 우동! 이 우동 먹는 법을 전파한 분이 코우보대사라고 한다. 당(唐)의 장안(長安)에서 밀교를 배울 때 밀가루를 이용해 먹는 우동도 배워와 전파를 했다는 것이다. 홍윤기 박사에 의하면, 우동 역시 한국의 불교가 일본으로 전해지면서 한국의 승려들에 의해 전파되었다고 한다. 어떠한 경로로 우동이 전파되었는지는 지금 내게 중요하지 않다. 중국, 한국, 일본은 너무나 많은 문화와 풍습들이 오가며 민간에서 친숙하게 교류되었기 때문이다.

2010년 순례 당시, 나는 젠츠지에서 특별한 경험을 했었다. 젠츠지의 숙소에서 잠을 자고 이른 아침 산책을 하다 본당에 갔는데, 어린 소년이 본당에서 정성드려 절하는 것을 보았다. 동글동글하게 생긴 얼굴에 띤 홍조가 귀엽기도 해서 웃었더니, 손짓으로 내게 따라오라고 한다. 해서 그를 따라갔는데, 어두운 계단으로 내려가며 계속 손짓을 했다. 처음엔 어둠이 무서웠지만 벽을 손으로 짚으며 따라가니 이내 익숙해졌다. 앞서가는 소년이 불경을 왼다.

"나무다이시 헨조공고 나무다이시 헨조공고…." 그 낭랑한 음성을 따라가니 밝은 빛이 있는 토굴 안으로 들어서게 되었다. 그곳에서 소년은 나를 향해 웃으며 한 손을 무언가를 가리켰다. 그 방향으로 눈길을 돌리니, 코우보대사가 당(唐)에서 갖고 왔다는 불교용구인 금강저가 놓여 있었다.

소년은 다시 합장을 하고 "나무다이시 헨조공고…"를 낭송하며 앞으로 나갔다. 나도 다시 그 소년의 소리를 따라 부지런히 밖으로 나갔다. 이야기를 하고 싶어서였다. 그런데 밖으로 나와 보니 소년은 보이지 않았다.

　도대체 그 잠깐 사이에 어디로 간 것일까? 젠츠지 경내를 돌아다니며 소년을 찾아봤지만 아무리 둘러보아도 찾을 수 없었다. 참으로 신기한 경험이었다. 아직도 양 볼의 홍조와 영특한 얼굴에 빛나던 밝은 미소가 생생하다.

코토덴 시도선(ことでん志度線)은 카가와의 동쪽으로 간다. 타카마츠치고우(高松築港)에서 출발하여 코토덴시도(琴電志度)가 종착역이다. JR 코토쿠선(高德線) 역시 카가와의 동쪽으로 간다. 두 열차는 시도 역까지 거의 평행선을 이루며 가는데, 시오야(塩屋)를 지나면서부터는 해안선을 따라가기 때문에 아름다운 경치를 즐길 수도 있다.

오늘 나는 카와라마치(瓦町) 역에서 코토덴 시도선을 타고 종점까지 간다. 요금은 400엔이고, 종점인 코토덴시도 역까지는 40분 정도가 걸린다. 비 내리는 완행열차를 타고 가는 것도 낭만적이다.

열차는 두 사람이 한 조를 이루어 운행한다. 한 사람은 운전을 하고, 다른 한 사람은 안내 방송을 하거나 간이역에서 오르내리는 사람들에게 요금 또는 표를 받는 역할이다. 오늘은 젊은 남녀가 한 조

136

를 이뤄 운행한다. 꽤 잘 어울린다. 만약 드라마 작가가 이 열차를 타고 간다면 근사한 드라마 한편이 나올 수도 있을 것 같다.

자주 보는 모습인데, 남자 승무원들이 입는 제복 중 반코트는 아마도 자기 사이즈보다 둘 정도는 큰 게 아닐까 싶다. 그 모습은 마치 〈은하철도 999〉의 승무원을 연상시킨다. 아니, 만화가 실은 이런 승무원의 캐릭터를 그린 것은 아닐까? 어쩌면 〈은하철도 999〉의 작가 마츠모토 레이지(松本零士)도 이런 열차를 타고 다니며 관찰한 것들을 그의 탁월한 재능으로 펼쳐 보인 것은 아닐까?

열차와 역무원을 배경으로 만든 영화는 많다. 특히 〈철도원〉을 나는 잊을 수 없다. 눈물 없이 볼 수 없는 감동의 영화! 〈철도원〉은 3대째 철도원으로 살고 있는 오토의 이야기다. 홋카이도가 배경인 한적한 시골의 작은 역. 가정보다 철도 업무에 충실한 그가 딸과 아내를 먼저 보내면서까지 평생을 지켜온 역이 폐쇄되고, 그도 인생종착역에 도착해 죽음을 맞는다. 어찌나 눈물을 흘리며 보았던지…. 지금 생각해도 눈가가 젖어온다.

열차를 운전하는 기관사 뒤에 앉아 그의 몸짓을 바라보며 내 머릿속은 〈은하철도 999〉와 〈철도원〉을 오가고 있었다. 재능이 없어 멋진 드라마를 구상하지는 못했다. 그저, 잠시라도 시골의 완행열차를 운전하는 기관사가 되어보고 싶단 생각을 했다.

ふっかけうどん 붓카케우동 300엔, 튀김 70엔

　가이드북에서는 이 집을 '학생 식당 분위기'라고 소개하고 있었지만, 내가 보기엔 그냥 좀 실내가 큰 대중식당 같다. 튀김이 매우 다양했는데, 물어보니 30여 종이나 된다고 한다. 기본으로는 무 간 것과 파, 생강, 소스, 레몬, 깨들이 준비되어 있었고, 원하는 만큼 넣어서 맛을 내도록 했다. 그리고 그 옆에, 내 눈에 쏙 들어온 것이 하나 있었다. 바로 단무지! 며칠째 우동 순례를 하며 돌아다녔지만, 아니 그 전에도 우동은 먹었었지만, 난 이곳에서 처음으로 단무지를 보았다. 게다가 자유롭게 먹도록 놓아둔 거다. 나도 조금 덜어갔다. 우리나라 단무지와는 다르지만 꼬들꼬들한 것이 맛나다.

　면발의 탄성은 보통이었지만, 다행히 이 집의 기본 맛은 짜거나 달지 않았다. 그 많은 튀김을 도저히 지나칠 수 없어 에다마메(枝豆)라고 부르는 어린 콩깍지를 하나 골랐다. 사실 이미 튀겨놓은 것이라 큰 기대를 안 했는데, 튀김 맛이 의외로 고소하니 좋았다.

ざるうどん 자루우동 小 250엔, 튀김 80엔

키쿄우안(龜城庵)에서 나와 길을 건너 계속 직진하면 고가네세이멘쇼(こがね製麺所)이다. 영어를 잘하는 일본 친구에게 고가네란 뜻을 물어보니 황금이란 뜻으로 돈을 많이 벌어들이겠단 의미란다. 가운데 구멍이 뚫려 있는 황금주화를 꿰고 또 꿸 정도로 돈을 벌겠다는 말인가? 어쨌든 제면소는 체인점으로 운영되고 있는데, 오늘 내가 가는 곳은 시도점이다. 특이하게도 주방에서 일하는 사람들이 다 젊은 청춘이었다.

우동집에 들어서며 쟁반을 들고 오뎅 코너를 지나쳐 주먹밥과 반찬 코너에 들어섰는데, 참으로 많은 종류의 주먹밥들이 있다. 그리고 우동 주문 코너다. 무엇을 먹을까? 우동 콧등치기를 해볼 참으로 자루우동을 주문했다. 줄은 튀김 코너로 이어진다. 튀김 또한 종류가 많다. 튀김 중에 뭘까 싶은 것을 하나 들었다. 자 이젠 계산대로 이어진다. 계산을 하고 돌아서니 '야쿠미토코로(薬味処)'라고 쓰인 양념 코너가 보인다. 파, 생강, 텐카스, 깨 등이 놓여 있는 그곳에서 원하는 대로 고명을 올려놓고 자리로 가면 된다.

비가 내리는 밖이 추워서인지 실내는 열기로 가득 찼고, 창문에는 뿌옇게 김이 서렸다. 자리에 앉아 먼저 튀김을 한입 물었다. 뭔가 싶었던 것은 쑥갓이었다. 특별한 맛은 아니었다. 우동 면발은 70~80cm 정도였고, 그보다 짧은 면발도 있었다. 면발 놓임이 일정하지 않고 서로 엉켜 있었지만, 면의 찰기는 좋았다. 기본 소스도 짜거나 달지 않고 맛있다.

우동가락으로 콧등치기를 해보려고 일부러 구석진 자리로 가 앉았는데, 이리저리 해봐도 잘 되지가 않는다. 맘을 먹고 우동가락을 집어 들 때 앞쪽을 짧게 하여 입에 넣은 뒤 나머지 부분을 폭풍흡입 해봤다. 아하! 좀 되는 듯하다. 겨우 성공한 콧등치기는 맘처럼 시원하지 않아 좀 아쉬웠다.

山菜うどん 산사이우동 470엔

　와카아유는 토쿠시마문리대(德島文理大) 옆에 있다. 대학교 앞의 우동집이라 셀프점에 학생들이 몰려 있는 떠들썩한 식당을 상상했지만, 문을 열고 들어선 실내는 아르바이트 학생이 한 명 있을 뿐 조용했다. 자리에 앉아 산사이우동(山菜うどん)을 시켰다.

　고사리, 버섯, 우엉이 얇게 저며 올려 있었다. 면발의 끈기와 길이는 보통이고, 국물 맛도 짜지 않았다. 그런데 위에 올린 고명들 맛이 너무 강했다. 버섯은 어떻게 조린 것인지 너무나 달았고, 고사리는 또 너무도 짰다. 너무 짜고 너무 달아 도저히 다 먹기가 힘들었다. 우동을 먹고 돌아오는데, 입안에 남아 있는 달고 짠 맛이 한참 동안 가시지 않아 도중에 물을 한 병 사먹어야 했다.

86번 시도지(志度寺)를 찾았다. 비 내리는 시도지는 조용했다. 시도지는 인왕문, 탑, 본당, 대사당이 모두 중요문화재로 지정되어 있다. 시도지에는 창건에 얽힌 전설도 있는데, 그 내용은 이렇다.

텐지천황(天智天皇) 무렵, 후지와라 후히토(藤原不比等 659~720)에게는 당(唐)의 고종황제에게 시집을 간 왕비가 된 여동생이 있었다. 후지와라가 나라(奈良)에 고후쿠지(興福寺)를 건립한다고 하자 당에 있는 동생이 보물을 셋이나 보냈다. 그런데 배가 이곳 시도 지역의 포구에 왔을 무렵, 격렬한 폭풍우가 일며 용신(龍神)이 나타나 보물 하나를 빼앗아 갔다.

후지와라는 잃어버린 보물을 되찾기 위해 이곳에 왔으나, 그 방법을 몰라 곤란을 겪다가 포구의 해녀와 연을 맺게 되었다. 후지와라는 자신의 처지를 말하고, 그녀에게 "만약 보물을 되찾아준다면 당신이 낳은 아이를 후지와라 가문의 후계자로 삼겠다."고 약속했다. 해녀는 바다로 들어갔고 보물을 찾아왔지만, 화가 난 용신에게 죽임을 당했다. 해녀의 생명과 바꾼 보물을 손에 넣은 후지와라는 약속대로 해녀의 아들을 후계자로 삼았고, 그 아들 후사사키(房前)는 어머니를 공양하기 위해 시도지를 세웠다는 이야기다.

시도지는 내가 전에 88사찰을 하며 찾아왔을 때와는 좀 달라진 모습이었다. 납경소도 바뀌어 있었다. 넓은 납경소 안에는 옆쪽으로 연결된 고옥(古屋)의 가레산스이(枯山水 물 없이 산수를 표현한 일본 정원)를 보면서 쉴 수 있는 공간과 우동과 차를 마실 수 있는 공간이 마련되어 있었다. 비디오에서는 88사찰 여행 다큐 화면이 계속 재생되고 있었다.

바다로 흘러가는 작은 강들 사이로 마을이 보인다. 비가 내리니 오늘도 들판에서는 무언가를 태우는 모양이다. 뽀얀 연기가 올라가는 정취는 추적추적 내리는 빗속에서도 포근함을 느끼게 한다.

시도지(志度寺)

카가와 현 사누키(讃岐) 시에 위치한 절로, 시코쿠의 88영지 중 제 86번째에 해당하는 사찰이다. 기록에 따르면, 시도(志度) 포구에 떠내려온 영목(靈木)을 오시소노코니(凡薗子尼)가 암자에 가지고 가 그 영목에서 본존(11面觀音)을 조각하여 안치하고 당우(堂宇)를 건립하였다고 한다. 626년에 창건한 것으로 알려져 있으며, 681년에는 후지하라 후히토가 당우를 증축하여 〈시도도죠우(志度道場)〉라고 이름 붙였다고 한다. 693년에는 후지와라 후히토의 아들인 후사시키가 쿄우기(行基)와 함께 당우를 건립했다고 한다.

うめぼしうどん 우메보시우동 小 300엔

JR 코토쿠선(高徳線)과 코토덴 시도선(ことでん志度線) 사이에 있는 큰 도로가 11번 도로다. 그 도로를 타고 JR 고토쿠선 사누키무레(讃岐牟礼) 역으로 향하면 도중에 오오타니세이멘쇼(大谷製麺所)가 있다. 좀 다른 것을 먹어 보고 싶어 우메보시우동을 시켜 보았다. 기본 고명으로 미역과 오뎅, 우메보시(うめぼし매실 절임) 두 개가 나왔다. 거기에 난 생강과 파를 좀 넣었다.

기대를 안고 우동 국물을 마셨는데, 이런⋯ 국물이 짜다. 면도 약간 짜다. 면 발의 탄성은 좋으나, 대체적으로 짜다. 오직 미역만 짜지 않았다. 난 매실을 좋아하는데, 매실도 맛난 것을 사용하지 않은 것 같다. 지금 난 배가 부르지 않다. 산사이우동(山菜うどん)도 다 먹지 않았고, 충분히 걸어왔기 때문이다. 어쩌면 매실 절임에서 짠맛이 더 우러나왔을 수도 있을 것이다. 하지만 짠 것은 도저히 먹을 수가 없다. 물을 여러 컵 마셨다. 잠깐 물을 타서 먹을까 생각도 했지만, 포기하고 그냥 남기고 나왔다.

오오타니세이멘쇼를 나와 고우야시키(鄕屋敷)로 간다. 기대한 만큼의 실망이었을까? 연거푸 두 그릇의 우동을 날려버린 셈이다. 다음 우동을 기대하는 수밖에! 지도를 보며 그렇게 1시간 20분을 걸어갔건만, 고우야시키는 오전 영업시간을 끝내고 저녁 장사를 위해 문이 닫혀 있었다. 막연히 기다리기엔 너무 긴 시간이다. 그런데 갑자기 배가 아프기 시작하더니 화장실이 급해졌다. 근처에 화장실을 사용할 수 있는 곳은 없다. 개인주택들뿐이니 어디 가 하소연 해볼 곳도 없다. 어쩔 수 없이 지도를 보고 무작정 기차역을 향해 부지런히 걸었다.

어디 화장실 사용할 만한 곳이 있을까 찾아보며 황급하게 뛰듯이 걸었다. 아마도 누군가 봤다면 미친 사람처럼 가는 나의 모습이 우습게 보였을 것이다. 저수지를 지나며 몸을 숨길 얕은 수풀을 보았지만, 수풀 속에 몸을 숨긴다 해도 내 자신에게 허락이 되지 않았다. 슈퍼가 보여 물어보니 그 설명이 길다. 다시 역을 물으니 가까운 곳이라 하여 슈퍼를 나와 뛰듯이 걷는데 바로 초등학교가 있었고, 마침 문을 닫고 나오시는 선생님이 보였다. 선생님께 화장실 사용을 부탁하자, 문을 열고 불을 켜주었다.

이런 세상에! 배탈이 났던 모양이다. 선생님께 고맙다는 인사를 거듭하고 돌아 나오니 날아갈 듯 몸이 가볍다. 이젠 역이 멀어도 괜찮을 것 같다. 물론 코토덴 시도선 오오마치(大町) 역은 바로 앞이었다. 이곳은 간이역이라 화장실이 없었다. 학교선생님을 만났으니 다행이었지, 어쩔 뻔했는가. 다시 생각해도 고마운 일이다. 오늘은 참으로 많이도 걸었는데 우동집 하나 들리지 못하고 가려니 서운했다. 지도를 보니 바로 역 근처에 우동집이 하나 있어 찾아갔다.

カレーうどん 카레우동 350엔

　톤보(とんぼ)는 그 이름처럼 간판에 잠자리 그림이 그려져 있다. 코토덴 오오마치역에서 5분 거리로, 11번 도로가에 있다. 실내는 넓었고, 사람들은 거의 없었다. 카레우동을 시켰다. 뜨끈한 면과 어울리는 카레가 감칠맛이 났다. 서운하지 않은 맛이다. 면발도 식감이 좋았고, 약간 짰지만 이 정도면 괜찮았다.

　오늘은 두 그릇의 우동을 실패하고, 좀 폼 나고 그럴 듯해 보이는 집을 찾아갔으나 영업시간이 맞지 않아 애석하게 돌아섰었다. 그런데 이렇게 우연히 찾은 집에서 카레우동으로 마무리를 하니 뭔가 가슴속 서운함이 확 뚫린 것만 같다.

　배탈설사 후에 먹은 우동이 마치 해장을 한 것처럼 속이 편했다. 오늘도 다섯 그릇이다. 돌아오는 길에도 비가 내렸다. 오늘은 종일 비가 내린다. 생각지도 못한 여러 일들이 있었지만 그래도 시간이 지나면, 이렇게 비 내리는 길을 홀로 걸으며 우동 순례를 했던 날이 좋은 추억으로 남을 것 같다.

허망하게 뒤돌아섰던 고우야시키(鄕屋敷)는 그 다음에 갈 기회가 있었다. 카가와 현에 있는 미술관을 취재하기 위해 서울에서 온 일행들과 함께였다.

메이지(明治)시대 경찰서로 사용되었다는 건물을 멋진 우동가게로 만들어 사람들이 보고, 먹고 갈 수 있도록 했으니 내 입장에서는 고마운 일이다. 우리 일행은 좁은 통로를 따라가다 좁은 계단을 통해 2층으로 올라갔다. 그리 넓지 않은 2층에도 방은 두 개나 있었다. 8명의 일행이 넓은 테이블에 다 앉을 수 있는 방이었다. 전통의상을 입은 여인들이 일을 하며 우동을 날랐다. 높고 좁은 2층 계단으로 통이 좁은 기모노(着物)를 입고 우동 쟁반을 들고 오르내리는 것이 재주처럼 여겨졌다.

우리는 이 집의 우동정식 와리코(和里子)를 먹었는데, 우동사리를 맘껏 먹을 수 있도록 해주어서 우린 배 부른 것도 잊고 우동사리를 더 주문해서 먹었다. 우동 맛은 평균 수준이었지만, 실내 분위기와 대접받는 기분이 어우러져 멋이 있어 좋았다. 식사를 마치고는 함께 온 카가와 현 관광 담당자의 설명으로 집을 제대로 구경할 수 있었다. 지난번 이 집을 찾아왔다가 배탈설사로 화장실 찾아 고생한 기억이 떠올라 슬그머니 웃음이 났다.

和里子 와리코 1,575엔

날씨는 맑았지만 대단히 추웠다. 바람이 거세게 불어 체감
온도가 낮은 탓이리라. 오늘도 코토덴 시도선(ことでん志度線)
을 타고 우동 순례를 시작했다. 오늘은 야시마(屋島) 지역으로
간다. 야쿠리지(八栗寺)를 둘러보고 우동집도 가는 일정이다.

첫 번째로 가고자 정한 집은 와라야(わら屋)였다. 와라야란 우리의 초가집처
럼 지붕을 짚으로 이은 집을 말한다. 이곳을 가려면 코토덴야시마(琴電屋島) 역
에서 내려야 하는데, 그만 착각을 해 한 정거장을 더 간 후루타카
마츠(古高松)에서 내리고 말았다.

할 수 없이 역을 나와 길을 찾기 위해 지도를 보고 있는데, 마침
유명브랜드의 등산복에 모자와 신발까지 멋지게 차려입은 할아
버지가 눈에 띄었다. 카메라도 완전 신형 소니 하이브리드를 자

랑스럽게 둘러멘 모습이다. 그럼 산으로 가는 거다. '내가 갈 와라야도 산 밑에 있으니…' 싶어 할아버지를 따라가 말을 걸었다. 와라야 우동집을 가려고 하는데 어느 쪽으로 가야 할지를 물으니, 빙고! 자기를 따라오라고 한다. 산에 가는 길인데, 가는 길에 있다고 한다. 나름의 길 묻기 노하우가 통한 거다.

고맙고 반갑게도 영어를 하셔서 우리는 대화를 나눌 수 있었다. 나는 걸어서 시코쿠 88사찰 순례를 했다고 자랑스럽게 말하고, 지금은 우동 순례를 하는 중이라 하니 걸음을 멈추고 정말 멋지다고 한다. 추임새로 적당히 칭찬도 하실 줄 안다는 것은 마음의 여유가 있다는 뜻이다.

자신은 은퇴 후 자동차로 시코쿠 순례를 했단다. 은퇴 후에 주어진 많은 시간들을 보내며 특별한 목적을 가지고 부지런히 사는 게 힘들다는 것을 배워간다고 하며, 여행도 부지런해야 할 수 있는 일이라고 한다. 나이는 묻지 않았지만 70은 훌쩍 넘으신 것 같다. 대추처럼 작고 단단해 보이는 할아버지다.

최신 유행의 옷을 입고 신상 카메라를 들고 산에 간다는 것은 삶을 적극적으로 사는 모습이다. "늙었는데 뭔 새 옷을 사? 언제 죽을지 모르는데." "아, 난 신제품은 싫어, 배우기가 힘드니까." 이런 것보다 훨씬 멋지다. 물론 경제가 뒷받침 되었을 때의 비교 상황이겠지만 말이다. 나도 더 늙어 호호 할머니가 되더라

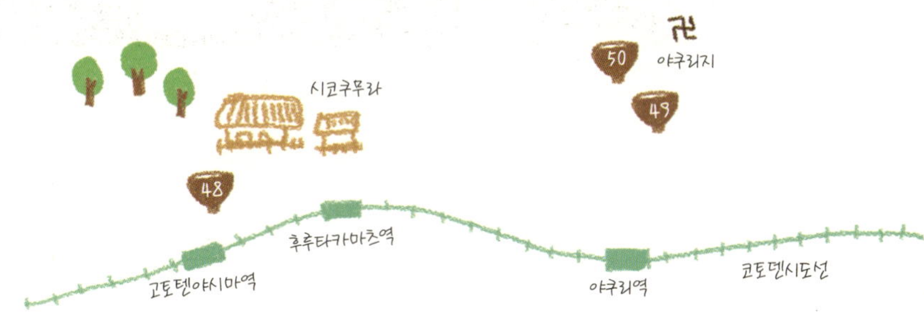

도 근사한 새 옷을 사 입고, 신상의 디지털 기기를 사용하며 살련다.

할아버지와 함께 숨차게 이야기를 나누며 걸으니 금방 도착했다. 코토덴야시마(琴電屋島) 역에서 산으로 들어가는 큰 길을 따라 올라가면 정면에 안내 간판이 보이는 집이다. "이 집은 카마아게 우동을 먹어야 해요. 그게 전문이지요." 새해 복 많이 받으라는 인사까지 건네시고 할아버지는 산으로 올라가셨다. 꽤 쿨~한 할아버지다.

釜あけうどん 카마아게우동 小 450엔

와라야를 선택한 것은 에도시대 말기의 민가를 복원하여 우동집으로 만들었다는 가이드북의 설명 때문이었다. 이 집은 문을 들어서며 바로 주문을 한다. 할아버지 추천도 있고 해서 이 집의 대표 메뉴라는 카마아게를 주문했다.

계산을 하면 전표 두 장을 주는데, 한 장은 자리를 안내해 주면서 가지고 가고,

다른 한 장은 우동을 내오며 가지고 갔다. 국물을 담은 뜨거운 호리병이 나오고, 실파와 생강이 나왔다. 물 대신 호리병에서 따른 뜨거운 국물을 한모금 마신다음, 소스에 실파와 생강을 넣고 뜨거운 물에 담겨 나온 우동을 적셔 먹는다.

소스가 짜지 않아서 좋았지만, 면발이나 면의 길이는 다 평균 수준이다. 면의 굵기가 다른 곳보다 좀 굵은 편인 것만 빼면 다 평범했다. 좋은 것이 있다면 아주 가는 실파를 사용했다는 정도? 오래된 민속가옥에서 먹는 기분을 느낄 뿐, 딱히 특별할 것은 없는 맛이다. 뜨끈하게 우동 한 그릇을 먹는 것일 뿐, "와, 맛있다!"는 아니었다. 어쨌거나 역시 추울 때는 카마아게나 카케우동을 먹어야 한다. 데워진 몸으로 우동집을 나왔다.

석재 공장 마당에 설치된 돌조각 예술품들을 구경하며 야쿠리지(八栗寺)를 향해 오르다 보면 야마다야가 보인다. 야마다야는 우동공장도 가지고 있는 큰 우동집으로, 예전에도 가본 적이 있다. 근처 석재상 중에 '야마다'라는 이름도 있었는데, 만약 그것도 같은 집에서 운영을 한다면 대단한 부자겠다는 생각을 하며 오르막길을 오른다.

이미 대기자가 많았다. 점심때인 데다 주말이라 가족 동반 손님이 많았다. 혼자 온 사람은 나뿐이다. 먼저 대기자 명단에 몇 명인지, 다다미방으로 할지 테이블로 할지를 적어 놓고 기다린다. 차례가 오면 호명을 하는데, 이곳에는 영어 통역도 있다. 우동집은 세련되었고, 한눈에도 운영시스템이 잘 돌아가는 것을 알수 있었다.

난 대표 메뉴인 카마붓카케를 주문했다. 뜨거운 옹기그릇에 면이 들어 있고, 김가루가 올려 나왔다. 나는 그 위에 깨, 파, 생강과 무 간 것, 라임, 텐카스를 올리고 소스를 뿌려 먹는다. 면의 길이는 90~100cm 정도에, 면발의 탄력이 좋다. 기본 소스의 맛도 짜지 않다. 소를 시켰는데도 양이 많다. 300g은 될 것 같다. 평균보다 많은 양이다. 따듯한 옹기를 손으로 잡아 그 온기를 느끼며 먹는다. 그래, 이 맛이다! 맛나게 먹었다. 고명과 함께 입안 가득 우동의 깊은 풍미가 남는다. 다음에도 먹고 싶은 카마붓카케이다.

야마다야(山田家)를 나와 산을 오른다. 그곳에 야쿠리지(八栗寺)가 있다. 이 길은 벌써 세 번째다. 그러나 이번엔 케이블카를 타고 올라가니 전혀 힘들지 않았다. 케이블카 옆에 로쿠로쿠안(六六庵)이 있지만, 지금은 배가 부르니 야쿠리지를 다녀온 뒤에 들러야겠다. 추운 날씨 탓인지 사람들은 많지 않았다.

야쿠리지에서 걸어 내려오는 순례자가 지나갔다. 스치며 바라보니 추위로 얼굴이 새빨갛다. 중년의 남자다. "간밧떼쿠다사이(頑張ってください힘내세요)!" 하니 가던 걸음을 멈추고 뒤돌아서서 바라본다. 내가 웃으며 "오헨로 센빠이(お遍路先輩 순례자 선배)!" 하니, 그도 웃는다. 아마도 당황스러웠을 것이다. 처음 보는 남자에게 이렇게 유쾌하게 길에서 인사하는 일본여자는 없을 테니 말이다. 그것도 스쳐 지나는 이에게 말이다.

야쿠리지에 들어섰다. 시코쿠 88사찰 중 85번 절이다. 야쿠리지에도 창립 전설이 있다. 코우보대사(弘法大師)가 당(唐)에서 돌아와 이 산에서 수행하고 있을 때 하늘에서 5개의 검과 산신이 내려와 이 토지가 영지(霊地)임을 알려주었다고 한다. 829년 절을 세우자, 산의 이름도 고켄산(五劍山)이 되었다.

야쿠리란 절의 이름 또한 그 사연이 있다. 대사는 당으로 떠날 때 불교를 배우는 소원이 이루어질지를 시험하기 위해 이곳에 8개의 군밤을 심었는데, 당에서 돌아와 보니 군밤에서 싹이 나 무성한 밤나무로 자라 있었다고 한다. 그래서 '여덟 그루의 밤나무'란 뜻의 '야쿠리(八栗)'란 이름이 붙은 것이다.

산에 눈발이 날린다. 절은 신년 맞을 준비를

다 해놓았다. 젊은 부자가 정성 드려 기도를 하며 절 안을 돌았다. 진지한 아버지의 마음을 알기라도 하는 듯 아이는 눈치를 보며 열심히 아버지를 따라한다. 정성을 들여 해를 보내고 새로운 해를 준비하는 마음을 갖는 것은 존경스럽다. 그렇게 준비하고 새로운 해를 맞이하는 이들에게 복이 넘치기를 나 또한 빌어 본다. 빈둥빈둥 TV를 보며 가는 해를 보내거나, 술판으로 끝장을 내며 해를 보내고 맞이하는 이들보다 얼마나 아름다운 일인가 말이다.

지금 이 젊은 아버지는 자식에게 행동으로 보여주고 있는 것이다. 가랑비에 옷이 젖듯이 조금씩, 조금씩, 말과 행동으로 보여준다면 자식들은 자신도 모르게 몸과 마음에 배일 것이다. '바담 풍'을 하며 '바람 풍'을 하라고 하는 부모들이 얼마나 많은가? 나도 부모다. 나 또한 내 두 아이에게 그렇게 해왔는지도 모를 일이다. 그저 바쁘게 사는 모습만 보여줬는지도 모른다. 그게 다 너희들을 위해 사느라 바빴던 거라고 말하면 이해해 줄까? 좋은 본을 보여주었어야 하는데, 후회가 앞선다. 하지만 지난날을 돌이킬 수는 없는 법! 앞으로라도 늙어가는 모습을 제대로 보여줘야겠다. 날씨는 추웠지만 마음이 훈훈해진다.

88사찰 순례를 하며 종치는 즐거움을 알았기에 야쿠리지의 종을 울려 본다. 내 마음에 한 해를 보내는 감사와 새해의 소망을 담아 정성스럽게 탕~! 그 울림은 크지 않았지만 여운은 길었다. 그 여운이 사라질 때까지 한참을 서서 기다렸다. 한 번 더 쳐보면 좋겠지만, 그야말로 일기일회(一期一回)이다.

　　오래된 절 가까이에는 우동집이 많다. 모두들 오래된 집들이다. 젠츠지(善通寺) 부근에도 대를 이어가는 우동집이 몇 곳 있는데, 이곳도 마찬가지일 것이다. 그러다 대를 잇지 못하고 그만두게 된 집들이 생기고, 다시 생기고…. 절의 오랜 역사만큼이나 그런 일들도 반복되었을 것이다. 그런데 이상하게도 1980년대에 생긴 우동집들이 많다. 어쩌면 그때가 새로운 부흥기였는지도 모르겠다.

　　어쨌든 케이블카를 타고 올라오는 위쪽에도 우동집이 두 곳이나 있다. 그러나 문을 닫은 터라 들어가 볼 기회를 잃었다. 야쿠리지에서 다시 케이블카를 타고 내려와 로쿠로쿠안(六六庵)으로 들어간다. 이곳에도 사람들은 없었다. 아직도 배가 꺼지지 않았다. 겨우 1시간 정도밖에 지나지 않은 탓이다. 눈발이 날리는 날씨 탓에 손이 시릴 정도로 추웠다. 이럴 땐 가게우동이 최고겠지?

마음에 드는 집이다. 일단 나무젓가락이 야무진 게 마음에 든다. 일회용이지만 거부감 없는 젓가락이다. 시치미(七味)를 넣은 나무필통같이 생긴 용기도 재밌다.

카케우동은 무엇보다 국물 맛이 좋아야 하는데, 국물 맛이 담백했다. 짜지도 않고, 천연의 단맛이 났다. 면도 평균 수준이다. 국물 맛이 깔끔하니 중(中)자도 먹을 수 있을 것 같다. 주문을 하기 전까지는 소(小)자도 다 먹을 수 있을까 싶었는데 말이다. 이러다 1시간에 한 그릇의 우동을 먹는 것에 익숙해지는 건 아닐까 싶어 겁이 난다. 칠복신(七福神) 중 풍요와 건강을 상징하는, 살찌고 행복한 웃음을 지은 호테이(布袋)처럼 될까 걱정이다. 아, 나는 호테이가 되기는 싫다. 날씬하고 멋진 벤자이텐(弁才天)이 되고 싶다.

일본의 새해맞이 - 오쇼가츠(御正月)

새해 풍경

쇼가츠(正月 또는 오쇼가츠)는 일본에서 가장 중요한 휴일이다. 대부분의 기업은 1월 1일에서 3일까지 문을 닫고, 일반적으로 떨어져 지내는 가족들이 함께 시간을 보내기 위하여 모이는 시기가 바로 이때이다. 새해를 맞이하기 위해서 집과 현관문에 소나무, 대나무, 매화나무로 만든 장식을 놓고, 집 안팎을 깨끗이 청소한다. 우리나라의 설날맞이 준비와 거의 비슷하다고 생각하면 된다.

전통적으로 1월 1일은 새로운 1년을 시작하는 날이므로 즐거움이 넘쳐야 하고, 스트레스와 걱정거리로부터 자유로워야 한다고 생각하여 새해 첫날에는 모든 것을 깨끗이 하고, 아무 일도 하지 않는다.

새해 전날인 그믐날 밤엔 장수를 상징하는 토시코시소바(年越しそば 메밀국수)를 먹고, 새해 첫날은 하츠히노데(初日の出 첫 해돋이)를 보는 것으로 시작하는 것이 가장 좋다고 생각한다.

쇼가츠 기간(1월1일~3일)에는 신사나 절을 방문(初詣 하츠모데)하는데, 도쿄의 메이지진구(明治神宮)처럼 인기 있는 절이나 신사는 3일 동안 수백만 명의 사람들이 방문한다고 한다. 자정에 맞춰 절에 있는 큰 종을 울리며, 해가 바뀌는 순간을 지켜보는 것 또한 우리나라의 풍경과

비슷하다.

시대가 변함에 따라 우리나라에서는 연하장을 보내는 풍습이 많이 없어졌지만, 일본에서는 여전히 1월 1일에 도착하도록 연하장을 보내고 있다. 일본인들이 한 해를 보내며 해야 할 중요한 일 중의 하나로 연하장 만들기를 꼽을 정도이다.

또 하나 재미있는 풍경은 '후쿠부쿠로(福袋)'라는 복주머니를 사기 위해 상점 앞에 길게 늘어선 줄이다. 예전에는 새해를 맞은 3일 동안은 일을 하지 않았기 때문에 아마도 현대에 들어서 생긴 풍경일 것이다. 후쿠부쿠로란 내용물을 알 수 없는 주머니 안에 판매가격 몇 배의 상품이 들어 있는 것을 말한다. 나름 '복불복'의 재미도 있는 셈이다. 백화점이 모여 있는 거리에는 1월1일부터 후쿠부쿠로를 사기 위해 이른 아침부터 줄을 선 손님들로 북적인다. 인기 있는 브랜드는 상점이 문을 열기도 전인 어두운 새벽부터 나와 줄을 서기도 한다.

새해 기간 동안 일본을 방문하는 것은 평소에는 볼 수 없는 풍경을 즐길 수도 있지만, 아직까지는 쇼가츠야스미(正月休み)를 지키는 곳들이 많아 여행자에게는 불편한 경험이 될 수도 있다.

새해 음식

일본의 새해 음식으로는 오조니(お雑煮), 오토소(お屠蘇), 오세치료리(御節料理)와 같은 특별 요리가 있다.

오조니(お雑煮)는 우리나라의 떡국과 비슷한 음식으로, 각지의 특산물로 만들기 때문에 지방마다 양념이나 재료가 다르다. 예를 들어 도쿄(東京)에서는 닭고기, 어묵 등을 사용하지만, 해산물이 많이 나는 홋카이도(北海道)나 히로시마(広島)에서는 연어, 굴, 새우 등을 넣으며, 토쿠시마(徳島)에서는 간장 대신 된장으로 간을 한다.

오토소(お屠蘇)는 중국에서 전해진 것으로 알려져 있는데, 술이나 맛

술에 약초를 넣어 마시는 음료이다. 예로부터 '악귀를 물리치고(屠絶)' 사람을 '소생(蘇生)'시킨다고 해 '도소(屠蘇)'라고 부르게 되었다. 주전자, 술잔, 술잔 받침, 쟁반으로 구성된 '도소기(屠蘇飢)'에 차려 마시는데, 이것을 마시면 한 해를 건강하게 보낼 수 있다고 한다.

오세치료리(御節料理)도 오죠니와 마찬가지로 지역이나 가정에 따라 들어가는 음식이 다르지만, 모두 가족의 건강과 집안의 번영을 기원하는 의미가 담겨 있다. 오세치료리란 원래 절구(節句)에 만들어지던 요리를 말하는데, 절구 가운데 가장 중요한 것이 쇼가츠(正月)여서 현재는 쇼가츠료리(正月料理)를 가리키게 되었다. 줄여서 '오세치(おせち)'라고도 한다.

오세치료리는 원래 그믐날에서 초하루에 걸쳐 해를 넘기며 먹는 것이었다고 한다. 홋카이도(北海道)·토우후쿠(東北) 등 일부 지방에서는 새해를 맞이하는 의식으로 그믐날 먹는 풍습이 남아 있다.

오세치료리의 기본은 축하반찬 3종(祝い肴三種), 조림(煮しめ), 초절임(酢の物), 구이(焼き物)이지만, 지방에 따라 구성은 달라진다. 3가지 반찬의 경우만 봐도, 관동에서는 검정콩조림(黒豆), 말린 청어알(数の子), 말린 멸치새끼(田作り)의 3종이고, 관서에서는 검정콩조림, 말린 청어알, 우엉(たたきごぼう)의 3종이다.

요리 하나하나는 조리거나 말리고, 또는 식초에 담가 맛을 진하게 하는 등 저장식품인 경우가 많다. 이는 쇼가츠의 불을 성스러운 것으로 여겨서 신과 함께 먹는 것 외에는 불을 사용하지 않던 풍습에서 온 것이라고 한다. 쇼가츠 기간만큼은 여성을 가사노동에서 해방시키고자 했던 것이라는 설도 있다.

오세치료리(御節料理)의 의미

①연근(れんこん): 구멍이 뚫려 있는 것에서 장래가 창창하기를 기원.

②우엉(ごぼう): 우엉의 뿌리처럼 일가의 뿌리를 잘 내리도록 기원

③금귤(きんかん): 발음이 금관과 같아 재물운이 좋아지기를 기원.

④쇠귀나물(くわい): 봄에 큰 '싹이 나는'것이 '경사스럽다'를 연상시켜 출세를 기원.

⑤어묵(かまぼこ): 둥근 모양은 새해의 일출을 나타내며 붉은색은 경사스러움과 기쁨, 흰색은 신성함을 의미.

⑥새우(えび): 허리가 굽을 때까지 장수하기를 기원.

⑦멸치조림(田作り): 멸치를 비료로 사용했더니 풍작이 되었다는 옛이야기와 연관되어 풍년을 기원.

⑧달걀말이(伊達巻): 생선살을 넣은 달걀말이로, 종이 두루마리 모양으로 말아 지식이 늘기를 기원.

⑨검정콩(黒豆): 검은색은 도쿄에서 액을 막아주는 색으로 여겨져 건강과 장수를 기원.

⑩밤조림(きんとん): 금처럼 노랗고 엽전처럼 둥근 밤의 모양에서 재물운이 좋아지기를 기원.

⑪도미(鯛): '경사스럽다'와 일부 발음이 비슷한 것에서 좋은 일이 일어나기를 기원.

⑫청어알(数の子): 수많은 알처럼 자손이 번성하기를 기원.

새해 놀이

우리나라의 윷놀이처럼 일본에서도 전통적으로 새해에 하는 게임들이 있는데, 최근에 그 인기는 조금씩 줄어들고 있다.

타코아게(凧揚げ)는 우리나라의 연 날리기와 같다.

타코(凧)란 바람의 힘을 이용하여 공중에 올리는 완구로, 일본에서는 쇼가츠놀이(正月の遊び)로 알려져 있다. 나무나 대나무 등으로 뼈대를 만들고 종이, 천, 비닐 등을 덮어 끈으로 묶거나 형태를 만든다.

타코(문어)라는 이름은 관동의 방언으로, 메이지 초기까지 관서의 방언으로는 '이카(오징어)'라고 불렸다. 이는 타코(凧)가 종이 꼬리를 달고 하늘에 올라가는 모습이 문어(蛸)나 오징어(烏賊)를 닮아서 붙여진 이름이라는 설이 있다.

하네츠키(羽根突き)는 배드민턴과 비슷한 놀이로, 셔틀콕처럼 새의 깃털로 만든 공(羽根)을 하고이타(羽子板)라는 나무로 된 채로 치는 놀이이다. 무로마치(室町)시대에는 조정에 출사한 귀족 어른들의 내기놀이였던 것이 오늘날에는 쇼가츠의 여자아이들의 놀이가 되었다. 예전에는 쇼가츠가 되면 하고이타를 들고 나와 노는 여자아이들의 모습을 쉽게 볼 수 있었다고 한다. 쇼가츠에 이 놀이를 주로 했던 것은 액을 물리친다고 여겼기 때문이다.

놀이 방법으로는 혼자서 깃털공을 몇 번이나 칠 수 있는가를 세며 즐기는 아게하네(揚羽根)와 두 사람이 마주 서서 배드민턴을 하듯 깃털 공을 서로 쳐서 주고받는 오이하네(追い羽根)의 2종류가 있다. 특히 오이하네를 할 때는 상대방이 실패할 때마다 벌칙으로 얼굴에 먹물로 낙서를 하여 놀이의 재미를 더하기도 했다.

카루타(カルタ)는 쇼가츠에 실내에서 하는 놀이로, 젠코쿠(戦国)시대부터 에도(江戸)시대에 걸쳐 만들어진 고전적 카드 게임을 가리키는 총칭이다.

포르투갈어인 carta가 외래어로서 일본에 전해진 당초에는 그저 '트럼프'를 가리키는 말이었지만, 현재 보통 카루타(かるた)라고 칭하는 경우는 〈이로하카루타(いろはかるた)〉를 가리키는 경우가 많다.

또한 카루타는 햐쿠닝잇슈(百人一首)를 이용한 게임 〈우타가루타(歌がるた)〉의 별칭이기도 하며, 하나부타(花札 화투)의 별칭인 〈하나가루타(花がるた)〉를 뜻하기도 한다.

카루타의 어원은 포르투갈어이지만 비슷한 놀이는 일본 고대부터 있었던 것으로, 헤이안(平安) 시대에 2개의 조개껍질을 맞추는 놀이 〈가이아와세(貝合せ)〉가 그것이다. 이 놀이와 유럽에서 유래한 카드게임이 융합하여 겐로쿠(元禄)시대쯤에 지금의 놀이 방법으로 정착된 것으로 추측하고 있다.

놀이 방법은, 일단 바닥에 하구(下句)만 쓰인 카드를 늘어놓고 사회자가 랜덤으로 상구(上句)의 카드를 읽으면 그 카드의 하구에 해당하는 카드를 더 빨리, 더 많이 찾는 사람이 이기게 된다.

이로하카루타(いろはかるた)
이로하(いろは) 47문자에 대응한 이로하카루타(いろはかるた)가 가장 고전적이고 유명하다. 주로 속담을 이용하여 상구와 하구로 나눈다.

우타가루타(歌がるた)
일반적으로 『햐쿠닝잇슈(百人一首)』를 이용한 카루타를 말한다. 『햐쿠닝잇슈(百人一首)』는 헤이안(平安)시대 말기에서 카마쿠라(鎌倉)시대 초기에 걸쳐 활동한 후지와라 사다이에(藤原定家)가 선별한 것으로 알려진 사선화가집(私撰和歌集)이다. 『햐쿠닝잇슈』는 현재 가집으로보다도 카루타로써 지명도가 높은데, 특히 쇼가츠의 놀이로 친밀도가 높다.

　　2013년 1월 1일, 드디어 계사년(癸巳年)의 첫날이 밝았다. 새
해를 홀로 맞는다. 밤새 뒤척이며 새해를 구상해 봤다. 이미 새
해에 할 일정들은 정해져 있다. 난 일정들을 하나하나 불러내어
점검하며, 새해를 맞이하는 밤을 보냈다.

　　스리랑카로 짧게 차 문화 탐방을 갈 계획이고, 일본은 독자와 함께 시코쿠 사
찰 기행, 우동과 예술 기행, 미국은 딸과 함께하는 GAP트레일 코스, 스페인 '산
티아고 가는 길'은 독자와 함께 가는 일정이다. 그러다 보면 1년
이 너무 빠르게 갈 것이다. 그 사이에 이미 편집이 들어간『산티
아고로 가는 길』사진집이 나올 것이고, 또 지금 하는 우동 순례
에 대한 책이 나오고, 미국 GAP트레일 코스를 소개하는 책도 나

올 것이다. 그러니 또 즐겁고 바쁜 한 해가 될 것이다.

그런 희망을 설계하느라 잠이 오지 않는다. 늘 같은 밤이지만 그 해의 마지막 날이란 시간이 주는 특별한 감정 때문일까, 쉽게 잠들지 않는 밤을 보냈다.

거리로 나왔지만, 거의 모든 상점이 문을 닫았다. 음식점은 대부분 연휴 3일을 쉰다. 대신 마루가메마치(丸龜町)의 상점가는 후쿠부쿠로(福袋 복주머니)를 파는 상점들로 북적였다. 거리는 뭔가 사지 않으면 몸살이 날 것 같은 표정으로 기웃거리는 사람들로 떠들썩했다. 나도 덩달아 복주머니를 사고 싶은 마음이 들 정도다. 지금 사지 않으면 뭔가 놓치는 것 같은 기분이 마구 드는 것이다. 그러나 내 몸도 무거운데, 복주머니까지 들고 다니며 우동 순례를 한다는 건 역시 아니다 싶어 유혹을 뿌리쳤다.

오늘 일정은 가이드북에 '무휴'라고 쓰여 있는 집들을 중심으로 골랐다. 그것도 우동집이 좀 몰려 있는 데로 선택했다. 마루가메마치와 미나미신마치(南新町) 주변에도 무휴라고 안내된 우동집이 있었지만, 찾아가니 휴업이었다. 역 주변의 세 곳과 더 멀리에 있는 대형 상점가 주변에 무휴라고 표시된 우동집들을 몇 곳 둘러봤다.

ぶっかけうどん 붓카케우동 小 280엔, 튀김 150엔

타카마츠(高松) 역 앞에 있어서 눈에 쉽게 띄는 우동집이다. 메리켄야! 재있는 단어이다. 이 집은 체인점으로, 메리켄(めりけん)은 미국을 뜻한다고 했다. 예전에 밀은 주로 미국에서 수입을 했었는데, 미국 즉 America 메리켄에서 온 밀을 가지고 우동을 만드는 집이라는 뜻이란다. 요즘 사누키우동은 거의 호주밀을 쓴다는데, 메리켄야는 여전히 미국산을 쓰는 걸까?

셀프점이라 들어서며 바로 쟁반을 들어야 한다. 이어서 튀김 코너다. 우선 야채튀김이 화려했다. 검은 콩, 연근, 각종 야채, 콩깍지가 어우러진 것인데, 기가 막히게 싱싱하고도 세심한 솜씨다. 예뻐서 하나 집어 들었다.

신년의 특별 메뉴인지, 아님 늘 있는 것인지는 모르겠지만, 신춘(新春)을 바라는 마음으로 담아 먹는다는 매실로 색을 낸 핑크색 면도 있었다. 면 길이는 평균이고, 면발의 끈기도 좋다. 우선 기본 맛이 짜지 않아 좋다. 필요하면 간장을 추가하면 된다. 무와 생강 간 것, 파도 적당히 기본으로 들어 있다. 이 정도 맛이면 고맙다. 가격도 착해서 더욱 고마운 우동집이다.

타카마츠 역을 왼쪽으로 두고 자동차 길을 따라간다. 세토오오하시(瀬戸大橋) 거리이고, 16번 도로이다. 세토내해로 들어가는 강 하구의 다리를 세 개나 건너야 에이온 몰(Aeon Mall)이라는 대형 쇼핑센터가 나오고, 그 왼편에 아카네세이멘이 있다. 타카마츠 역에서 1시간 거리이다. 큰 도로 안쪽으로 들어가면 타카마츠의 포구가 나오는데, 소형 배들이 옹기종기 모여 있다.

갑자기 배가 아프고 화장실이 급해지는데, 길가에 들어갈 만한 데가 없다. 급한 마음에 파출소를 찾아봐도 눈에 띄질 않는다. 보이는 곳에 정신병원이 있었다. 병원의 정문을 열고 들어가자 화장실이 정면으로 보이는데, 양해를 구할 사람이 없다. 인사는 나올 때 해야겠다 싶어서 일단 신발을 벗고 들어가 후다닥 볼일을 봤다. 제정신이 되어 인사를 하려고 다시 접수처를 기웃거렸지만, 한 사람이 앉아 있긴 하는데 무엇을 하는지 신경도 쓰지 않아 머뭇거리다 그냥 나왔다. 병원 건물 옆을 지나 밖으로 나가다 1층 창문을 통해 정지된 화면 같은 모습들이 눈에 들어왔다.

잘 정돈된 의자들 사이로 멀찌감치 떨어진 채 할머니들이 각자 홀로 앉아 있었다. 아무 표정도 없이 창밖을 바라보거나 고개를 숙이고 있었다. 몸은 야위었고 행색은 말할 수 없이 초라했다. 눈물이 왈칵 쏟아졌다. 사는 것이 아니라 목숨을 그저 연명하는 삶처럼 보여서. 어쩌면 그분들의 생각 속에는 어떤 다른 세상이 있을지도 모른다. 시간도 공간도 제약받지 않는 그런 자기만의 세상…. 문득 두렵다, 내 삶의 마지막은 어떤 모습일까.

카가와 현 곳곳을 돌아다니며 이제까지 내가 보아온 할머니들의 모습은 이런 것이 아니었다. 밭에서 부지런히 움직이며 일하는 모습, 혹은 장바구니가 담긴 자전거를 타고 거리를 달리는 활기 찬 모습뿐이었다. 집들이 모여 있는 골목길을 돌다 보면 키 작은 할머니들이 만드는 맛난 음식냄새들이 코끝을 간질이곤 했다. 일본이나 한국이나 역시 어머니들의 부지런한 손길이 있어야 가족들이 제자리에서 행복한 노래를 부를 수 있는 게다.

그런데 지금 저분들은 가족으로부터 외면당한 채 격리되어 죽음을 기다리며 삶을 연명하고 있는 것이다. 가슴이 미어진다. 누구라도 인생의 사연이 소설 10권쯤의 분량은 된다고 한다. 어려서부터 많이 들어온 말이다. 그래, 저분들의 세대에는 특히 그랬다. 어렸을 때는 부모에게 순종하고, 커서는 자기 자신보다는 온몸 바쳐 남편과 자식들을 위해 살아왔던 노인들이다. 지금 저 모습으로 격리된 채 삶을 마감하게 될 줄 누가 알았을까….

창문 밖에 서서 나는 잠시 기도를 드린다. "마음이 그저 평안하시길 바랍니다. 후세의 삶이 있다면 맘껏 복을 누리고 사시길 바랍니다." 눈물이 앞을 가린다. 돌아서는 발걸음도, 마음도 무겁다. 새해의 첫날이라 더욱 그런 마음이 드는지도 모르겠다.

ぶっかけうどん 붓카케우동 小 250엔, 튀김 130엔

　아카네세이멘은 길가에 있어 찾기 쉽다. 차들이 줄지어 들어오고 나간다. 사람들이 제법 있는 모양이다. 문을 열고 들어가 줄을 서 쟁반을 들고 따라가다 붓카케우동을 시켰다. 튀김 코너를 지나다 계란을 무언가에 싸서 튀겨놓은 것이 있어 궁금한 마음에 하나 집어 들었다.

　기본 고명은 레몬과 무즙, 파가 들어 있는데, 조미대에 가면 가츠오부시와 깨, 파, 생강이 있으니 첨가하면 된다. 면발의 끈기도 쫄깃하고 맛있다. 가츠오부시를 넣어서인지 약간 짰지만, 뭐 이 정도면 괜찮다. 풍미도 좋고 감칠맛이 나서 소스까지 다 먹었다. 아쉬운 건 궁금증을 자아냈던 튀김이었다. 그냥 계란을 얇은 햄으로 싸 쌈처럼 만든 것이었는데, 맛은 없었다.

아카네세이멘에서 나와 길을 건너면 에이온 몰(Aeon Mall)이다. 그 에이온 몰 3층에 카메사카세이멘(龜坂製麺)이 있다. 가이드북에는 '마루가메(丸龜)'라고 나와 있었는데, 그 사이 주인이 바뀐 것인지 오자(誤字)가 난 것인지 모르겠지만, 어쨌든 위치는 맞다. 배가 부르니 이곳저곳 상점을 둘러보며 소화를 시키다 찾아갔다.

이번엔 카레우동을 먹어야지 싶어 주문하니, 주문을 받던 종업원이 뒤에 서 있는 종업원에게 카레가 있는지 물어보는 것 같았다. 그가 안으로 들어갔다 나오더니 손가락 하나를 들어 보였다. 다행히 카레 우동을 먹을 수 있을 것 같다. 그러나 어렵게 먹게 된 카레우동은 한눈에 봐도 허술했다. 그저 멀건 카레를 부어준 것이다.

그래도 칼칼한 맛만 있으면 되지 싶어 한 젓가락을 뜨는데…, 이건 너무 짜다. 지금까지 먹은 우동 중에서 제일 짰다. 어떻게 이런 것을 손님들에게 내줄 수가 있지! 도저히 먹을 수가 없었다. 너무 짜서 먹을 수 없다고 말을 하려고 가니 정신없이 바빴다. 그래서 다 먹은 그릇을 가져다주는 곳에 가 우동그릇을 내밀었다. 마침 거기에 서 있던 점원이 아예 손도 대지 않은 우동그릇을 내미는 나를 물끄러미 바라보았다. 뭐라 한마디 할까 하다가 뒤에 줄지어 서 있는 사람이 있어 그만두었다. 완전 맛없는 우동에 서비스 빵점이야!

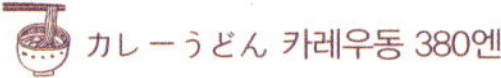
カレーうどん 카레우동 380엔

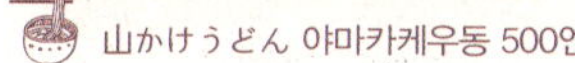
山かけうどん 야마카케우동 500엔

　JR 타카마츠(高松) 역 2층에 있다. 이번에는 야마카케우동(山かけうどん)을 주문해 보았다. 가게우동 앞에 붙은 야마(山)가 뭔가 했더니 야마이모(山芋 마)를 뜻하는 것이었다. 카케우동에 마를 갈아 넣었고, 잘게 채선 마른 김과 파가 올려있다. 우선 국물을 마셨다. 짜거나 달지도 않고 깔끔한 맛에 속이 시원해 연거푸 마셨다. 그리고는 고명을 고루 섞은 다음 우동을 먹는다. 첫맛처럼 깔끔하지는 않지만 이것도 맛이 있었다. 면발의 쫄깃함은 평균 수준이지만 국물 맛은 월등했다. 우동국물까지 말끔히 다 마시며 아주 맛있게 먹었다.

　난 이 집의 한자가 매우 궁금했다. 내가 모르는 한자여서 저녁에 호텔로 돌아와 와타나베 군에게 물었다. 츠야츠야는 아기 피부처럼 뽀얗고 부드럽다는 뜻이라고 한다. 서울에 돌아와 옥편에서 찾은 한자의 뜻은 고울 염, 얼굴 탐스러울 염이었다. 그래, 우동의 맛과 모양을 생각하면 어느 정도 맞는 말이다.

아침부터 날씨가 흐리고 비가 오락가락했다. 오늘도 새해 연휴가 이어지기 때문에 사람들이 많이 몰릴 만한 곳을 선택했다. 절과 신사 주변, 파친코나 대형마트 주변에는 오히려 오늘 같은 날이 더 사람들로 북적일 터였다. 코토덴 코토히라선(ことでん琴平線) 주변에는 우동집이 수두룩하다. 그중 문을 열 만한 곳을 찾아가 보기로 한다. 일단 코토덴 코토히라선의 원데이 프리티켓(1200엔)을 샀다.

가이드북에 의하면, 엔자(円座) 역과 이치노미야(一宮) 역 사이에는 가로, 세로 도로가에 우동집들이 수두룩하다. 일단 거기로 가보기로 한다.

엔자(円座) 역에서 내려 도로선상에 줄지어 있는 우동집을 찾아간다. 설마 그중 몇 군데 열려 있겠지. 그러나 찾아간 곳은 모두

문을 닫았다. 우동가도와 같은 도로였는데도 말이다. 비록 닫혀 있어 들어가 보진 못했지만 간판이 바뀐 집도 있었다.

고수부지에는 운동하는 이들이 많았다. 나도 좀 걸을 생각으로 고수부지로 나갔다가 한 여성을 만났다. 그녀의 이름은 카와키타 히사코(かわきた ひさこ)이다. 영어로 대화하는 것이 아주 오랜만이라며 생각에 생각을 하고 말을 내놓았지만, 그녀는 그렇게라도 나와 이야기를 나누는 것이 즐거운 듯했다. 그녀는 내가 찾아갔던 우동집 길 건너에 산다고 했다. 모두 문을 닫아 기운이 빠진다고 하자, 그녀가 한 집을 추천해 주었다. 그녀와 작별인사를 나누고, 분명히 문을 열었을 것이라며 가르쳐준 우동집을 찾아 나선다. 신사 옆에 있는 집이다.

이제까지는 엔자 역에서 남북으로 난 길을 따라 걸어왔었다. 예상했던 것처럼 우동집은 많았지만, 어느 곳 하나 문을 연 집이 없었다. 이번에는 동서로 이어진 길을 따라 걸어본다. 히사코 씨가 가르쳐준 길을 따라서….

ぶっかけうどん 붓카케우동 小 280엔,　튀김 120엔, 400엔

넓은 주차장에 차들이 줄지어 있었다. 문을 열었다는 것이 반가웠다. 비가 곧 쏟아질 것 같아서 우동보다 비를 피하고 싶은 마음에 실내로 들어선다. 셀프점이다.

우동은 붓카케로 주문하고, 뭔가 알 수 없는 튀김이 있어 궁금해 집어 들었다. 나중에 먹어 보니 느타리버섯이었다.

우동 면의 길이와 찰기는 평균 수준이었다. 기본 고명 외에 가츠오부시를 첨가했더니, 가츠오부시가 국물에 젖으며 깊은 맛을 낸다. 무를 말려서 만든 노란 단무지가 있어 그것과 함께 먹으니 훨씬 좋다. 그래, 김치가 있음 아주 딱! 이겠지만, 뭐 우동 한 그릇에는 단무지 정도면 충분하다.

　　겐페이우동에서 나와 계속 동쪽으로 가다 보면 멀지 않은 곳에 사누키이치방이 있다. 비가 잠시 내렸지만 우산을 쓰는 것도 귀찮아 그냥 비를 맞고 걸었다. 좁은 2차선 도로는 양방향이 신사를 찾아 오가는 차량 행렬로 가득하다.

　　사누키이치방은 일반점이라 지정된 자리에 가 앉으면 주문을 받는다. 비바람을 맞고 왔으니 카케우동 생각이 간절했다. 카케우동은 역시 추울 때 먹어야 제 맛이다. 우선 국물을 마셔 봤다. 약간 달다. 뭐야, 이건 키츠네우동(きつねうどん)이잖아? 우동이 나왔을 때 얘길 해야 하는 건데, 급한 마음에 국물부터 들이켰으니…. 할 수 없이 그냥 먹는다. 면발의 찰기와 길이는 모두 평균 수준이다. 특별한 것이 있다면 키츠네(きつね 유부)가 우동그릇만큼이나 크고 두텁다는 정도다. 게다가 너무 달다. 이 단맛이 국물에 배어 나왔나 보다. 키츠네도 면도 다 못 먹었다. 난 이렇게 단맛이 나는 우동은 싫다. 큰 유부는 정말 유감이었다. 원래 키츠네가 좀 단편이긴 하지만, 그래도 너무 달다.

きつねうどん 키츠네우동 小 500엔

이치노미야(一宮) 역까지 걸어온 나는 이번엔 열차를 타고 코토덴코토히라 (琴電琴平) 역으로 이동했다. 분명 거기엔 사람들로 넘쳐날 것이다. 어디 한번 일본 명절 풍경 좀 볼까 싶은 마음이었다.

코토히라는 명절답게 복잡했다. 거리음식들은 구워지거나 튀겨지면서 맛난 냄새를 골목으로 풍겨대고, 우동집들마다 꼬리를 물고 줄지어 선 사람들로 분주했으며, 코토히라구(金刀比羅宮)로 가는 길은 오르내리는 이들로 좁은 계단이 꽉 차 있었다. 신사에서 예를 올리기 위해 기모노(着物)를 입고 온 노부부도 있고, 가족 외출에 들뜬 아이들은 꼬치구이와 과자를 손에 들고 한참 신나는 표정으로 걷는다. 오랜만에 보는 명절 분위기다.

꼬리를 물고 줄을 서고 싶지는 않았다. 나중에 조용할 때 다시 와 먹을 계획이니까 오늘은 줄이 없는 집으로 갔다.

ぶっかけうどん 붓카케우동 小 300엔

커다란 문어가 꿈틀거리며 정문에 붙어 있다. 첫인상이 강렬하긴 하다. 이름에서 풍기는 것처럼 오래된 느낌이 난다. 실내를 들어가도 상큼하지는 않다. 세월의 때가 많이 묻은 모습이다. 연로하신 할머니 세 분이 부지런히 오가며 주문을 받고 상을 치운다. 주방은 보이지 않았고, 튀김을 튀겨 놓은 것도 없다.

붓카케우동을 주문했다. 짜다, 너무 짜다. 할머니가 따라주신 따듯한 차를 우동에 부어서 먹었다. 먹는 데는 3분도 걸리지 않았다. 꿈틀거리는 문어의 엄청난 기운은 전혀 느껴지지 않았다.

🍜 きつねうどん 키츠네우동 500엔

실내는 사람들이 많기에 혼자 온 나는 여럿이 온 사람을 위해 구석의 작은 소반이 있는 자리로 배정되었다. 어쩔 수 없다. 이해한다. 키츠네우동을 시켰다. 다른 집의 맛은 어떤지 궁금했기 때문이다. 그런데 어찌 된 일인지 주문한 지 20분이 지나도 우동은 나오지 않았다. 물어볼까 하다가 바쁠 것도 없으니 사람들 구경하는 재미에 그냥 기다리기로 한다.

드디어 나온 키츠네우동은 사누키이치방보다 키츠네가 작았다. 국물 맛을 봤다. 첫 맛이 짜거나 달지도 않다. 물론 키츠네가 좀 달지만 이 집은 덜 달아 먹을 만했다. 그런데 면이 이상하게 맛이 없다. 면을 씹는 식감도 달랐다. 면이 맛없는 경우는 두 번째이다. 마루가메의 츠루야(つるや)가 그랬는데…. 언제나 내 입에 맞는 우동을 먹을 수는 없는 것이겠으나, 글쎄… 맛이 없음 서운하다.

타카마츠로 돌아오는 열차 안에서는 정신없이 잤다. 깜짝 놀라 일어나니, 앞

자리 승객들도 모두 쓰러지듯 잠이 들어 있다. 가물가물 잠에 또 빠져들었다 다시 정신 차려 눈을 뜨니 리츠린(栗林)공원이다. 곧 내려야 하는데, 열차 안이 따듯하니 잠이 쏟아진다. 정거장을 지나치지 않으려 아예 일어서서 창밖을 본다. 지난번처럼 또 누군가 깨워서 일어나고 싶진 않았으니까. 정신차려서 카와라마치 역에서 내렸다.

마루가메마치(丸亀町)는 쇼핑을 나온 사람들로 가득했다. 신년세일이다. 아침에는 후쿠부쿠로(福袋)를 사기 위해 문도 안 연 상점 앞에서 줄을 길게 늘어서 있더니, 지금은 30~50% 신년세일에 기다렸던 쇼핑을 하는 것이다. 가족과 친구, 연인들이 모두들 조금씩은 들뜬 표정으로 북적북적한 거리를 메우고 있었다.

시계를 본다. 4시, 아직 한 그릇을 더 먹어도 될 것 같다. 상가를 한 바퀴 돌아다닌 뒤 문을 연 우동집으로 들어갔다. 가까운 곳에 맛있는 우동집이 있었지만, 오늘은 안 가본 곳을 가볼 요량이다.

미나미신마치(南新町)는 마루가메마치와 달리 상권이 덜 활발하여 한적하다. 미나미신마치에 있는 우동야도 한가했다. 셀프점은 먹기 바쁘게 우동집을 나와야 할 정도로 사람이 많은 편인데, 이곳은 빈 우동그릇을 앞에 놓고 몇 사람이 앉아 이야기를 나누고 있다. 명절 탓일지도 모르겠다.

카케우동을 시켰다. 국물맛이 약간 짜지만 이 정도면 괜찮다. 그릇을 따뜻하게 데워 주니 우동을 다 먹을 때까지 국물도 따뜻하다. 면발의 쫄깃함은 평균 수준이지만, 도심에서 먹는 값치고는 착한 가격이다.

🍜 かけうどん 카케우동 小 170엔

눈발이 흩어져 날리는 추운 날이다. 타카마츠(高松) 역에서 JR 요산선(予讃線)을 타고 우타즈(宇多津) 역까지 가는 데는 40분 정도가 걸린 것 같다. 도시가 그리 크지 않아 밤새 지도를 펼쳐 놓고 동선을 그리며 계획을 세웠다. 젤 먼저 도시의 동서남북 끝에 있는 우동집을 하나씩 찾아 놓았다. 도시의 동쪽 끝에 있는 우동집에서 서쪽 끝에 있는 우동집까지의 거리는 그래 봤자 1시간 정도다.

카가와 현의 다른 동네와 달리 비싼 대형차들이 굴러다녔고, 고급 맨션들이 있었으며, 파친코도 많았다. 주욱~ 둘러 본 결과, 부자 동네이다. 스페인의 성당 같은 건물이 있어 가보니 웨딩홀이었고, 또 다른 유럽풍의 교회 같은 건물이 있었는데 그 집은 음식점이었다. 바닷가에 있는 공원에서는 세토대교를 바라볼

수 있어 좋았다. 우타즈의 골든 타워는 멋없이 지어졌는데, 마치 이집트의 오벨리스크같이 서 있지만, 주로 아이들을 위한 공원이어서 어린애들과 함께 부모들로 붐볐다.

우타즈에서 첫 번째로 찾아간 집은 멀리 사카이데(坂出) 시 경계선에 있는 쵸라쿠(長樂)다. 쵸라쿠로 가는 길에는 마라톤을 하는 이들이 많아서 "오늘 무슨 경기가 있나?" 하고 둘러볼 정도였다. 그러나 쵸라쿠는 문을 닫았고, 돌아오는 길에 카레우동이 무척 맛있을 것 같은 사진 한 장으로 나에게 선택된 우동집 카후우(香風)도 문을 닫았다. 카레우동이 대표 메뉴라면 이름과 참 잘 어울린다고 생각했는데 말이다. 안타깝다.

우타즈의 동쪽 끝 쵸라쿠(長樂)에 갔다가 문을 열지 않아 돌아오는 길에 들어간 집이다. 사실 돌아오는 길에 우동집을 알리는 안내판을 보긴 했지만, 어딘가 안으로 들어가야 했고 들어간들 연초에 문을 열었을지도 의심스러워 가지 않았다. 이하라는 대로변에 있는 집인데 제법 오래되어 보이는 건물이라 세월을 경력으로 신뢰하며 들어갔다.

안으로 들어가니 손님들 몇 분이 우동을 먹고 있었다. 남자들이었는데 여럿이 함께였는데도 조용하게 우동을 먹고 있다. 조용한 분위기에 끌려 나도 조용히 앉아 붓카케우동을 주문했다. 테이블마다 생강을 가는 강판과 생강이 단정하게 놓여 있었다. 생강이 연하여 잘 갈렸다. 생강의 향을 느끼며 우동을 기다렸다.

우동에 고명으로 올린 가츠오부시가 나비처럼 하늘하늘 춤추며 내 앞에 놓였다. 갈아놓은 생강을 올려 다른 고명들과 함께 비벼 먹었다. 면발의 끈기와 길이는 보통이었지만, 무즙도 적당했고, 짜지도 달달하지도 않은 것이 맛이 좋다. 가격도 참 착했다.

 ぶっかけうどん 붓카케우동 小 180엔

肉うどん 니쿠우동 小 350엔, 튀김 100엔

이하라(いはら)를 나와 가까운 곳에 있는 카후우(香風)로 갔지만 거기도 문을 닫았다. 할 수 없이 다리를 건너 바닷가 끝에 있는 메리켄야로 갔다. 타카마츠시에서도 한 번 간 적이 있는 체인점이다.

창가의 자리에 앉으면 세토대교가 보인다. 본토인 오카야마(岡山)로 이어지는 기차 고가도의 진입로도 보인다. 지도상으로 바닷가라 뭔가 운치 있는 풍광을 기대했건만, 대형 쇼핑센터와 공장이 있어 좋지만은 않았다.

셀프점이어서 줄지어 사람들이 서 있었다. 갖가지 튀김이 유혹한다. 오늘은 고기가 들어간 니쿠우동(肉うどん)을 주문했다. 난 고기를 좋아하는 편은 아니지만, 어떤 맛인지 한번 먹어보고 싶었다. 튀김도 유혹을 뿌리치치 못하고 하나 집어 들었다. 낙지를 통째로 튀긴 것인 줄 알았는데 먹어 보니 오징어였다. 튀김은 식어서 그런지 별로 맛이 없었다.

세토대교를 바라보며 우동을 먹었다. 그럭저럭 먹을 만하다. 다만 니쿠우동에 들어가 있는 고기가 좀 달았다. 면발과 끈기도 보통 수준이었지만, 가격만은 착하다.

다음으로 찾아간 집은 우타즈의 서쪽 마루가메(丸亀) 시의 경계에 있는 나카무라(中村)였다. 그러나 나카무라에 도착하니 영업시간이 끝나서 발길을 돌릴 수밖에 없었다. 결국 우타즈의 중심가로 돌아가는데, 두 군데의 우동집을 지나쳐 나름 심사숙고해 선택한 히로하마우동(ひろ濱うどん)도 문을 닫았다.

세 번째 허탕을 칠 때까지는 문 닫은 우동집 앞에서 "이건 운동한 걸로 치지 뭐." 하며 쿨하게 마음먹었던 것이 네 번째 허탕을 치자 이젠 "아니! 이게 뭡니까? 왜 가이드북에 있는 대로 약속을 안 지키죠?"라는 성난 혼잣말이 절로 나왔다. 그래! 이번엔 확실하게 문을 열고 있는 오카센(おか泉)으로 가자.

🍜 ひや天おろし 히야텐오로시 大 1,103엔

　오카센은 쵸라쿠(長樂)를 가던 길에 지났었다. 아직 문을 열지도 않았었는데, 그때 이미 사람들이 줄을 서 있었다. 계획에 있는 집이긴 했지만 늦게까지 하는 집이라 미뤄놓고 먼저 문을 닫을 집들을 찾아간 것이다. 다시 찾아간 오카센은 줄이 길게 늘어서 있었다.

　나는 한참 줄을 서야 먹을 수 있는 집은 잘 가지 않는다. 그렇게 먹기 위해 기다리는 것이 싫고 귀찮기 때문이다. 이곳은 취재차 먹어야 하니 어쩔 수 없이 길고긴 줄의 끝에 가서 섰다. 그렇게 길가에서 바람막이도 없이, 추위에 몸을 웅크린 채 장장 1시간 20분을 기다리는 인내심을 가져야 했다.

　우동집 입구가 가까워지면 종업원이 나와 우동 주문을 받는다. 몇 명인지, 메뉴는 무엇으로 할지를 묻고 기록한다. 줄을 서 기다리며 메뉴는 이미 봐두었기 때문에 이 집의 대표 우동을 시켰다. 종업원은 냉(冷)인지 온(溫)인지도 묻지 않았고, 크기도 묻지 않았다. 그리고 나와 뒤에 서 있던 아저씨를 앞에 있는 가족을 제치고 불렀다. 코너 자리가 났기 때문이다. 가족이면 테이블을 다 차지해야 하지만, 난 혼자다. 마침 뒤에 계신 남자분도 혼자다.

우동집 실내는 생각보다 작았다. 우동은 미리 주문했으니 앉아서 실내를 돌아보는 사이에 나왔다. 우선 우동그릇이 크다. 뽀얀 튀김옷을 두껍게 입은 새우 두 마리가 억지로 몸을 뒤틀어 섹시한 모습으로 우동그릇에 기대어 서 있었다. 호박과 고구마, 시소(しそ 깻잎처럼 생긴 야채) 튀김도 들어 있었다.

처음에는 우동의 기본 그릇이 여긴 이렇게 크게 나오는 줄 알았다. 가끔 소(小)자의 기본 양이 많이 나오는 집이 있기 때문이다. 그런 줄 알고 먹고 있는데 앞에 앉은 아저씨에게도 우동이 나왔다. 그것은 작았다. 그렇다면 내 것과 바뀐 것이다. 이런! 아저씨는 다시 주문을 했고, 난 원한 적도 없는 대(大)자를 먹은 셈이다.

면발의 찰기와 끈기는 아주 좋았다. 식감도 좋다. 새우는 튀김옷이 너무 두꺼워 튀김옷을 벗겼다. 다른 야채 튀김들은 맛있게 먹었다. 찾아다닌 우동집 세 곳이 문을 닫아 3시간 만에 먹는 우동이다. 이번 우동 순례에는 보통 1시간에 한 그릇이 기본이었는데…. 오늘 따라 많이 걸어 배가 고팠고, 추위에 떨며 1시간 20분을 기다려 먹었으니 어찌 맛이 없겠는가?

그러나 솔직히 그 오랜 시간을 기다려 먹을 만큼은 아니었다. 다시는 오카센의 우동을 맛보기 위해 긴 줄 뒤에 가 서지는 않을 것이다. 한 번으로 족하다. 아무리 배가 고팠어도 내게 대(大)자 우동은 다 먹을 수 있는 양이 아니었다.

면을 좀 남기고 일어나 계산을 하는데, 우동 가격이 1,103원이다. 왜 3원이 나오도록 가격을 책정한 걸까? 10엔 단위도 아니고…. 3엔은 불편한 가격이다. 난 동전 7엔을 받았는데 5엔짜리 하나와 1엔짜리 2개였다. 그 잔돈을 쓸 일이 없어서 서울에 온 지금도 아직 내 지갑에 남아 있다.

어찌나 춥고 피곤한지 돌아오는 기차에서 정신줄 놓고 한잠을 잤다. 또 누군가 깨워서 황급히 열차에서 내렸다. 타카마츠는 어느새 깜깜한 저녁이 되어 있었다. 춥다! 타카마츠 역 밖으로 나오니 차가운 바람이 온몸으로 파고들었다. 이럴 때 써먹으려고 들리지 않았던 타카마츠 시내의 우동집으로 간다. 오늘은 하나마루(はなまる)다.

저녁이면 기온이 뚝 떨어진다. 마루가메마치(丸亀町)나 미나미신마치(南新町) 주변 호텔 가까이는 일부러 가지 않았다. 혹시 일정을 마치고 돌아왔을 때 추우면 들어가 카케우동을 먹을 생각으로 남겨두었던 것이다. 이미 사누키멘교우(さぬき麵業)는 갔다 왔고, 그 옆에 있는 하나마루가 오늘 가기 딱이다.

카케우동을 시켰다. 아주 심플하게 나온 카케우동은 따끈했다. 평범한 맛이었지만 뜨거운 국물이 몸을 데워주었다. 후루룩 뚝딱! 바로 그렇게 순간에 먹어버렸다. 이제 나도 제법 우동 먹을 줄 아는가 보다.

かけうどん 카케우동 小 105엔

오늘은 잘 알고 지내는 친구 도이 씨를 만나 시오노에(塩江) 온천 부근의 우동집을 들려보고 세컨드스테이지 호텔에 묵기로 했다. 사실 도이 씨는 세컨드스테이지의 총지배인이다. 도이 씨가 차를 가지고 온 덕분에 오늘은 차를 이용하여 걸어가기 힘든 지역의 우동집을 둘러볼 참이다.

도이 씨는 몇 군데 생각해 놓은 우동집이 있다고 했다. 첫 번째 집은 1시간 동안만 문을 여는 집이다.

ぶっかけうどん 붓카케우동 100엔

이 지역의 우동집은 개성적인 곳이 많다. 이 집도 그렇다. 1시간 동안만 운영을 한다니, 재미있지 않은가! 우리가 도착했을 때는 11시였는데 벌써 꽤 줄을 서 있었다. 당연한 이야기지만, 제면소이기에 때문에 그곳에서 먹는 사람보다 지역으로 발송되는 우동을 주로 만드는 곳이다.

우동을 먹을 수 있는 공간은 매우 협소했다. 열 명이면 족할 것 같은 장소에 열댓 명이 붙어 앉아서 우동을 먹는다. 앞에 앉은 사람과는 얼굴이 거의 닿을 듯했다. 좁은 테이블 위에는 랩에 싸놓은 실파 몇 뿌리와 생강, 텐카스, 깨, 간장이 놓여 있다. 파는 준비된 가위로 필요한 만큼 썰어서 우동 위에 올려 먹으면 된다. 사실 고명이 많다고 볼 수는 없지만, 맛을 보니 흠~ 좋다! 고소하고 면의 탄력도 좋다. 이럴 줄 알았으면 좀 큰 걸 주문할걸, 소(小)자를 주문한 게 억울할 정도였다.

줄을 길게 늘어선 것을 알기에 우동을 먹고 바로 일어섰다. 다시 오고 싶은 집

중 하나다. 대중교통을 이용한다면 사카이데(坂出) 역을 이용하면 될 것 같다.
우동값도 참 착하다.

맛있는 우동을 먹고 흡족해진 우리는 다음 코스로 세토오오하시 기념공원
(瀬戸大橋記念公園)를 골랐다. 물론 나는 새토대교가 처음은 아니다. 사카이데(坂
出) 시를 돌아다닐 때 몇 번이고 갔었고, 세토우치 아트 뮤지움(Setouchi Art Mu-
seum)을 관람한 적도 있다.

카가와 현을 여행하며 놀란 적이 많다. 일본에서도 가장 작은 현이라고 하는
데, 그런 곳에 현대미술관이 많다. 더구나 일본을 대표하는 건축가들이 미술관
을 설계하고, 거장들의 작품들이 전시되어 있다. 이제는 유명해진 나오시마(直
島)를 비롯해 오기지마(男木島), 메기지마(女木島), 테시마(豊島) 등등의 작은 섬
들에 독특한 미술관들이 자리 잡고 관람객을 부른다. 얼마나 멋진 일인가?

세토대교가 바라보이는 곳은 공원으로 조성되어 있어서, 전망대에 올라가
360도 회전하며 세토내해와 사카이데의 연안지역을 볼 수도 있고, 세토대교 기
념공원에 들러 다리가 만들어지는 과정을 볼 수도 있다. 이 과정을 재밌는 영상
으로 볼 수 있어 지루하지 않고 흥미롭다. 지진에도 잘 버틸 수 있게 튼튼하게
만들어지는 과정과 세토대교 같은 현수교가 어떤 방식으로 만들어지는지를 알
수 있어 매우 유익했다. 게다가 무료다!

세토대교 바로 아래에 건축가 타니쿠치 요시오(谷口吉夫)가 설계한 세토우치
아트 뮤지움이 있으며, 여기에는 일본의 대표적 풍경화가인 히가시야마 카이
이(東山魁夷 1908~1999)의 작품을 전시한 히가시야마 카이이 세토우치미술관
(東山魁夷せとうち美術館)도 포함되어 있다. 건축가 타니쿠치 요시오(谷口吉夫)는
일명 MOMA로 불리는 뉴욕 근대미술관(The museum of Modern Art, New York)을

설계한, 세계적으로 유명한 건축가이다.

1997년 12월, 뉴욕현대미술관은 미술관 간부들이 검토한 건축가 10명 가운데 가장 덜 알려진 인물인 타니쿠치에게 모마의 확장공사 설계를 맡겼고, 그로 인하여 그는 세계적인 건축가로 부상하였다. 뉴욕의 현대미술관이 어떤 곳인가? 세계 미술계에 막강 파워를 자랑하는 곳이다. 2002년에 시작한 확장공사는 2년의 공사 기간을 거쳐 2004년에 완성된다. 재건축 이전에도 내가 좋아하는 장소의 하나였지만, 재개관 후에 더 자주 모마를 찾은 것 같다.

세토내해의 세토대교를 보는 것은 여러 가지 즐거움이 있으므로 기회가 있다면 꼭 한 번 가보라고 추천하고 싶다. JR 사카이데(坂出) 역에서 셔틀버스를 타고 갈 수도 있고(물론 택시로 갈 수도 있지만), 어슬렁거리며 동네 구경 좀 하다, 우동 좀 먹다 하면서 걸어가는 것도 좋다.

　세토대교 기념공원에서 나름 유익한 시간을 보낸 우리는 이번엔 네고로지(根香寺)로 향한다. 네고로지는 산 정상에 위치해 숲으로 둘러싸여 있다. 텐구(天狗) 동상이 절 앞을 지키고 있는데, 이 근처엔 텐구라는 동네 이름도 있고, 텐구 우동집도 있다.

　네고로지에서 내려갈 때는 카가와 현이 한눈에 보인다. 시원하게 펼쳐진 전망을 보는 것도 큰 즐거움이다. 88사찰 순례를 할 당시에는 다음 절인 이치노미야지(一宮寺)를 가는 길이었기 때문에 한참을 걸었었다. 한참동안 가파른 내리막을 가느라 힘들었지만, 다행히도 경치가 좋아 일행들과 즐거운 마음으로 내려왔었다. 그러다 내리막길 중간에 있는 우동집에서 쉬기도 할 겸 우동을 먹고 내려갔었는데…, 이렇게 다시 오다니 감회가 깊다.

텐구(天狗)

텐구(天狗)는 일본 민간신앙에서 전승되어 오는 신 또는 요괴로도 불리는 전설상의 생물. 보통은 수행자(山伏)의 복장을 하고 빨간 얼굴에 코가 크며, 날개가 있어 하늘을 날아다니는 모습으로 묘사된다.

네고로지(根香寺)

카가와 현 타카마츠(高松) 시 서쪽에 위치한 절로, 시코쿠의 88영지 중 제 82번째에 해당하는 사찰이다.

전하는 바에 의하면, 쿠카이(空海=弘法大師)가 810~824년에 카조인(花蔵院)을 창건하여 五大明王의 제를 지냈다고 한다. 그 후 엔친(円珍=智証大師 헤이안시대의 승려)이 832년 천수관음을 모시고 센슈인(千手院)을 창건하자, 이 두 곳을 총칭하여 네고로지(根香寺)라고 부르게 되었다고 한다.

전국시대에 병화에 휩싸이나, 타카마츠(高松)의 초대 영주인 마츠다이라 요리시게(松平賴重)가 복원하였다.

이치노미야지(一宮寺)

카가와 현 타카마츠(高松) 시 남부에 위치한 절로, 시코쿠의 88영지 중 제 83번째에 해당하는 사찰이다.

전하는 바에 의하면, 기엔(義淵 나라시대의 승려)에 의해 701~704년에 다이보인(大宝院)으로 창건된 후에 교우기(行基 나라시대의 고승)가 이치노미야지(一宮寺)로 개명했다고 한다. 그 뒤 806~810년에 코우보대사(弘法大師=空海)가 가람을 정비하고 관세음보살상을 본존으로 안치하였다고 한다.

에도시대까지는 인접한 타무라진자(田村神社)와 동일시하여 혼동되어왔으나, 1679년 당시 타카마츠 영주인 마츠다이라 요리츠네(松平賴常)에 의해 분리되어 현재에 이르고 있다.

야마우치우동은 이미 여러 번 갔던 곳이다. 《행복이 가득한 집》에서 〈우동 앤 워크-한 그릇의 우동에 예술을 담다〉라는 제목으로 3박 4일 여행을 기획했었다. 그때 이곳도 포함되어 있었다. 이 집으로 오는 길이 걷기에 멋진 코스라는 게 하나의 이유였고, 다른 우동집과 달리 장작으로 우동을 삶기 때문에 우동의 풍미가 깊다는 것이 두 번째 이유였다.

야마우치를 알리는 길모퉁이의 간판이 없다면, 아마도 이 집으로 들어서는 사람은 없을 것이다. 그만큼 안쪽으로 깊이 들어가 있다. 그럼에도 불구하고 주차장이 두 곳이나 되는데, 그건 타카마츠 시내의 사람들이 차를 타고 와 먹기 때문이란다. 주말이면 500명이 찾아올 정도로 카가와 현의 인기 우동집이다.

가게로 들어서면 넓은 마당 한편에는 장작들이 쌓여 있고, 낡은 지붕 위로 솟아오른 굴뚝에서는 연기가 모락모락 피어오르는 모습을 볼 수 있다. 물론 각 집마다 우동을 만드는 비법이 있겠지만, 이 집의 육수 또한 전국 최고의 멸치를 사용한다며 주인아주머니가 은근히 자랑이다.

이 집은 주문이 다르다. 면이 차갑고 국물이 따듯한 것, 면이 뜨겁고 국물이 찬 것, 면도 차고 국물도 찬 것, 면도 뜨겁고 국물도 뜨거운 중에서 고르는 것이다. 나는 면은 차고 국물이 따듯한 것으로 주문했다. 우동면의 쫄깃한 식감을 즐기고 싶기 때문이다. 국물 맛은 정말 좋다. 차든 뜨겁든 면발의 식감도 좋다.

대중교통을 이용한다면 JR 도산선(土讚線)을 타면 된다. 쿠로카와(黒川) 역에서 내리면 그리 멀지 않다. 즐거운 발걸음으로 적당히 걷는다면 더 맛난 우동을 즐길 수 있을 것이다.

小 우동사리 하나 200엔
大 우동사리 둘 300엔
特大 우동사리 셋 400엔

かきあげおろし 가키아게오로시 580엔

　배가 고플쯤 찾아간 집은, 88번 절을 가는 길에 지나는 모리야(もり家)였다. 모리야 가는 길에 세노 씨에게 전화가 왔다. 같이 우동을 먹으러 가도 되는지 물어서 우리는 흔쾌히 허락하며, 항구 쪽에 있는 선포트 사무실로 그를 데리러 갔다. 모리야는 유명한 우동집이지만, 교통편이 불편해서 이곳을 오려면 차가 있어야 한다.

　우리가 모리야에 도착했을 때는 이미 줄이 길게 늘어서 있었다. 모리야의 대표적인 메뉴는 가키아게를 올린 붓카케우동이다. 우리도 그것을 먹어보기로 했다. 난 소(小)자를, 도이 씨와 세노 씨는 중(中)자를 주문했다. 다른 곳보다 큰 그릇에 우동이 나왔음에도 불구하고 튀김이 어찌나 큰지 대부분의 그릇을 다 차지하고 있었다. 튀김을 한 입 베어 물으니 '아삭' 하고 소리가 난다. 맛있다! 계란튀김도 하나 주문했었는데, 삶은 것을 튀겼을 텐데 노른자는 반숙이다.

　우동가락을 들어올리는데 면의 길이가 꽤 길다. 장수의 의미다. 면발의 탄력도 좋고, 짜지도 달지도 않은 것이 맛있게 고소하다. 튀김의 기름이 면에 배어서 그럴 거다. 라임이 나왔길래 그것을 꼭 짜서 넣었더니 상큼하기까지 하다. 맛은 매우 좋다. 부풀어 오른 배를 보면서도 모든 것이 만족하여 마냥 웃음이 났다.

자, 이제 88번째 절인 오오쿠보지(大窪寺)로 간다. 그곳에도 유명한 우동집이 있는데, 그곳은 된장을 풀어서 국물을 낸다고 했다. 그러나 우동집에 들어서니 방금 면이 떨어졌기 때문에 우동을 먹을 수 없단다. 이런…! 아쉬움이 남았지만, 오오쿠보지에 들러 코우보대사에게 인사를 하고 돌아섰다.

오늘은 온천호텔 세컨드스테이지에서 묵는다. 신선하고 맛난 커피를 연거푸 두 잔이나 마시고 하루를 마감했다. 고마운 친구, 도이와 세노다.

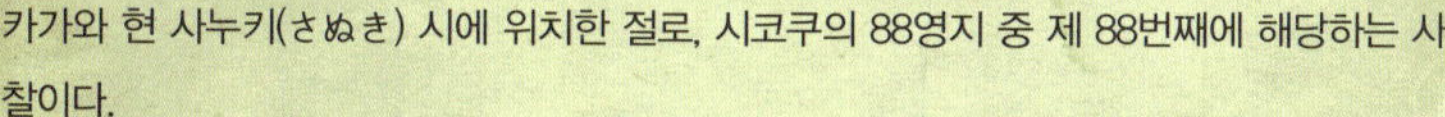

오오쿠보지(大窪寺)

카가와 현 사누키(さぬき) 시에 위치한 절로, 시코쿠의 88영지 중 제 88번째에 해당하는 사찰이다.

전하는 바에 의하면, 나라시대 717~724년에 교우기대사(行基大師)가 창립하고, 810~813년에 코우보대사(弘法大師)가 안쪽 바위동굴에서 허공장구문지법(虛空蔵求聞持法)을 수행하며 약사여래를 조각하여 안치하였다고 한다.

코우보대사가 바쳤다고 하는 석장(錫杖)은 당(唐)에서 가져온 삼국전래(三国伝来)의 물건이라고 전해지며, 본존과 함께 모셔져 있다.

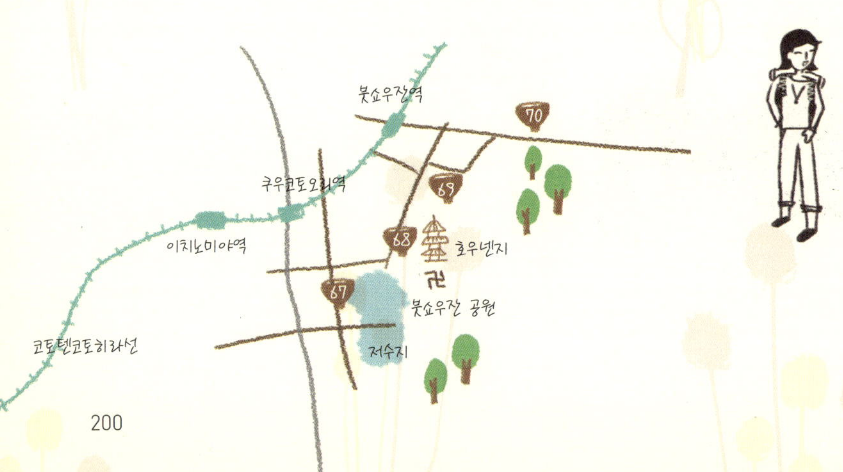

1/5
토요일

어제에 이어 오늘도 날씨는 고맙게도 맑고 따듯하다. 시오노에(塩江) 온천에서 나와 도이 씨에게 내려 달라고 한 곳은 코토텐 코토히라선(ことでん琴平線)의 쿠우코토오리(空港通り) 역 주변이다. 이 주변에도 우동집이 많다. 그중 문을 일찍 연다는 니시바타세이멘(にしばた製麺)을 먼저 찾는다.

かけうどん 카케우동 小 200엔

　주인 부부가 튀김옷을 준비하며 손님을 맞았다. 이미 다녀간 유명인들의 흔적이 벽을 장식하고 있었고, 주인아저씨와 함께 찍은 사진도 붙어 있다. 그만큼 맛도 있는 걸까?

　카케우동을 주문했다. 셀프 형식이라 일단 주문한 우동을 받은 다음, 그릇에 들어 있는 차가운 우동을 뜨거운 물속에 담가 따끈하게 데운 뒤 돈 계산을 하면, 그 옆에 마련된 보온통의 꼭지를 틀어 원하는 만큼의 국물을 담으면 된다.

　이 집의 우동 맛을 볼까나? 국물을 먼저 한 모금 마셨다. 속이 시원하다. 면발도 찰기가 있어 씹는 맛도 좋다. 국물이 조금 짰지만 이 정도면 괜찮다. 시원하게 속을 다스리는 것 같다. 국물 한 그릇을 다 마셨다. 친구들과 우동을 먹으러 가면, 난 면을 좋아해 대부분 국물을 남기는데, 친구 중에는 국물을 마시느라 항상 면을 남기는 친구가 있다. 오늘 따라 그 친구가 생각났다. 아마도 같이 이곳에 왔다면 우동국물을 몇 번이고 따라 먹었을 거다. 그만큼 훌륭하다.

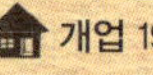
ねぎと温玉のつけうどん 네기토온타마노츠케우동 500엔

류우운은 붓쇼우잔(仏生山) 공원이 가까이 있으며 호우넨지(法然寺) 안에 있다. 절 안에 있는 우동집이지만, 음악은 뉴에이지스타일의 피아노곡이 조용히 흐른다. 명상적이고 조용한 분위기가 잘 어울리기는 하지만, 그래도 절이라는 공간을 생각하면 새로운 느낌이다.

이 절은 망자들을 위한 절인가 보다. 수많은 묘지들이 보인다. 일본의 묘지들은 스페인의 묘지와 분위기가 비슷하다. 그저 묘지를 장식하는 예쁜 석상들이 관음보살이나 지장보살인지, 마리아와 예수 그리고 지역의 수호성인들인지 종류만 다를 뿐이다. 어쩌면 붓쇼우잔(仏生山)이란 한자의 의미처럼 부처가 살아 있는 산이라면 모두가 죽어 부처가 되어 고향을 지키거나, 아니면 살아 있는 부처가 있는 곳에 보살핌을 받고자 모인 망자들인지도 모른다.

신년을 맞아 가족들의 방문이 많았던 모양이다. 망자들의 비문 앞에 화려한

꽃들이 꽂혀 있으니 말이다. 고즈넉한 마을이다. 뒷산은 병풍처럼 둘러서 있으며, 넓은 저수지 앞으로는 넓은 밭이 펼쳐져 있다. 아름다운 동네에 망자와 산자들이 어우러져 산다. 아마도 태어나서 죽을 때까지 이곳을 살아온 이들이 대부분일 것이다.

공원의 실내체육관에서 운동을 하고 나온 노인들이 몰려나왔다. 절 앞에 주차를 해놓고 운동한 모양이다. 운동을 마치면 절 안에 있는 우동집에서 우동을 먹으며 이야기꽃을 피우고, 시간이 지나면 삼삼오오 제자리로 돌아간다. 아마 이들은 죽어서도 이곳에 올 것이다.

이곳에서 내가 선택한 우동은 파와 계란의 츠케우동(ねぎと溫玉のつけうどん)이다. 처음 먹어 보는 종류이다. 깨와 파, 반숙된 계란이 통째로 들어간 진한 된장 국물 그릇과 함께 자루우동 한 그릇과 밥 한 공기가 나왔다. 진한 국물만 맛보았을 때는 약간 짜다고 생각했지만, 그 국물에 우동도 적셔먹고 밥도 비벼먹으니 간이 적당하고 깊은 맛이 났다. 이 국물 맛이야말로 이 집의 비법이리라. 한 번쯤 먹어보라고 추천할 만한 맛이다. 게다가 가격도 착하다.

호우넨지(法然寺)

카가와 현 타카마츠(高松) 시 남부에 위치한 정토종(浄土宗)의 사원. 카마쿠라(鎌倉) 시대 전기인 1207년에 사누키(讚岐)에 유배당한 정토종의 개조 호우넨(法然)이 머물던 현재의 만노우쵸(まんのう町)에 세이후쿠지(生福寺)가 건립되었다.

에도시대 전기인 1668년 타카마츠 초대 영주 마츠다이라 요리시게가 전란으로 엉망이 된 세이후쿠지(生福寺)를 호우넨지(法然寺)라고 개명하며 3년의 세월에 걸쳐 현재의 위치로 이전하여 건립하였다. 사원의 뒤편인 붓쇼우잔 언덕에는 항냐다이(般若台)라고 불리는 마츠다이라 가문의 묘지가 만들어져 있어 마츠다이라 가(松平家)의 보다이지(菩提寺 선조 대대의 위패를 모신 절)로 알려져 있다.

타카마츠 가을 축제(高松秋のまつり)·붓쇼우잔 다이묘 행렬(仏生山大名行列)

카가와 현 타카마츠 시 붓쇼우잔쵸(仏生山町)에서 매년 가을에 2일간 열리는 축제. 호우넨지(法然寺)를 참배하는 타카마츠항(高松藩)의 다이묘(大名) 행렬을 재현한다.

마츠다이라(松平) 가의 보다이지(菩提寺)인 호우넨지(法然寺)의 몬젠마치(門前町 신사나 절 앞에 이루어진 시가) 붓쇼우잔(仏生山)의 역사를 후세에 알리고자 1993년에 제1회가 개최되었고, 현재 2일간 약 15만 명이 방문하는 이벤트가 되었다.

붓쇼우잔공원(仏生山公園)

타카마츠 시 남부에 있는 호우넨지(法然寺)에 인접해 있는 공원. 전 연령층에게 사랑받는 공원으로 만들고자, 벚꽃과 철쭉 등 아름다운 조경은 물론, 체육관과 수영장 등 스포츠 시설도 마련되어 있다. 10월에 열리는 〈다이묘 행렬(仏生山お成り街道大名行列)〉은 붓쇼우잔공원을 중심으로 이벤트를 개최하고 있다.

류우운에서 나와 어슬렁거리다 보니 도착했다. 아직 배가 불렀지만 소(小)쯤이야 싶어 카케우동을 주문한다. 실내에는 마을 할머니들이 앉아 우동을 먹으며 담소를 나누고 있었고, 찾아오는 이들도 다 동네아저씨들이다. 모두 대(大)자 자루우동이나 카케우동을 시켰다. 면발도 맛있고, 국물에서는 멸치 맛이 났다. 약간 짰지만 감칠맛이 있어 한 그릇을 다 비웠다. 이 정도면 나도 면에 통달한 달인(?)이라고 불러 줄 수 있지 않을까?

かけうどん 카케우동 小 140엔

낯선 길을 다니려면 요령이 필요하다. 우선 동서남북으로 랜드마크를 하나씩 정한다. 주로 골목길을 누비는 일이 많으니 멀리서도 확연히 구별되는 것이 좋다. "이 동네는 미장원이 몰려 있네?", "이 집은 아이들이 많은가 보군, 걸려 있는 옷이 애들 게 많은 걸 보니.", "정원 손질을 꽤 잘했는데? 붉은 동백이 눈물나게 곱구나." 뭐 이런 혼잣말을 중얼거리며 남의 동네를 이리저리 둘러본다.

그렇다고 나의 목표인 우동 순례를 잊고 있다는 뜻은 아니다. 내 눈은 여전히 우동집 찾는 일을 소홀히 하지 않는다. 물론 가는 길에 만나는 우동집을 다 들리는 것은 아니다. 너무 많이 알려진 체인점들은 지나쳤다. 이 동네에도 저 동네에도 있는 곳들이니까 말이다. 나는 독립된 가게를 가는 게 좋다. 두 군데의 체인점을 지나쳐 내가 선택한 곳은 와라쿠(わらく)이다.

ぶっかけうどん 붓카케우동 小 350엔

　이 집은 꼬마손님들이 많은지, 아이들 좋아하는 만화영화 캐릭터가 창가를 장식하고 있었다. 나는 붓카케우동 뜨거운 것을 주문했는데 엉뚱하게 차가운 것을 내왔다. 어쩔 수 없지, 그럼 함 먹어볼까? 뜨거운 것보단 찬 면이 더 찰지고, 난 찰진 걸 더 좋아하니까!

　쫀득한 면발을 하나 집어 들어 끊어지지 않게 먹었다. 재미삼아 말이다. 면을 고명과 함께 비벼 버려 서로 엉켜 있는 탓에 끊지 않고 들어올리기가 조심스럽다. 면의 길이가 100cm를 넘는 것 같다.

　면 하나를 뽑아 내 머리 있는 데까지 들어올려도 아직 면이 그릇에 남아 있다. 끊어지지도 않고 말이다. 그렇게 면을 하나씩 빼먹는 재미로 우동 한 그릇을 다 먹었다. 다 먹을 때쯤 생각난 것이 '면 가락을 한번 세어 보는 건데'였다.

　옆 테이블의 부부가 주문한 우동이 나왔는데, 우동 위에 구운 떡이 들어 있다. 아, 저걸 먹어보는 건데…. 주인에게 저 우동 이름이 뭔지를 물어 노트에 적었다.

다른 집에서라도 먹어 볼까 해서다. 이름이 아게모치우동(あげもちうどん)이라고 했다. 아게(あげ)란 기름에 튀긴 것이니, 아마도 떡이 기름에 튀겨져 나오나 보다.

　이제 숙소로 돌아가야 할 시간이다. 북쪽으로 방향을 잡고 세토내해 쪽으로 가면 된다. 오늘은 끝까지 걸어볼 참이다. 피곤이 밀려왔지만, 우동으로 더 이상 몸을 불게 할 수 없다는 결연한 의지를 가지고 걷는다. 음악을 들으며 걷다가 그 흥에 이끌려 노래도 부른다. 그렇게 걸어서 타카마츠 시내에 도착했다. 카와라마치(瓦町) 역이다. 역사는 타카마츠 텐마야(天滿屋) 백화점 안에 있다.
　인근에 우동집이 몇 군데 있어 오늘의 마지막 우동집을 찾았지만, 모두 문을 닫았다. 3시면 거의 문을 닫는데 5시가 다 되어가니 그럴 만도 하다. 다행히 텐마야 백화점의 계단 아래에 아직 문을 열어둔 곳이 있어 들어갔다.

71. 花のれん 하나노렌 | 일반점

⏱ 영업시간 am11:00〜pm5:00　　📅 휴일 화요일　　🏠 개업 1985년(昭和60)

　마지막 정리를 하는데 내가 들어선 모양이다. 다행히 아직 면이 남아 있어서 카케우동을 주문했다. 정말 심플한 우동이다. 그만큼 평범하고 맛도 그랬다. 그나마 짜지 않아서 다행이다. 가장 심플한 맛으로 오늘 하루도 우동 순례를 마친다.

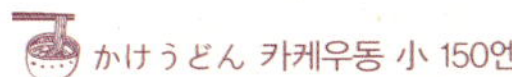

이노쿠마 겐이치로 현대미술관 (猪熊弦一郎現代美術館)

이노쿠마 겐이치로(猪熊弦一郎 1902~1993)는 소와기(昭和期)의 서양화가. 카가와 현 타카마츠 시에서 태어나 마루가메 시에서 자랐다. 1926년 동경미술학교(현 동경예술대학)를 중퇴. 1936년 동지들과 신제작협회(新制作協会)를 창립한다. 1938~40년 유럽으로 건너가 마티스의 지도를 받는다. 1951년 우에노(上野) 역의 벽화 〈자유〉, 게이오대학 학생홀의 벽화 〈데모크라시〉, 나고야호텔의 홀 벽화 〈사랑의 탄생〉으로 마이니치미술상(毎日美術償) 수상. 1955년 미국으로 건너가 뉴욕에 살면서 추상화로 영역을 넓혔다.

일명 MIMOCA로 불리는 이노쿠마 겐이치로 현대미술관은 전국에서도 찾아보기 힘든 역전 미술관으로, 1991년 이노쿠마 겐이치로((猪熊弦一郎)의 전면적인 협력을 얻어 개관하였다. 설계는 세계적으로 아름다운 미술관을 만들기로 유명한 타니구치 요시오(谷口吉生)의 작품.

정면에는 이노쿠마 겐이치로의 거대한 벽화 〈창조의 광장(創造の広場)〉과 오브제가 설치된 게이트 플라자가 있어서 역전 광장과 내부 공

간을 부드럽게 연결시키고 있다. 자연광이 충분히 비추는 관내에는 이노쿠마 본인에게 기증받은 2천여 점의 작품이 상설 전시되고 있으며, 현대미술을 중심으로 한 특별 전시도 개최하고 있다.

개관시간 | am 10:00~pm 6:00(최종입관 pm 5:30)
휴관일 | 연말 12월 25일~31일 및 전시물 교환 등에 따른 임시휴관일
관람료 | 기획전 : 전람회에 따라 다름
　　　　　 상설전 : 일반 950엔, 대학생 650엔, 고등학생 이하 무료

이사무 노구치 정원미술관(イサムノグチ庭園美術館)

이사무 노구치(일본명 野口勇 1904~1988)는 미국 로스앤젤리스 출신의 조각가, 화가, 인테리어 디자이너, 조경가, 무대예술가. 부친은 아이치(愛知) 현 출신의 시인이며 게이오대학(慶應義塾大学) 교수인 노구치 고메지로(野口米次郎), 모친은 미국 작가이며 교사인 레오니 길모어(Léonie Gilmour). 이사무 노구치 정원미술관은, 그의 아트리에가 있었던 무레쵸(牟礼町)에 조각가 이사무 노구치의 의지를 실현하기 위하여 1999년 개관하였다.

개관시간 | 화요일, 목요일, 토요일 am10:00, pm1:00, pm3:00
휴관일 | 월요일, 수요일, 금요일, 일요일
　　　　　 2013년 여름휴관일 8월13일~8월16일
　　　　　 2013년 겨울휴관일 12월29일~2014년1월5일

나가레 마사유키(流政之 1923~)

세계적으로 활약하는 조각가, 조경가. '사무라이 아티스트'라는 별칭을 가지고 있다. 나가시마(長島) 현에서 태어나 도쿄(東京)에서 어린 시절을 보내고, 1936년 교토(京都)로 이사하여 1942년 리츠메이(立命)대학 법학부에 진학하지만 중퇴하고, 해군예비학교 출신의 영전탑승원으로 종전을 맞는다. 그 후 세계 각지를 방랑하며 독학으로 조각을 배워 현재에 이르렀다. 작품 〈愛〉는 뉴욕근대미술관의 영구보존작품으로 수장되어 있어, 그의 국제적 평가를 보여주고 있다.

조지 나카시마 기념관(ジョージ・ナカシマ記念館)

조지 나카시마(ジョージ・ナカシマ 1905~1990)는 일본계 미국인. 20세기를 대표하는 가구디자이너 중 한 사람이다. 소재의 아름다움을 한계까지 끌어올리는 독특한 디자인은 세계적으로도 유명하다.

조지 나카시마 기념관은, 1964년 이후 조지 나카시마가 세계에서 유일하게 그 기술을 인정하여 함께 가구 제작을 해온 사쿠라 제작소가 창업 60주년을 기념하여 조지 나카시마의 생애와 작품에 대한 생각, 그 철학을 작품을 통해 많은 사람들에게 알리고자 설립하였다.

개관시간 | am10:00~pm5:00(최종입관 pm4:30)
휴관일 | 축일, 연말연시, 하계휴가 (일요일 개관–사전 예약제)
관람료 | 일반 500엔, 초중학생 200엔

단게 켄죠(丹下健三 1913~2005)

일본의 건축가, 도시계획가, 일급건축사. '세계의 단게'로 불리며 일본인 건축가로서 가장 빨리 국외에서 활약하며 인정받은 한 사람이다. 제2차세계대전 복원기에서 고도경제성장기에 걸쳐 많은 국가의 프로젝트에 참여했다. 또한 이소자키 아라타(磯崎新), 쿠로카와 키쇼우(黑川紀章), 마키 후미히코(槇文彦), 타니구치 요시오(谷口吉生) 등 세계적인 건축가를 육성하였다. 국내에서 문화훈장을 수여받은 것 외에도 프랑스정부로부터 레지온드누르 훈장을 받았다. 1958년 설계한 히로시마 평화회관 원폭기념진열관(현 히로시마평화기념자료관)은 국가 중요문화재로 지정되어 있다.

베넷세 아트사이트 나오시마 (ベネッセアートサイト直島)

오카야마(岡山) 시에 근거지를 둔 교육관계기업 베넷세 코포레이션이 세토내해(瀬戸内海)의 섬 나오시마(直島)에서 전개하는 현대미술에 관한 여러 종류 활동의 총칭. 베넷세하우스, 집프로젝트(섬 내의 해안과 집성촌을 이용한 아트 작품의 설치), 그 외에 간행물과 심포지움 등을 포함하고 있다.

치츄우미술관(地中美術館)

나오시마(直島)에 있는 카가와 현의 등록 박물관. 항시 단 3인 작가(Claude Monet, Walter De Maria, James Turrell)의 작품만을 전시하며, 각각의 작품별로 작품을 체감하는 건축 공간을 구성하고 있다. 작품과 건축 전시 공간이 일체가 되어 따로 떨어뜨려 생각할 수 없는 것이 특징으로, 건축 전체가 거대한 하나의 예술작품과도 같은 인상을 준다. 지하임에도 불구하고 자연광을 이용한 안도 타다오(安藤忠雄)의 설계는 시간에 따라 작품이 다르게 보이는 매력을 선사한다.

개관시간 | 3월~9월 am10:00~pm6:00(최종입관 pm5:00),
　　　　　10월~2월 am10:00~pm5:00(최종입관 pm4:00)
휴관일 | 월요일 및 12월 30일~1월2일
※월요일이 축일인 경우 개관, 다음날 휴관.
골든위크(4월29일~5월5일), 오봉(お盆 8월13일~8월15일)은 개관.
관람료 | 2,000엔 (15세 이하 무료)

이우환 미술관(李禹煥美術館)

이우환(李禹煥 1936年~)은 대한민국 경상남도에서 태어나 일본을 거점으로 세계적으로 활동하고 있는 미술가. 일본 현대미술의 커다란 동향(動向)인 〈모노파(もの派)〉를 이론적으로 주도한 것으로 유명하다. 나오시마(直島)에 안도 타다오(安藤忠雄)와의 협력으로 이후환 미술관을 개관했다.

개관시간 | 3월~9월　am10:00~pm6:00(최종입관 pm5:30)
　　　　　10월~2월 am10:00~pm5:00(최종입관 pm4:00)
휴관일 | 월요일(단 축일의 경우 개관, 다음날 휴관)
관람료 | 1,000엔(15세 이하 무료)

카가와 현립 히가시야마 카이이 세토우치 미술관(香川県立東山魁夷せとうち美術館)

히가시야마 가이이(東山魁夷 1908~1999)는 소와기(昭和期)를 대표하는 일본 화가의 한 사람이다. 문화훈장 수장자. 본명은 히가시야마 신키치(東山新吉). 요코하마(横浜)에서 태어나 고베(神戸)에서 자랐다. 동경미술학교(현 동경예술대학) 졸업 후 독일 베를린대학(현 홈볼트대학)으로 유학. 유학중에 알게 된 독일 낭만주의 화가 카스파 다비드 프레드리히(Caspar David Friedrich 1774~1840)를 일본에 처음 소개하기도 했다. 국민적으로 사랑받는 화가로서 뿐만 아니라 문장가로도 유명한 그는 화문집(画文集)을 비롯한 수많은 저서를 남겼으며, 카와바타 야스나리(川端康成)와도 깊은 우정을 나누었다.

카가와 현립 히가시야마 카이이 세토우치 미술관은 히가시야마 카이이의 작품만을 소장하는 개인미술관으로, 히가시야마가 도장색을 제안한 세토대교의 옆, 조부의 출생지인 히츠이시지마(櫃石島)를 바라보는 위치에 있다.

미술관은 2001년4월에 부인에게 기증받은 판화작품 270여 점을 전시 공개하는 시설로 구상되었다. 타니구치 요시오(谷口吉生)의 설계로, 2003년에 착공하여 2005년4월에 개관했다. 지방 도시에 있는 전시실 면적 $277㎡$의 작은 미술관임에도 불구하고 방문객 수는 한 달에 평균 1만 명에 달한다.

미술관에서는 히가시야마 가이이와 카가와 현의 인연을 소개하고, 다양한 테마로 소장 작품을 전시하고 있다. 또한 히가시야마 가이이의 다른 미술관들과 교류하여 교류 전시전을 열기도 하고, 히가시야마와 인연이 있는 일본화가의 작품을 전시하는 등, 다양한 기획전을 적극적으로 추진하고 있다.

개관시간 | am9:00~pm5:00(최종입관 pm4:30)
휴관일 | 월요일(휴일의 경우 개관, 다음날 휴관), 연말연시(12월27일~1월1일)
※골든위크(4월29일~5월5일), 학교 여름방학(7월21일~8월31일) 기간은 무휴
관람료 | 테마작품전 300엔, 특별전 600엔

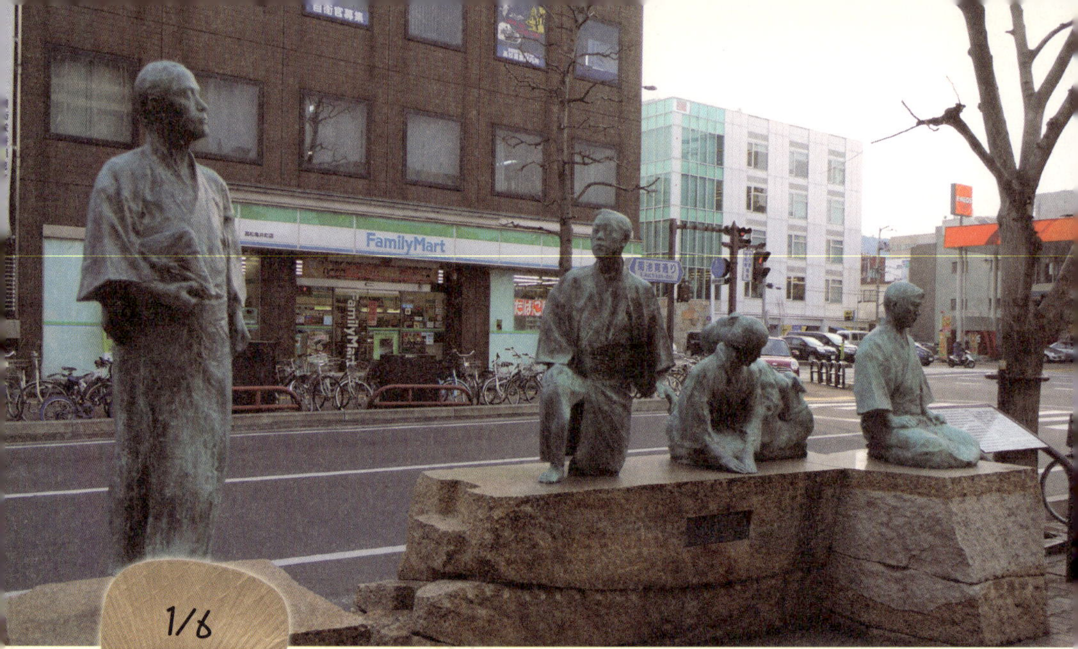

해가 바뀌고 맞는 첫 일요일, 겨울 하늘은 시리도록 맑았다.
오늘은 타카마츠(高松) 시내를 집중 공략해 볼 요량으로 호텔을
나선다. 먼저 JR 타카마츠(高松) 역 쪽으로 방향을 잡았다.

214

아지쇼우(味庄)도 타카마츠 역과 가깝다. 타카마츠 역 주변의 우동집 중에서는 세 번째로 찾아간 집이다. 우동은 차가운 면을 데워서 주는데, 첫맛이 약간 달면서 텐카스로 인해 고소하다. 하지만 면발의 끈기도 없고, 쫄깃한 식감도 없다. 식당도 그리 깨끗해 보이지 않았다.

이곳에서 한 가족을 만났다. 예쁜 두 딸과 함께 우동을 먹는 엄마는 매우 흡족한 표정으로 딸들을 바라보았다. 스무 살이 넘어 보이는 장성한 딸들은 엄마를 닮아 예뻤다. 아빠도 세련되고 멋스러웠다. 아빠가 영어를 잘하는 덕분에 우리는 대화를 나눌 수 있었다. 모처럼 일요일 나들이를 위해 온가족이 함께 나왔다고 한다. 아빠는 딸들이 자랑스럽고 또 사랑스럽다고 한다. 나도 두 딸을 두어 잘 안다고 맞장구쳤다. 잠시 딸바보 부모의 대화가 이어졌다. 가족들의 분위기가 좋아 바라보는 내 마음까지 따뜻해졌다.

🍚 ぶっかけうどん 붓카케우동 小 250엔

아마도 내가 오늘의 첫 손님이었을까? 깨끗한 실내와 잘 정돈된 테이블, 오뎅과 튀김 코너들도 "나, 깔끔깔끔 해요~!"라고 말하는 듯했다. 붓카케우동을 주문했는데 소(小)자가 평균보다 양이 많다.

뭔가 싶은 튀김이 있어 하나 들었는데 먹어 보니 어묵이었다. 튀김은 차갑게 식어 맛이 없었다. 우동은 약간 달았지만 맛은 시원했다. 특별히 추천할 맛은 아니고, 그저 사누키우동의 평균 수준이었다.

요시츠네(義經)는 주변을 지나며 몇 번 들렸던 곳이다. 물론 그때마다 문이 닫혀 있어서 들어가진 못했지만 말이다. 드디어 오늘에서야 나와 인연이 닿은 것 같다. 문을 열고 들어서니 손님을 맞는 아주머니가 무엇 때문이지 매우 화난 말투로 내게 자리를 배정해 주었다. 불편한 기분이 들었다.

자리가 안에도 있는데 바로 문 앞 근처에 앉으라고 하길래 무시하고 좀 안으로 들어갔다. 그래 봤자 혼자 앉는 자리이니 여럿이 올 손님에게 민폐 끼칠 일도 아니건만, 그 아줌마는 계속 기분 나쁜 표정이다.

별로 유쾌하지는 않았지만 가이드북에서 보았던 텐푸라우동을 주문했다. 각종 튀김이 올라간 우동이다. 사진이 맛있어 보였고, 모둠 튀김의 다양한 맛을 보

고 싶었다. 그러나 튀김은 차가워서 맛이 없었고, 면발은 식감이 좋았지만 다른
건 보통 수준이다. 이 우동을 맛보고자 몇 번이나 들렀단 말인가! 다시는 미련
을 갖지 않을 것이다.

ぶっかけうどん 붓카케우동 小 350엔

天ぷらうどん 텐푸라우동 400엔

츠유(都由)는 요시츠네(義經)와 달리 곱고 상냥한 아주머니가 맞아주었다. 아주머니는 혼자 앉을 자리는 여기, 또 저기인데 원하는 곳에 앉으라고 했다. 그렇지, 이래야 되는 거지. 난 권해준 자리 중 한 곳에 가 앉았다. 이 집도 오가며 여러 번 들렀지만, 그때마다 번번이 문이 닫혀 있었다. 크리스마스와 연말연시가 그 이유였으리라.

이 집은 그릇이나 쟁반에까지 정성이 들어갔다. 칠기쟁반이 맘에 들었다. 주문을 하고 15분 정도 만에 우동이 나왔다. 그러면 끓여 놓았던 것을 주는 게 아니라 생면을 끓여서 나온 것이다. 면이 부드러우면서도 식감이 좋았다. 소스도 짜지 않고 맛있다. 깨를 좀 더 볶아서 그런가? 이제껏 먹은 어느 집보다 고소함이 더했다. 정성스런 우동 한 그릇을 먹은 느낌이다.

釜あげうどん 카마아게우동 800엔

かけうどん 카케우동 小 170엔

　반야는 타카마츠 중앙공원(中央公園) 바로 옆에 있다. 문화회관이나 현청도 가까우니 아마도 주 고객이 이 근처 사무실 직원들일 것이다. 그런데도 일요일에 문을 연다. 공원 옆이라서일까?

　공원을 걷는데 냄새가 좋았다. 녹나무 때문이다. 녹나무의 수많은 열매들이 마치 검은 콩을 뿌린 듯 바닥에 떨어져 흩어져 있었다. 이 열매들이 밟혀 터지면서 향내를 풍기는 것이다. 녹나무는 좋은 목재가 되기도 하고, 약재가 되는 장뇌를 만들기도 한다. 그 귀한 녹나무가 이 공원에는 많다. 나도 녹나무 열매를 터트려 가며 우동집에 도착했다.

　카케우동을 시켰다. 우동 위에 고명으로 올린 가츠오부시가 하늘거리며 춤을 추었다. 면의 길이는 100cm 정도, 굵기도 괜찮다. 이번엔 잊지 않고 우동가락을 세어가며 먹었다. 혹시 중간에 개수를 놓칠까 봐 노트에 표시를 해가며 말이다. 그리고 콧등치기도 다시 시도해 보았다. 긴 면발을 한쪽은 길게 나머지 한쪽은 그보다 짧게 집은 다음 후루룩 먹다 마지막에 폭풍 흡입을 하니 콧등치기가 된다. 그러나 내가 처음에 느꼈던 콧등치기보다는 그 강도가 약하다. 우동가락은 11개였고, 12개째는 40cm 정도였다. 늘 혼자 먹는 우동이지만 이런 재미에 외로운 줄 모른다.

미나미신마치(南新町)를 걷다 보면 창문을 통해 열심히 우동 반죽 미는 모습이 보이는 집이 있다. 바로 그곳이 타모야온나도우죠우(たも屋女道場)다. 우동 반죽을 미는 모습도 인상적이지만, 이름도 내 맘을 끈 건 사실이다. 타모야(たも屋)는 이름이라고 쳐도, 온나도우죠우(女道場)라니? 여자의 도장? 그게 뭐지? 궁금해 하며 우동집으로 들어섰다. 종업원이 모두 여자들이다. 아니, 남자도 둘이나 있네? 암튼 여자들이 많다 이 말인가? 해답을 찾을 수 없는 궁금증은 접어두고 주문이나 해야겠다.

오늘은 벌써 여섯 번째 우동이니 입안이 지루하지 않도록 카레우동을 주문한다. 이 집의 카레우동은 재료가 많이 들어갔는데, 닭고기를 손으로 곱게 찢어서 넣은 것이 인상적이었다. 짜지도 않다. 면의 길이는 100cm 정도이고, 면발의 식감도 좋다. 오늘 우동 여섯 그릇 먹은 게 맞나 의심이 들 만큼 남김없이 맛나게 다 먹었다. 나도 내가 신기하다. 하루에 우동 여섯 그릇이라니….

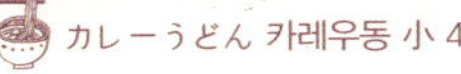 カレーうどん 카레우동 小 400엔

　오늘은 아무래도 우동 순례의 날이라고 하긴 힘들 거 같다.
오전부터 한국에서 카가와 현을 취재하러 온 잡지기자들을
만나 함께 리츠린공원(栗林公園)을 가기로 했고, 오후에는 와산
봉(和三盆)의 과자목형을 만드는 전통공예사 한 분을 만나기로 했기 때문이다.

　매일 아침 길을 나서면 "오늘은 어떤 우동이 나를 기다릴까?" 마음이 설레곤
했다. 비록 오늘은 우동들과의 만남은 기약이 없어도, 타카마츠에서 내가 좋아
하는 장소로 손꼽는 리츠린공원과 꼭 만나보고 싶었던 이치하
라 요시히로(市原吉博) 씨를 만날 수 있다는 생각에 마음이 들
떴다.

리츠린공원(栗林公園)은 일본 정부가 특별명승지로 지정한 정원 중 가장 큰 규모를 자랑하는 공원이다. 우선 소나무가 많다. 13개의 인공산과 크고 작은 연못 6개가 잘 어우러져 있다. 봄에는 매화와 벚꽃, 여름에는 꽃창포와 연꽃, 가을에는 단풍나무, 겨울에는 동백꽃으로 사계절이 아름답다. 여름엔 이곳에 와보질 않았으니, 난 여름의 꽃창포와 연꽃은 못 보았다.

이 공원은 무로마치시대(室町時代) 이코마 가(生駒家)를 섬기던 사토우 씨(佐藤氏)가 서남지구에 정원을 꾸민 것으로부터 시작되었다고 한다. 그 후 1625년경 사누키(讚岐) 영주 이코마 타카토시(生駒高俊)에 의해 남쪽 호수 일대가 조성되었고, 1642년 부임한 마츠다이라 요리시게(松平頼重)에게도 이어져 이후 100여 년 동안 증축을 거듭하여 1745년에 완성하였다. 메이지이신(明治維新) 이전까지 마츠다이라(松平) 가문에서 228년간 교외별장으로 사용하였으나, 1871년(明治 4) 영주제도 폐지와 함께 신정부의 소유로 이전되었다. 그리고는 1875년(明治8) 3월 16일 드디어 카가와 현립공원으로 지정, 일반인에게 공개된 덕분에 지금 우리가 드나들 수 있게 된 것이다.

리츠린공원 전체를 돌아보려면 2시간 이상이 걸린다. 대부분 공원을 찾아오는 사람들은 1시간 코스로 둘러보는 남쪽 공원으로 간다. 공원 안내도도 잘 되어 있으니 코스별로 따라가면 된다.

남쪽 공원은 역대 영주들의 다실로 사용했다는 정자 키쿠게츠테이(掬月亭)가 있다. 사방으로 문이 열리면 한편으로는 시운산(紫雲山)이 보이고, 한편으로는 연못과 소나무정원이 보인다. 이 연못에 달이 비치면 정자에 앉아 달을 손으로 담을 듯하다고 하여, 당시(唐詩)의 한 구절 '물을 손에 담으니 달이 손에 있고'에서 따와 키쿠게츠테이(掬月亭)라 이름 지었다고 한다. 설명에 의하면, 달이 뜨는 정자는 불로장생을 의미한다고 한다. 권세와 부를 다 가졌으니 영원히 살고 싶기도 했을 것이다.

　정자에는 여름이 되면 미닫이로 된 덧문을 모두 밀어서 한곳에 보관하는 장치가 있는데, 380년이나 된 시스템이라고 한다. 세월이 좋아 이젠 누구나 한잔의 말차(抹茶) 값만 내면 탁 트인 정자에서 차를 마시면서 휴식을 취할 수 있다. 물론 정작 달이 뜨는 밤에는 할 수 없지만 말이다.

　리츠린공원에 가면 난 꼭 이 정자에 올라간다. 차를 마시고 휴식을 취한 다음, 굳이 이 정자에 있는 오래된 화장실을 이용한다. 오랜 목조건물만큼이나 아주 작고 좁은 화장실인데, 그저 오래된 건물을 사용해 보는 느낌이 들어 기분이 좋다.

　이번에 공원을 찾아가니, 정자 앞의 큰 연못을 한 바퀴 도는 보트가 생겼다. 카가와 현을 취재 온 한국 잡지기자들과 함께 보트를 탔다. 나무로 만든 보트에 삿갓을 쓰고 앉으면, 사공이 연못가를 돌며 설명을 해준다. 은영 씨의 통역으로 천천히 연못을 돌아보는 즐거움을 누려 봤다.

　리츠린공원에서 사진 찍기의 하이라이트는 엔게츠쿄우(偃月橋)이다. 히라이호우(飛来峰)에 서면 엔게츠쿄우가 남쪽 호수와 함께 멋진 장면을 연출해 내기 때문이다. 일본의 젊은이 둘이 서로 번갈아 가며 사진을 찍는 모습이 보였다. 한 명이 다리 위에서 나름의 포즈를 잡고, 다른 한 사람은 히라이호우에서 사진을 찍는다. 멀리 있어도 휴대폰으로 서로 통화를 하며 원하는 포즈의 사진이 잘 나왔는지를 묻는다. 세상 참 좋다.

　리츠린공원 안에도 우동집이 하나 있다. 당연히 그냥 지나칠 수 없어 들어가 본다.

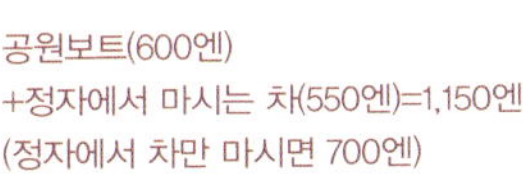

공원보트(600엔)
＋정자에서 마시는 차(550엔)＝1,150엔
(정자에서 차만 마시면 700엔)

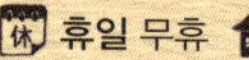 かけうどん 카케우동　380엔,　ぶっかけうどん 붓카케우동　420엔

하나조노테이(花園亭)는 남쪽 호숫가 엔게츠쿄우(偃月橋) 앞에 있다. 기념품과 잉어들의 먹이를 판다. 잉어가 몰려드는 것을 보기 위해 많은 사람들이 먹이를 사서 주기 때문에 잉어들이 사람 따라 몰려다닌다. 포동포동 살찐 잉어들이 떼를 지어 다니는 연못은 화려하다. 그 기념품 가게가 우동집이다. 〈명물 사누키 수타우동(名物きぬき手打ちうどん)〉이라고 쓰여 있지만, 우동은 정말 맛이 없었다. 면발도 형편없었다.

역사가 있는 아름다운 공원에 어울리는 전통의 맛을 볼 수 있으면 좋았으련만, 우리는 씁쓸한 기분으로 리츠린공원을 나섰다. 진짜로 맛있는 사누키우동을 먹어야겠다며 흥분하는 일행을 뒤로 하고, 나는 오늘의 주 목표인 와산봉의 목형을 만드는 전통공예사 이시하라 요시히로 씨를 만나러 간다.

와산봉이란 주로 카가와 현(香川県)과 도쿠시마 현(德島県) 등의 시코쿠(四国) 동부에서 전통적으로 생산되고 있는 설탕의 일종이다. 흑설탕을 부드럽게 정제한 것 같은 맛에 옅은 황색을 띤다.

산봉(三盆)이란 쟁반(盆) 위에서 설탕을 3번 정도 정제한다고 하여 붙여진 이름으로, 고급설탕을 의미한다. 중국에서 들여온 설탕을 도산봉(唐三盆)이라고 이름붙인 것에 기인하여 일본에서 만든 것을 와산봉(和三盆)이라 부르게 된 것이다.

에도시대에 이미 설탕의 존재는 알려져 있었으나, 사탕수수의 재배지는 남서제도(南西諸島)에 한정되어 있었고, 만들어진 설탕도 흑설탕이 대부분이었다. 토쿠가와 요시무네(德川吉宗)의 문화개혁에 의해 전국에 사탕수수 재배를 장려하자, 타카마츠항(高松藩)이 특산물 창출과 재원 확보를 목적으로 이에 응하였다. 와산봉은 귀중한 특산물로 각 지방에 팔려 나갔고, 전국의 와가시(和菓子) 발전에 크게 공헌하게 된다. 현재도 와산봉은 근대적인 정당(精糖)이 아니라 전통적인 제법으로 제조되고 있다.

와산봉이란 단어는 고급설탕을 이야기하는 것이지만, 그 설탕만으로 만든 와가시 또한 와산봉이라 부른다. 이 와가시의 일종인 와산봉을 만들기 위해서는 당연히 틀이 있어야 하는데, 우리 나라의 약과 틀을 생각하면 이해하기 쉽다. 오늘 내가 만난 분이 바로 그 틀인 과자목형(菓子木型)을 만드는 전통공예사(伝統工芸士)이다. 일본 전역에 이런 전통공예사가 예닐곱 명 정도 있다고 하는데, 그중 한 분이신 이치하

라 요시히로(市原吉博) 씨가 타카마츠에 사신단 이야길 듣고 꼭 만나 뵙고 싶다고 청한 것이다.

에도시대 때부터 와산봉은 다도인(茶道人)들에게 필수였고, 계절이 바뀔 때마다 새로운 와산봉이 다양하게 소개된다고 한다. 그래서 다도인과 와산봉을 파는 와가시야(和菓子屋), 그리고 와산봉을 찍어내는 목형의 장인이 함께 의논하여 새로운 와산봉을 준비하였다고 한다. 세 분야의 사람들이 의논한 와산봉의 문양을 장인이 새로운 목형으로 만들고, 와가시야에서는 그것으로 와삼봉을 찍어내 판다. 그러면 다도 선생님들이 바뀌는 계절에 맞춰 다도회를 열면서 새로 출시된 와산봉을 화제로 삼아 차를 즐겼다고 한다.

이치하라 씨의 아버지는 와산봉을 파는 와가시야의 주인이었단다. 다양한 와산봉을 보며 자란 그가 목형을 만드는 공예사가 된 것은 어쩌면 당연한 일인지도 모르겠다. 그러나 자신의 뒤를 이을 후손이 없어 걱정했는데, 작은 희망이 생겼다고 한다. 아버지가 만든 와산봉의 다양한 모양이 도쿄는 물론 뉴욕에까지 전시되는 일이 생기며 많은 언론과 TV를 통해 소개되자, 서양 케이크를 배운 딸이 슬슬 관심을 보이더라는 것이다. 이젠 와산봉을 만드는 체험교실까지 운영하며 전통을 지키려는 마음을 갖기 시작했단다. 또한 그 딸이 낳은 그의 외손자가 목형에 관심을 갖기 시작했다며 밝게 웃으신다.

나도 그의 딸이 하는 〈와산봉 체험교실〉에 참여해서 딸기, 송이버섯, 후지산, 눈꽃, 벚꽃 등을 만들었다. 와산봉은 목형이 있으면 쉽게 만들 수 있었다. 중요한 것은 목형인 것이다.

이 전통 장인은 무척이나 낙천적이고 재밌는 분이시다. 즐겨 입는다는 청바지가 정말 잘 어울렸고, 나이보다 훨씬 젊어 보였다. 그의 유머는 어딘지 모르게 오사카의 코미디언 같은 분위기를 풍겼다. 그는 목형을 만드는 일만이 아니라 목형과 와산봉에 대한 전통을 학교의 특별교실을 통해 전파하는 일도 한다고 한다. 그의 웃음 가득한 얼굴은 스스로 그런 일들을 즐기고 있음을 알려주었다. 함께 있는 내내 즐거울 정도로 유쾌한 분이다.

매우 정교하고 아름다운 목형을 만드시는 유쾌한 장인! 그대의 두 손이 칼끝에 다치는 일이 없기를 바랍니다.

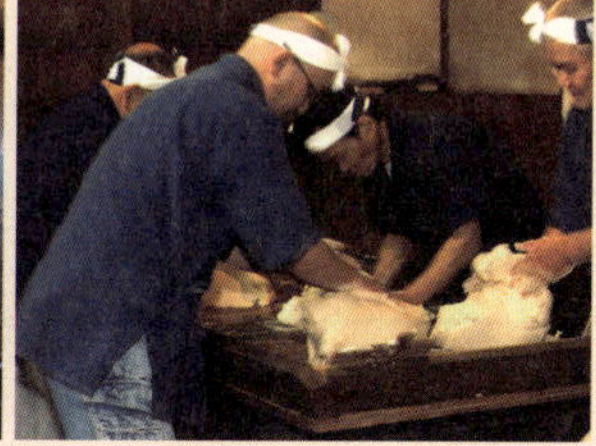

이번에는 코토덴 코토히라선(ことでん琴平線)을 타고 에나이(榎井) 역에서 내린다. 에나이 역에서 도키카와(土器川) 상류를 향해 간 뒤에 다시 도키카와를 따라 북쪽 사누키후지산(讃岐富士山) 방향으로 가보는 일정이다. 에나이 역은 코토히라(琴平) 지역에 가깝다. 코토히라구(金刀比羅宮/金毘羅宮)에 참배하기 위해 갔던 많은 사람들이 머물던 지역이니 우동집 또한 많았다.

오늘은 만노우 저수지(滿濃池)도 가볼 예정이다. 만노우 저수지는 일본 진언종의 창시자 코우보대사(弘法大師)의 지도력으로 완성된 저수지이다. 코우보대사는 시코쿠에 흩어진 절들을 보수하거나 개원하며 88사찰 영지를 선정하여 순례길을 만든 분이시기도 하다. 시코쿠는 유난히 잦은 가뭄으로 늘 물 부족을 겪어야 했다. 고통 받는

백성을 대신해 많은 승려들이 기우제를 올리다 열반에 들곤 했다고 한다. 그러니 만노우 저수지는 모든 이의 숙원사업이었을 것이다.

이제 시코쿠에는 크고 작은 저수지도 많고, 마을길을 흐르는 작은 도랑에도 물이 넘쳐흐른다. 우동도 물이 많아야 한다. 밥을 짓는 것보다 물이 많이 필요하다. 그러니 물 소비가 많다. 그럼 또 다른 문제가 생긴다. 물의 오염…, 밀가루의 전분이 포함된 물은 분명 문제가 될 것이다. 아! 여기까지만! 우선 맛나게 우동 먼저 먹은 뒤 생각해 보자.

ざるうどん 자루우동 小　350엔

　도키카와(土器川)의 상류를 거슬러가는 길에 만나는 우동집 중 일찌감치 문을 연 곳이 있어 찾아갔다. 가이드북에서는 이 집을 '미꾸라지 우동의 원조'라고 소개하고 있었다. 예전에는 추수가 끝난 뒤에 미꾸라지를 잡아 보양식으로 많이 먹었다고 한다. 미꾸라지를 갈아서 끓인 추어탕은 내가 좋아하는 음식 중 하나이지만, 난 미꾸라지를 통째로 넣고 끓인 것은 못 먹는다. 원조집이라고는 해도 못 먹는 것을 시킬 수는 없어서 그냥 자루우동을 주문했다.

　이 집에서 특이했던 것은 자루우동의 소스에 넣으라고 메추리알이 나왔다는 점이다. 우동소스에 쉽게 넣을 수 있도록 위에만 껍질을 벗겨 나왔는데, 고놈 참으로 앙증맞다. 메추리알을 넣고 생강, 파와 함께 섞은 소스에 자루우동을 적셔 먹는다. 자루우동의 면발은 탱탱했고 식감도 좋아 맛이 있었다. 우동 사리 하나의 양은 대략 200g 정도인데, 이제 자루우동 소(小)자 정도는 마파람에 게눈 감추듯이 먹어버린다.

ぶっかけうどん 붓카케우동 小 300엔

　소화도 시킬 겸 만노우 타운의 골목길을 따라 걷고 있었는데, 갑자기 방향을 잃어버렸다. 서둘러 큰길을 찾아 나와 지나는 우체부를 붙잡고 지도를 보여주며 나의 위치를 확인해야 했다. 덕분에 큰길가에 있는 카게츠는 쉽게 찾았다. 노래하는 달이라…, 이름의 의미를 생각하며 문을 열고 들어간다. 할머니가 주인인가 보다. 할머니는 조용하고 나긋나긋한 모습으로 맞아주신다.

　붓카케우동을 주문했다. 무와 생강 간 것, 실파를 넣은 뒤에 조금 크다 싶은 레몬을 아낌없이 짜서 넣었더니 너무 새콤하다. 국물의 맛은 괜찮았는데, 이상하게 면이 맛이 없다. 면의 색깔이 우리 전통 밀 같다. 끈기도 없다. 결국 국물만 좀 먹고 면을 남기고 나왔다.

　가끔 이런 집이 있다. 아무래도 밀이 다른 것 같다. 전통 밀을 쓰는 걸까? 우리도 국내산 전통 밀가루는 끈기가 없다. 사누키우동은 주로 호주산을 쓴다고 했다. 호주에서 일본의 우동을 위해 특별히 품종개량을 한 밀인 ASW(Australia standard white)는 향기와 끈기가 있고 순한 맛을 낸다고 한다. 이 ASW가 국내산보다 값이 싸서 일본시장을 휩쓴 것이 1970년대이다.

값싼 밀가루는 우동의 전성기를 만들기 시작했다. 그러나 이 호주산 밀로 만든 우동보다 국내산 전통 밀로 만든 우동을 좋아하는 이도 여전히 있다고 한다. 맛이란 어린 시절의 추억이 포함되었을 테니, 세월이 바뀌어도 호주산 밀로 만든 우동의 맛보다 추억으로 길들여진 우동의 맛을 좋아하는 이도 당연히 있을 것이다. 그래도 난 호주산 밀로 만든 우동이 더 좋다. 면발이 탱탱하고 쫄깃한 걸 좋아하는 탓이다.

釜あげうどん 카마아게우동 小 250엔

만노우 저수지로 가는 길, 요시노(吉野) 사거리는 우동의 트라이앵글이라고 불린다. 나의 친구 세노 씨의 말이다. 만노우 저수지 옆에는 멋지게 꾸며놓은 공원(国営讚岐まんのう公園)이 있어 많은 사람들이 찾아가는 곳이다. 그래서 오가는 주변에 우동집도 많다. 요시노 사거리의 네 귀퉁이에도 유명한 우동집들이 있어, 그곳에 이르면 늘 어느 집으로 들어갈까 망설이게 된다고 해서 붙은 이름이란다.

그중 한 집이 나가타우동이다. 이 집의 대표 우동은 카마아게(釜あげ)이다. 나도 대표 메뉴인 카마아게우동을 시키고 계산을 한 뒤에 준비된 생강과 강판을 자리로 갖고 와서 정성스레 갈았다. 난 생강의 향이 좋아 다른 이보다 많이 넣는 편이다.

점심시간이라 직장인들이 삼삼오오 차를 몰고 왔다. 대부분 주먹밥인 오니기리 한 접시와 카마아게 우동 소(小)자를 시켜먹었다. 뜨거운 물에 담긴 우동

이 나왔다. 면발이 좀 굵은 편인데, 탱탱하며 식감도 좋다. 소스도 짜지 않다. 난
깨와 생강을 좀 더 갈아 넣었다. 맛이 있다. 땀이 절로 흐른다. 역시 카마아게우
동은 겨울에 먹는 게 제 맛이다.

　세노 씨는 날씨가 흐리거나 추울 때는 카마아게를 먹으러 나가타우동으로 들
어가고, 날씨가 화창한 날에는 차가운 붓카케를 먹으러 길 건너 오가타야(小縣
家)로 간다고 했다. 바람이 많이 불고 추운 날이라 먼저 뜨거운 카마아게를 먹어
몸을 데웠으니, 이제 내가 좋아하는 차가운 붓카케를 먹으러 오가타야로 간다.

82. 小縣家 오가타야 | 일반점

🕐 영업시간 am9:30~pm6:00　　㊑ 휴일 화요일　　🏠 개업 1958년(昭和33)

　이 집에서 우동을 먹는 데는 다소 힘이 필요하다. 자리에 앉으면 제일 먼저 팔
뚝만한 무와 강판을 가져다준다. 무의 크기는 다소 차이가 있지만, 대부분은 크
다. 제대로 된 우동을 먹으려면 15분 정도는 기다려야 한다. 생면은 적어도 10
분 이상을 끓여야 하기 때문이다. 그 시간에 무를 갈거나 생강을 갈며 우동 먹을
준비를 하는 것은 정말 재밌는 일이다.

　난 무라카미 하루키(村上春樹)의 독자이다. 그의 책은 거의 읽었으며, 그가 책
에서 말했던 여행지를 직접 찾아갔을 정도다. 오늘 그를 생각하는 것은, 내가 비
록 좋은 기억력의 소유자는 아니지만 무라카미가 우동 여행을 하고 잡지에 쓴
에세이가 생생히 기억났기 때문이다.

　그중 바로 이 집에 대한 설명이 있다. 20cm 정도의 무가 나왔고, 왜 무가 나왔
는지 몰라 어리둥절할 때 사람들이 강판에다 북북 가는 것을 보고 그도 따라 갈

다가, 팔 힘이 좀 있다는 자기도 숨이 찬데 만약 이곳에 노인 부부가 온다면 어떻게 할까 걱정을 하는 장면이다.

무라카미의 우동이야기를 읽고 세월이 한참 흐른 뒤 시코쿠의 88사찰 순례를 하며 사누키 들판을 걷던 때다. 함께 걷던 호주 친구 크리스와 고베사람 유키 그리고 나는 배가 고팠다. 보통 사찰 주변에는 순례자들로 인해 곳곳에 우동집들이 많은데, 그 흔한 우동집들이 눈에 띄지 않는 거다. 두리번거리다 지나는 동네사람에게 물었더니 "여기도 저기도 다 우동집이에요!" 하며 손으로 방향을 가리켜 주었다. 그러나 간판은커녕 우동깃발도 없는 집들이었다. 하는 수 없이 가까운 곳에 있는 간판 없는 우동집의 문을 열고 들어섰다.

그 집에서도 우동을 주문받자 무와 생강을 먼저 내왔다. 무라카미 하루키가 얘기했던 20cm의 무는 아니었지만, 우리는 신나게 무와 생강을 갈아 강판에 쌓아놓고 행복한 마음으로 우동을 기다렸다. 사실 무와 생강을 가는 데 5분 이상 더 걸리겠는가!

주위를 두리번거리는데, 마침 할머니가 다다미방 위에 비닐로 포장이 된 면 덩어리를 징검다리처럼 늘어놓고 밟고 계셨다. 크리스는 신발을 벗고 다다미로 올라가 할머니와 함께 반죽된 면을 밟으며 즐거워했다. 그리고 먹은 우동의 맛은 평생 잊을 수 없을 것이다. 아마도 우동을 기다리며 보낸 시간이 맛의 80%는 차지하지 않았을까? 우리는 가끔 메일를 주고받으며 아직도 그 이름 없는 우동집 이야기를 한다.

오가타야(小縣家)! 언제 한번 가보리라 했던 그 오가타야를 벌써 3번째 왔다. 오카타야는 쇼우유우동(醬油うどん)의 원조라고 한다. 그러니까 간장우동의 원조라는 것이다. 우동이 나오면 자기의 입맛에 맞게 간장을 넣어 먹는 것이다. 일본의 무는 한국 무에 비해 매콤한 맛은 없고 더 부드럽다. 북북 간 무를 쌓아놓고 두리번두리번 주변을 살피는 사이 우동이 나왔다. 난 무와 생강, 실파를 넣은 다음 간장을 살짝 뿌려서 간을 맞춘다. 그리고 설레는 마음으로 우동을 집어 입으로 가져간다. 좀 굵고 차가운 면이라 찰기 또한 좋다. 우동을 다 먹은 뒤 무즙과 생강즙이 간장과 잘 어우러져 남은 국물을 후루룩 마신다. 조오~타!

ぶっかけうどん 붓카케우동 小 250엔

카네히라야(兼平屋)는 도키카와의 상류에 있다. 할머니 두 분이 운영을 하시는 작은 우동가게다. 한 분은 농구선수만큼이나 큰 데다 마르셨는데, 또 한 분은 그 키 큰 할머니의 허리만큼이나 작으셨다. 화가 나신 것 같지도 않은데, 웃음도 말씀도 없으시다. 할아버지 한 분이 우동을 드시고 나가며 조용히 돈을 놓고 나가셨다.

키 큰 할머니가 부엌에서 우려낸 멸치를 건지는 것이 보였는데, 후끈하게 김이 오르는 무거운 멸치 채를 힘도 좋게 옮기셨다. 마르셨지만 힘이 장사다. 붓카케우동을 주문하며 혹시라도 국물이 넉넉한 카케우동을 주실까 봐 강조해서 "붓! 붓! 붓카케우동 주세요!"라고 큰소리로 말했다.

아주 심플한 붓카케우동이 나왔다. 무도 생강도 없다. 테이블 위에는 파와 텐카스, 깨, 시치미(七味)가 있을 뿐이다. 분위기상 생강 달라는 소리도 안 나와 그냥 먹는다. 아! 국물 맛이 시원하다. 국물을 마시니 금세 땀이 올라왔다. 그런데 면발에 끈기가 없다. 이상하게 노인들이 하는 우동집은 대부분 끈기가 없다. 밀가루가 전혀 다른 것을 쓰는 것인지, 아님 힘이 없어 그러신 것인지…. 우동가락을 좀 남길까 하다 노인들의 정성을 생각해 다 먹는다.

84. かりん亭 카린테이 | 일반점
영업시간 am11:00~pm2:00　휴일 수요일　개업 2002년(平成14)

ヤーコンうどん 야콘 우동　300엔

카린테이(かりん亭)는 만노우 저수지를 내려다보는 전망 좋은 곳에 있다. 이집도 여러 차례 왔었다. 처음 온 것은 〈독자와 함께 걷는 우동여행〉을 진행할 때였다. 사누키 들판을 걸어 다니며 우동을 먹고, 우동 만드는 체험을 하며, 세토내해에 있는 아름다운 섬들에서 펼쳐지는 예술 프로젝트를 탐방하는 프로그램이었다.

그때 카린데이를 택한 데는 몇 가지 이유가 있었다. 첫째로는 만노우 저수지의 아름다운 풍광을 볼 수 있다는 기대였고, 둘째는 88사찰 미니어처를 따라 걷

는 숲길이 좋았기 때문이다. 셋째는 이 집 특유의 우동
면 때문이었다. 남미 안데스에서 공수해온 야콘을 우
동집 근처에서 직접 재배하여, 신선한 야콘과 밀가루
를 반죽해 이 집의 우동면을 만든단다. 야콘이 들어갔
으니 식이섬유와 미네랄이 풍부해 미용과 건강에 관심
이 많은 이들이 찾는다고 했다.

카가와 현은 〈우동 패스포드〉라는 것을 만들었다. 우동 패스포드를 만든 것
은 매우 재밌는 아이디어였지만, 그 활용도가 적다. 앞으로 우동 패스포드를 잘
활용할 수 있는 방안을 좀 더 연구해야 할 것이다. 그런데 이 집은 나이든 할머
니들이 운영을 하면서도 우동 패스포드를 적극적으로 활용하도록 유도한다.
계산대 옆에 놓아두고 도장을 찍어주며 설명까지 한다. 이렇게 패스포드를 활
용하는 집을 나는 카린데이 말고는 아직 본 적이 없다.

기대만큼이나 우동은 야콘이 들어가 식감이 좋았다. 할머니들이 직접 면을
밟아서 만든다. 비록 할머니들이지만 그녀들의 두 팔에서는 힘이 느껴진다. 마
치 잘 다듬은 청년의 팔과 같다. 우동을 먹기 위해 이곳까지 걸어오는 것도 운동
삼아 좋은 일이다. 정신과 몸과 입이 모두 즐겁다. 다만 이곳을 찾아가는 데 유
념해야 할 한 가지는 영업시간이다. 오후 2시! 할머니들이 일찍 문을 닫으시니
서두르자.

도키카와의 둑방길을 걷는 일은 즐겁다. 탁 트인 전망 덕분일까? 눈에 거슬리
는 아파트 하나 없이 올망졸망 단독주택들이 펼쳐진 사누키 들판을 한눈에 담
을 수 있으니 말이다. 그 가운데 우뚝 솟아 있는 사누키후지산은 랜드마크 역할
을 한다. 후지산을 닮았다 해서 '사누키후지'라고 불리지만, 원래 제 이름은 리

노야마(飯野山)란다. 들판에 밥을 엎어놓은 것 같은 산이라는 뜻? 그러고 보니 정말 밥그릇에 밥을 꾹꾹 담아 엎어놓은 것 같다. 더구나 높이도 422m로 그리 높지 않아 귀엽기까지 하다.

도키카와의 강변은 운동하기에도 좋다. 한강의 고수부지처럼 운동을 할 수 있도록 축구와 야구 시설도 되어 있고, 산책길과 자전거길도 잘 꾸며놓았다. 아쉬운 게 하나 있다면 화장실인데, 강가에 있는 편의점이나 마을 회관에 있는 화장실을 이용하면 나그네도 급한 용무를 해결할 수 있다.

しっぽくうどん 싯포쿠우동 小 350엔

　　설렁설렁 도키카와의 뚝방을 걸어서 토우죠우쇼우텐으로 갔다. 어머니와 아들이 운영하는 집이다. 실내는 예쁘고 아기자기하게 꾸며놓았다. 미국의 유명한 rout 66 이정표가 두 개나 장식되어 있는 것이 눈에 띄었다. 젊은 아들의 취향으로 가게를 장식했나 보다. 메뉴는 우동만 있는 것이 아니라, 커피와 다른 음료수도 판매한다. 3시에 문을 닫는 집에 2시 40분에 도착해 걱정하며 붓카케우동을 주문하니 싯포쿠우동을 먹는 게 어떻겠냐고 해서 그렇게 해달라고 했다.

　　친절한 어머니는 내게 이런저런 것을 묻는데 내가 일어를 못한다고 하니 고개를 끄덕이면서도 계속 이야기를 건네셨다. 난 이런 게 좋다. 말이 통하지 않는다고 입을 닫고 어색해 하기보다 어떻게든 얘기를 하며 통할 수 있는 부분을 찾아보는 노력이 좋다는 말이다.

　　내가 노트하는 것을 보더니 궁금해 해서, 걸어서 우동집을 돌아다니고 있다며 지도를 펼쳐 보여주니 대단하다며 놀란다. 아들까지 나와서 노트를 본다. 영

어에 자신 없어 하던 아들이 어머니를 위해 조금씩 영어를 써가며 우리의 대화를 도와주었다. 그러면 되지 않을까? 서로 간에 말이다. 대화를 위해 무엇보다 중요한 것은 언어가 아니라 서로 이야기를 나누려는 의지라는 것을 나는 잘 알고 있다. 나는 어머니의 이름을 물었다. 토시코(としこ) 여사다.

싯포쿠우동(しっぽくうどん)은 푹 끓인 야채를 우동에 부은 것이었다. 일단 보기에도 먹음직스럽다. 먼저 국물 맛부터 본다. 아! 맛있다. 게다가 다양한 야채를 먹어서 좋다. 고기도 들었네? 맛있다고 하며 정말 맛나게 먹는 나를 보며 어머니는 고맙다고 했다. 다 먹고 나니 이마에 땀이 흥건했다. 이마에 맺힌 땀을 닦는데, 아들이 '오셋타이(お接待)'라며 커피를 내놓았다.

오셋타이는 이곳의 전통으로, 작은 정성의 선물을 말한다. 그렇지 않아도 커피 생각이 나는 참이었는데, 고맙단 인사를 하고 맛나게 마셨다. 문을 나서는 내게 어머니는 건강하게 조심히 다니라는 인사로 배웅을 한다. 하루에 3시간 정도 일을 하는 여유는 어디서 오는 걸까? 가격도 참 착한 집인데….

비가 온다고 했지만, 종일 하늘이 맑았다. 태양이 뜨겁게 떠오르고 뜨겁게 사라지는 사이 다양한 각도로 비추는 햇빛 아래 오늘도 하루를 보냈다. 도키카와는 넓지만 물줄기는 좁다. 그 강둑 위를 걷는 것은 즐거운 일이다. 마치 티끌도 손으로 집어 태울 것 같은 부지런한 손길들이 곳곳에서 움직였다. 조금이라도 청소를 게을리 하면 동네에서 추방이라도 당하는 걸까 싶을 만큼 깨끗하다.

따뜻하고 푸근한 날씨 아래 나뭇가지를 자르다 쉬고 있는 할아버지가 있어 인사를 하고 지나는데, 뭐라고 자꾸 말씀하셔서 그냥 지나치지 못하고 돌아서 다시 인사를 했다. 내가 말귀를 못 알아들으니 대만에서 왔냐고 묻는다. 서울, 한국에서 왔다고 하니 "하루, 이틀, 사흘" 하시며 웃는다. 다시 정중하게 인사를 하고 돌아섰다.

그 많은 말 중에 할아버지는 어째서 '하루, 이틀, 사흘'란 단어를 기억하는 것일까? 그 말은 기다림이다. 간절한 기다림이었을까? 그분은 하루 이틀 사흘을 손꼽아 세며 무언가를 기다렸던 걸까? 그런 생각에 가던 걸음을 멈추고 돌아서서 할아버지를 봤다. 할아버지는 머리를 들어 하늘을 보고 계셨다. 그 뒷모습이 왜 그리 슬퍼 보이는지….

때론 걸으며 깊은 생각에 빠질 때가 있다. 그럴 때는 얼른 생각을 정리하며 마음을 비운다. 사실 머리로 기억하고자 하는 것은 오래 가지 않는다. 그러나 마음에 기억되는 것은 지울 수가 없다. 때론 길에서 만난 영상들이 마음에 새겨지기도 한다. 오늘 그 할아버지의 뒷모습처럼 말이다. 할아버지의 뒷모습은 내 마음에 기다림이란 단어로 새겨진다.

배도 부르고 해서 처음 만난 역은 그냥 지나쳤다. 그렇게 또 한 역을 지나치고 세 번째 만난 역에서 타카마츠로 돌아오는 열차를 탔다. 물론 피곤하기도 하지만, 열차에만 앉으면 이상하게 잠이 쏟아진다. 또다시 역무원의 신세는 질 수 없어 스마트폰의 알람을 맞춘 다음 이어폰을 끼고 앉는다. 여지없이 통제할 수 없는 잠에 빠진다. 이 달콤한 잠이 좋다.

오늘은 JR 요산선(予讚線)를 타고 마루가메(丸亀) 역에서 내려 남쪽으로 내려갔다가 도키카와 쪽으로 돌아오는 코스이다. 마루가메 시에는 코토히라구(金刀比羅宮)로 가는 길인 콘피라가도(金毘羅街道)가 있다. 코토히라구는 섬나라답게 해상의 안전을 위해 기도하는 신사(神社)다. 전국적으로 콘피라 신사가 있는데, 카가와현에 총본산인 코토히라구가 있다.

이 코토히라구에 참배를 하기 위해 전국에서 카가와 현으로 몰려드는데, 이때 본토에서 오는 대부분의 사람들은 배를 이용한다. 그 배는 마루가메 항이나 바로 옆의 타도츠 항에 도착하게 된다. 그리하여 항구 주변에도 우동집이 많다. 항구에서 남쪽 코토히라구를 찾아가는 길은 에도 시대 후기에 그야말로 전성기를 누렸다. 코토히라구 가는 길가에는 영생을 기원하며 봉납자의 이름을 새긴 수많은 등이 봉납되어 밝혀지고, 여관과 기념품점, 찻집들이 늘어섰다.

에도시대 전기만 해도 우동이 기호식품이어서 찻집에서 팔았다고 하는데, 에도시대 후기에는 늘어나는 참배객들로 가옥의 2층은 여관으로 사용하고 1층은 우동집이 성행했다고 한다. 그 코토히라구로 가는 길 중간 중간에는 이정표 역할을 톡톡히 하는 도리이(鳥居 신사의 입구에 세우는 문)가 서 있다.

콘피라가도는 항구에서부터 시작하지만, 역에서 직진으로 뻗은 큰 도로는 4번이고, 그 4번 도로의 안쪽으로 콘피라가도가 이어진다. 오늘은 오래된 집들이 줄을 지어 있는 콘피라가도를 좀 걷다가 좌측으로 빠져나가 도키카와로 갈 것이다.

오늘 첫 번째로 가려고 하는 집은 토라야(虎屋)인데, 실은 코토히라구를 오르는 길에 토라야 본점을 본 적이 있다. 지붕마루 아래 벽에 정말 백호를 닮은 글씨로 '虎屋'라고 써놓았기 때문에 금방 눈에 띈다. 본점이기도 하고 벽에 쓴 글씨가 내 맘을 끌기는 했지만, 정작 그곳에서 우동을 먹어보지는 못했다. 그런데 가이드북에 실린 토라야 마루가메점의 사진이 내 흥미를 끌었다. 우동 위에 훈제한 생선처럼 보이는 것이 올라가 있는게 아닌가! 먼저 그 집을 가보려고 한다.

にしんうどん 니싱우동 700엔

마루가메(丸亀) 역에서 1시간 거리였다. 내가 첫손님이다. 서둘러야 2시 혹은 3시에 끝나는 우동집을 순례하려면 하루를 일찍 시작해야 하는데, 이 집은 10시에나 문을 열었다. 10시 10분에 들어서니 좀 당황스러워했지만 친절하게 맞이해 주었다. 책을 펼쳐 사진을 보여주고, 그 사진의 우동을 주문했다. 내가 시킨 우동 이름은 니싱우동(にしんうどん)이란다. 생면을 끓이기 때문에 시간이 좀 걸릴 테니 일부러 화장실을 물었다. 집을 둘러보고 싶어서다.

이 집은 아름다운 정원을 지닌 1876년(明治7)경의 가옥으로, 절제되고 단정한 모습이다. 미닫이문을 열고 나가 좁은 툇마루를 따라가면 정원을 볼 수 있다. 화장실은 툇마루로 연결된 별채에 있었다.

집 구경을 하고 오니 기다리던 우동이 먹음직스럽게 나왔다. 미역은 물론 송송 썬 실파도 들어 있고, 뼈를 발라 마치 훈제한 것 같은 모양의 생선이 올라가 있다. 그러나 생선에서 훈제 냄새는 나지 않았다. 생선은 니싱(にしん), 그러니

까 청어절임이었다. 그런데 기가 막히게 맛있다. 생선 비린내도 나지 않고, 약간 맛나게 달다. 뒷맛도 깨끗하다. 우동 국물도 시원하고 아주 좋았다. 면발이 그리 쫄깃하지는 않았지만 잘 어우러진 맛이다. 우동그릇에 파 하나 남기지 않고 깨끗하게 비웠다. 한 그릇 더 먹고 싶은 유혹이 들 정도였다.

이 집에는 시치미(七味 고추·깨·진피·양귀비씨·마씨·파래·산초) 대신 야쿠미(やくみ)라고 하는 조미료가 앙증맞은 도자기 담겨 있었다. 야쿠미는 고춧가루가 없고 파래가 많이 들어간 것이 특징이다. 처음에는 아무것도 첨가하지 않고 먹어보고, 다음에 야쿠미를 첨가해 먹었다. 둘 다 좋다. 우동을 먹고 나와 다음 집에 도착할 때까지 입안이 깔끔했다. 상큼한 기분이다. 가격도 착했다. 이제껏 먹은 우동 중에 최고다.

かけうどん 카케우동 小 170엔

토라야(虎屋)를 나와 이치야(一屋)로 간다. '호랑이 집'에서 '첫 번째 집'으로 가는 것이다. 우동을 1등으로 잘한다고? 아님 1등으로 문을 연다고? 이치야는 마치 아는 동네길을 걷듯 요리조리 골목길을 헤치고 나가 도착했다. 이쯤이면 나도 길 찾기의 달인(?)으로 불려도 되지 않을까?

이치야에 도착한 시간이 마침 점심때여서 사람들로 북적였다. 인근의 직장인들이 몰려와서는 우동과 텐푸라, 혹은 오니기리를 한 접시씩 들고 자리에 앉는다. 토라야와는 완전히 다른 분위기로, 마치 시장통에 있는 우동집 같다. 빨리빨리 만들어 내놓고, 후다닥 먹고 일어서야 하는 집이다. 면도 미리 끓여 놓은 것을 데워준다.

이번엔 뭘 먹을까 하다 양이 적은 붓카케우동을 주문했다. 면의 굵기도 좋고, 탱탱하여 쫄깃한 식감이 좋다. 길이도 100cm 정도는 될 것 같다. 소스도 짜지 않고 좋다. 이 정도면 찾아온 보람이 있다. 우동가락을 세어보니, 11개 하고 반이 들어 있었다. 나 역시 '뚝딱!' 먹고 일어섰다.

다음에 찾아갈 집들은 모두 2시에 문을 닫기 때문에 서둘러야 한다. 마루가메와 사카이데(坂出), 코토히라(琴平)와 오카다(岡田) 역 주변에서는 사누키후지(讚岐富士)가 이정표 역할을 한다. 남쪽 혹은 북쪽, 아니면 동쪽으로 방향을 잡으면 되는데, 이제부터는 서쪽으로 방향을 잡아서 간다. 가는 길에 몇 곳의 우동집을 지나쳤다.

시코쿠의 작은 수로, 혹은 집에서 나오는 생활하수구가 흐르는 도랑들은 매우 깨끗하다. 그런데 멘츠도우(麵通堂)란 우동집에서 나오는 생활하수구가 흐르는 곳을 지나가다 깜짝 놀랐다. 일부러 살피려고 한 것은 아닌데, 하수구에 흩어진 우동가락이 눈에 보였기 때문이다. 우동을 삶은 물들이 계속 흘러나와 실타래처럼 엉킨 부유물이 하얀 앙금처럼 바닥에 남아 있었다. 바로 몇 발자국 위에는 깨끗한 바닥에 맑은 물이 흐르고 있었는데 말이다. 오염의 실태를 극명하게 보여준다.

이것이 문제다. 특히 우동가락이 나왔다면 이 집은 음식물을 제대로 처리하지 않고 내보낸 것이다. 고농도의 전분질이 들어 있는 물을 정화장치 없이 점포 근처의 수로나 하천에 그대로 버리면 여름에는 악취가 나기도 할 것이다. 대부분 우동집이 영세점포이니 정화장치를 설치하는 것이 부담도 될 것이다.

카가와 현의 친구 얘기로는, 소규모 점포에도 설치하기 쉬운 배수처리장치의 개발에 힘쓰고 있다고 했다. 물론 생활하수에 대한 처벌 등도 강화하여 그 해결책을 모색하고 있다고 한다. 글쎄…, 도랑 같은 작은 수로야 우동국물을 배수구로 쏟아버리고 매일 청소하여 그 흔적을 지운다 해도, 넓은 하천으로 쏟아져 오는 전분질은 바닥에 침전되어 수질을 악화시킬 것이다.

　이런 수질오염에 대한 염려를 전혀 모르고 있었던 것은 아니지만, 사실 나는 시코쿠의 다른 지역이나 카가와 현을 도보로 여행하는 4년 동안, 집 앞의 작은 수로나 크고 작은 하천의 물이 오염된 것을 본 적이 없었다. 오히려 맑은 물이 흐르는 깨끗한 하천 주변을 걸으며 늘 감탄했었다. 그러니까 오늘 처음, 우동으로 인해 오염된 수로를 본 것이다.

🍜 釜玉 카마타마 小 260엔

　도키카와의 넓은 강둑 위에 깃발이 펄럭인다. 그 깃발 아래에 나카무라가 있다. 나카무라란 이름은 흔하다. 야마시타(山下), 와타나베(渡辺), 다나카(田中), 야마모토(山本) 등도 흔한 성이다. 우동집도 주인 성을 많이 붙이니, 나카무라, 야마시타 같은 이름이 많다. 그냥 우동야(うどん屋)라고 하는 집도 많으며, 아예

간판이 없는 집들도 있다. 표기도 이 집처럼 그냥 히라가나로 쓴 곳도 있고, 한자로 '中村'라고 쓴 집도 있다.

이 집도 전에 온 적이 있었다. 무라카미 하루키(村上春樹)가 1990년 10월에 쓴 우동기행에서 맛있다고 했던 집이다. 자기가 가본 집 중에서 최고로 깊은 맛을 지닌 집이라고 했다. 그는 나카무라를 표현하기를, 논 한가운데 있으며 우동집이라기보다는 건설 현장의 자재창고처럼 보인다고 했다. 대충 주워놓은 것 같은 작은 탁자가 몇 개 있고, 늘어놓은 우동사리를 끓는 가마솥에 직접 삶아서 먹는 집이었다고 했다. 식당이 너무 작아서 삶은 우동을 밖으로 가지고 나가 돌 위에 걸터앉아 먹었다고 했다. 날씨도 좋아 기가 막히게 맛있다고 했다.

그 맛은 본인이 직접 삶고 뒤뜰에서 직접 뜯어다 썬 실파를 먹는 행위, 즉 호기심과 함께 즐거움이 첨가된 맛이었을 것이다. 그 당시 나카무라는 사람들이 잘 알지도 못했고, 찾기도 어려운 집이었다. 무라카미 하루키가 돌아가《하이패션》이란 잡지에 우동기행을 쓴 후 사람들이 많이 찾아왔다고 한다.

그러나 이젠 달라졌다. 논밭에는 집들이 들어서 있고, 사람들이 우동을 직접 끓이지도 않고, 실파를 뜯으려 뒤뜰로 가지도 못한다. 사람들은 줄을 서서 기다렸고 후루룩 삼키듯이 우동을 먹고 나와야 한다. 맛도 변했을 것이다. 난 이 집의 우동에서 깊은 맛까지는 느끼지 못했다. 그저 사누키우동의 평균 수준이라고 생각했다. 오늘 다시 한 번 그 맛을 확인하고자 찾아갔다.

문을 닫기 전에 가려고 서둘렀지만 다른 종류의 우동은 다 떨어졌고, 그나마 남은 면으로는 카마아게(釜あげ)나 카마타마(釜玉)만 제공할 수 있다고 했다. 그럼 카마타마이다. 카마타마는 뜨거운 면과 함께 계란을 버무려 먹는 것이다. 먼저 빈 우동그릇에 계란을 풀어 뜨거운 솥(釜)으로 가면, 삶아 있는 우동면을 데워서 우동그릇에 담아준다. 그럼 조미대에서 가서 파, 생강, 간장 등을 첨가한

다음, 계산을 하고 뒷문으로 나간다. 그곳에는 간이천막이 쳐 있는데, 천막 안의 야외 식탁으로 가거나 옆에 있는 실내로 들어가 우동을 먹으면 된다.

무라카미 하루키와 나의 입맛은 다른가 보다. 아님 더 맛난 우동을 내가 경험했을 수도 있고, 나카무라의 우동 맛이 변했을 수도 있겠지. 어쨌든 우동을 먹고 일어서며 다시는 오지 않아도 되겠다고 맘을 정한다. 그래도 허전한 마음이 드는 건 어쩔 수가 없다. 서울에서 맛집이라고 간 냉면집에서 맘에 들지 않은 냉면을 먹은 기분이다.

나카무라에서 나와 사진을 찍는데, 누군가 "선생님 아니세요?" 한다. 이곳에서 한국말이 들리는 게 반갑기도 했지만, 누군가 나를 알아본다는 사실에 놀라 돌아보았다. 오호라~ 며칠 전에 만난 은영 씨다. 예쁘고 밝은 모습에 상냥하기도 한 은영 씨는 시마네 현(島根県) 관광진흥과 주재원이다. 며칠 전 서울에 있는 잡지회사들의 시마네 현 미술관 취재를 돕고 함께 카가와 현 미술관 취재를 왔었는데, 그곳에서 나와 만나서 함께 이틀을 보낸 사이다.

일행들이 서울로 떠난 뒤 휴가를 얻어 시코쿠를 여행하던 중에 우연히 다시 만났으니, 아마도 전생에 우리의 인연이 깊었나 보다. 그녀는 마루가메 역의 안내소에서 자전거를 빌리고 나카무라 우동집을 물으니, 한국인들만이 나카무라를 찾는다고 하면서 현지인들은 가지 않는다고 했단다. 그런 말을 듣기는 했지만, 그래도 한번 마음 먹은 거라 와봤다고 했다.

그래, 유명인들의 추천은 그래서 무섭다. 이왕 찾아왔으니 나카무라의 우동 맛을 보아야겠지. 잠깐이면 되는 터라 난 은영 씨를 기다렸다. 우동을 먹고 나온 은영 씨도 나만큼이나 아쉬운 듯했다. 이곳에 오기 전에 현지인이 추천한 집엘 가서 먹었는데 정말 맛있다고 했다. 허름하고 간판도 없는 집이었지만, 나카무라보다 더 맛있다고 말이다. 우린 의기투합해서 우동을 한 그릇씩 더 먹기로 했다.

🍜 カレーうどん 카레우동 小 400엔

　나카무라(なかむら)의 깃발이 날리는 도키카와 강 건너편에 본쿠라(凡藏)가 있다. 본쿠라! 뽕꾸라? 발음이 재밌다. 물론 나카무라와 본쿠라 사이에도 우동집은 있다. 본쿠라는 지역주민이 많이 가는 곳이라서 택한 집으로, 지난번에도 왔다가 시간이 맞지 않아 도중에 발길을 돌렸었다.

　본쿠라(凡藏)라…, 한자의 의미로만 생각한다면 모든 것을 간직한다, 우동에 모든 것을 담는다는 뜻? 좋은 재료와 정성으로 잘 만들어 담는다, 뭐 그런 마음으로 지은 이름일까 생각해 본다.

　본쿠라에서 우린 카레우동을 주문했는데, 카레우동에 날계란이 함께 나왔다. 계란 없이 먹을까도 생각했지만, 이 집 방식대로 먹어 보기로 했다. 작은 볼에 계란을 풀어서 뜨끈한 카레우동 위에 올린 후 비벼먹으면 된다. 계란의 비린맛이 날지 않을까 싶었지만 괜찮았다. 우린 맛나게 먹었다. 이날 나는 4번째였는데, 은영 씨는 3번째란다. 이 동네에서는 더 이상 우동을 먹을 수 없다. 3시가 넘으면 거의 문을 닫기 때문이다.

마루가메 역로 가 은영 씨는 마츠야마(松山)로 가고 나는 타카마츠(高松)로 간다. 은영 씨는 자전거가 있었지만, 걷는 나를 생각해 자전거를 끌고 가며 한참을 같이 걸었다. 그런 마음 씀씀이가 기특했지만, 마츠야마 행 열차시간에 맞추려면 먼저 가야 했다. 다음에 또 우연히 만날 수 있기를 바라며 우리는 헤어졌다. 그런 만남은 낭만적이다. 멋진 청년을 만나야 멋진 인연으로 이어져 그럴 듯한 연애가 시작될 텐데, 이런 아줌마를 만났으니…. 은영 씨! 마츠야마에선 부디 멋진 봇짱(坊っちゃん) 만나기를 빌어줄게요.

오늘은 8시간을 걸었다. 마루가메 시 외곽을 빙 둘러본 것이다. 4시18분에 타카마츠 행 완행열차에 오른다. 스팀이 잘 나오는 열차에 앉으니 잠이 쏟아졌다. 조심하려고 했으나 완전 잠에 곯아 떨어졌다. 깜짝 놀라 눈을 뜨니 기차가 타카마츠 역으로 들어서고 있었다. 완행열차는 수면제 같다. 몇 번을 깨워서 일어난 경험이 있을 정도니, 그 표현이 맞다.

따듯한 열차에서 잠을 자고 밖으로 나오니 바람이 차다. 낮과 밤의 기온차가 심하다. 부지런히 걸어서 호텔로 가다가 효고마치(兵庫町)에 있는 우동집으로 들어갔다. 역시 추울 땐 뜨끈한 카케우동이 최고다. 면발도 오케이, 국물도 그럭저럭 오케이! 그렇게 카케우동을 후루룩 마셨다. 오늘도 5그릇의 우동을 먹었다.

<table>
<tr><td>

**1/10
목요일**

</td><td>

　　JR 요산선(予讚線)을 타고 30분 정도 걸려 사카이데(坂出) 시
로 간다. 세토내해(瀨戶內海)의 연안에 위치한 사카이데는 일찍
이 염전지대였지만, 간척지를 매립하여 넓고 평탄한 지역에 항
구와 조선소가 만들어지고 공장지대가 생기며 도시가 되었다.

</td></tr>
</table>

시코쿠에서 본토로 연결되는 다리는 세토내해와 인접한 에히메 현(愛媛県)의 구루시마해협대교(久留島海峡大橋)와 카가와 현의 세토대교(瀬戸大橋), 토쿠시마 현(徳島県)의 오나루토(お鳴門)를 통해서이다. 카가와 현은 사카이데에서 세토대교가 시작이 되어 오카야마 현(岡山県)으로 넘어가는 것이다.

세토대교 주변에는 볼거리가 많다. 더불어 우동집도 많다. 이 지역의 우동집은 대부분 11시 이후에 문을 열고 오후 2시면 문을 닫는다. 우동집 둘러볼 시간이 짧다는 뜻이다. 서둘러야 한다. 일찍 문을 여는 곳은 효코우세이멘쇼(兵郷製麺所)뿐이다. 오늘 첫 번째로 방문할 집이다.

91. 兵郷製麺所 효코우세이멘쇼 | 제면소

🕐 영업시간 am8:30~pm2:00　🈺 휴일 일·축일　🏠 개업 1952년(昭和27)

🍲 ぶっかけうどん 붓카케우동 小 150엔, 튀김 80엔

10시. 매우 유명한 집인가 보다. 좁은 실내 벽은 유명인들의 사인으로 가득 차 있었다. 이 집은 찾기가 좀 어려울 것 같다. 나도 마침 지나는 이가 있어 물어

보아서 그렇지, 아니면 찾는 데 애 좀 먹었을 거다. 내가 지도를 들고 찾아간 방면이 효고우세이멘쇼의 뒤편이라 눈에 띄지 않았기 때문이다.

우동집의 배치도 특이하다. 장소가 좁다 보니 부엌과 우동을 먹는 방이 따로 있다. 우선 우동이 준비되어 있는 방으로 간다. 문 밖에 놓여 있는 우동 그릇 중에 대·중·소를 하나 골라 들고 부엌에 들어가서 우동을 주문한다. 우동을 받으면 고명이 있는 곳에서 기호에 따라 조미하고 계산을 한 다음, 부엌 옆에 있는 방으로 들어가 먹으면 된다.

두 방 모두 매우 좁다. 우동을 먹는 좁은 방이 싫거나 만원이면 밖에서 먹으면 된다. 간이천막에 의자와 테이블이 놓여 있다. 이 집의 특징이라면, 우동의 모든 과정이 기계로 완성된다는 점이다. 단단하게 밟는 과정도, 정성껏 밀어서 면을 늘리는 과정도 모두 기계가 한다. 면을 자르는 것도 자동화된 기계가 한다. 보통 면을 자르는 모습을 보면, 작두 같은 칼을 탕탕 치며 사용하는데, 이 집은 그 과정 또한 자동화된 기계가 했다.

세 모녀일까? 일하는 게 손발이 척척 맞는다. 어쨌든 모든 과정을 기계로 하는데도 면의 탄력이 나쁘지 않다. 우동은 튀김과 함께 먹어서인지 고소한 게 괜찮은 맛이다. 우동 먹는 방의 좁은 실내 벽에도 이곳을 찾아왔던 유명인들의 사인이 붙어 있었다. 정말 유명한 집이긴 한가 본데, 내게 큰 감흥을 주진 못했다.

かけうどん 카케우동 小 120엔

　11시 5분. 이 집은 찾아가는 게 재밌다. 우선 지도대로 찾아가면 주차장이 나온다. 주차장 벽의 화살표를 따라가면 겨우 한 사람이 지나갈 만한 골목이 나오는데, 그 골목 중간에 있는 문을 열면 바로 우동집이다. 그야말로 제면공장이다. 기계로 면을 만들어 자동으로 밀봉 포장한 뒤 상점에 공급하는 집이다. 그저 점심시간에만 잠시 우동을 파는 것이다.

　남자 두 분이 아주 무뚝뚝하게 우동을 말아준다. 다른 것은 없다. 오직 카케우동의 대·중·소에서만 선택이다. 우동을 주문하면 밀봉된 우동을 뜯어서 따듯한 물에 데워서 주고 고명은 파와 생강만 준다. 고춧가루는 따로 준비되어 있어 필요한 사람은 첨가하도록 해놓았다. 나는 첨가했다. 국물 맛이 좋다. 생강과 고춧가루가 매콤하고 칼칼하여 맛있다. 땀이 후끈 올라왔다. 생면이 아닌데도 면의 맛이 괜찮다. 이 정도라면 사두었다가 먹어도 되겠다. 밀봉된 면은 냉동으로 보관했다 먹어도 될 것이다.

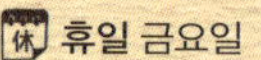 

영업시간 am11:00~pm7:00   휴일 금요일   개업 1981년(昭和56)

ぶっかけうどん 붓카케우동 小 + 반찬 1개 = 390엔

11시 30분. 사카이데 시는 그리 크지 않지만 우동집들은 곳곳에 산재해 있어 자연스럽게 손님들이 분산되는 모양이다. 이에야스(家康)도 점심시간 전에 도착을 하니 식당에 아무도 없었다. 점심 손님을 맞을 준비를 완벽하게 해놓은 집에 내가 첫손님으로 들어간 것이다.

이 집의 특징은 우동과 함께 먹을 수 있는 반찬들이 있다는 점이다. 그것도 예쁜 접시에 먹음직스럽게 진열되어 있다. 튀김도 정갈하게 준비되어 있고, 한눈에도 실내의 모든 것이 제자리에 놓여 있음에 알 수 있다.

30분 만에 다시 먹는 우동이라 제일 부담이 적은 붓카케우동을 주문했다. 이 집은 끓여 놓은 면을 데워 주는 것이 아니어서 기다리는 시간이 필요했다. 우동이 나왔다. 붓카케우동의 국물이 유난히 짙어 짜지 않을까 싶었지만, 웬걸! 전혀 짜지 않고 맛있다. 우동 면의 식감도 부드럽다. 전체적으로 부드럽고 깊은 맛이다. 아마도 기본이 다시마와 가츠오부시가 들어가는 오사카(大阪)식인가 보다. 사누키(讚岐)식은 아니다. 사누키는 멸치로 우려낸 맛이 강하다.

　사진을 찍고 노트를 하며 우동 먹는 것을 보더니, 주인아저씨가 자기 집이 소개된 신문 스크랩한 것을 보여주셨다. 그리고 맑은 국물 한잔을 티처럼 갖다주시면서 건강에도 좋으니 마시라고 한다. 고맙다고 인사하며 맛있게 마셨다. 정말 몸에 좋을 것 같다. 거부감 없이 먹을 수 있으니 말이다.

海老と揚げ餅のぶっかけ 에비토아게모치노붓카케 780엔

　1시 10분. 사카이데역 안에 있는 집이다. 도착하면 먼저 가게 앞에 놓인 대기자 명단에 이름을 작성해야 한다. 물론 사람이 없다면 필요 없는 일이다. 국내산 밀가루만 사용한다고 적혀 있다. 뭐가 다를까? 거의 모두 호주산 밀을 사용하는데 말이다. 그게 궁금해서 찾아간 집이다.

　메뉴가 사진으로 정리되어 주문하기 좋았다. 이 집의 인기메뉴라는 새우와 떡이 들어간 붓카케우동을 시켰다. 정말 그림처럼 맛나게 보이는 우동이 나왔다. 새우를 빙 둘렀고, 그 사이에 찰떡 튀긴 것을 놓았다. 새싹과 김으로 마무리 장식을 해 푸짐해 보이기까지 한다. 소스의 맛은 강하지 않고 짜지도 않다. 찰떡과 함께 먹는 우동이 맛있다. 새싹이 씹힐 때는 입안이 상쾌해진다. 고루 섞인 맛도 좋고, 따로따로 먹어보는 맛도 좋다.

　연거푸 30분 간격으로 우동을 먹은 뒤라 이 우동을 먹기 위해 1시간 반을 서점과 미술관을 돌아다니다 왔는데, 그만한 보람이 있다. 맛나게 먹느라 국내산

면이 호주산과 어떻게 구별되는지 감별할 틈도 없었다. 부드러웠는데… 근데 따듯한 우동은 거의 부드럽다. 그래…, 그렇게 찰기가 있는 식감은 아니었다.

왜 국내산 소맥을 사용한 면이 궁금했는가 하면, 할머니들이 만드는 면들은 거의 부드럽고 찰기가 없었기 때문이다. 면에 탱탱하고 쫄깃한 식감이 없어서 밀이 다른가 싶은 생각에서였는데, 별 차이가 없다. 그렇다면 만드는 과정에서 차이가 나는 걸까? 면을 밟거나 반죽을 밀 때 힘이 덜 들어가서 그럴 수도 있을 거다.

3시간 동안 우동을 네 그릇이나 먹었지만, 아직 내 배는 우동을 더 먹을 수 있겠다고 한다. 하지만 부지런히 타카마츠로 돌아가 면통단장을 만나야 한다.

〈사누키우동 순례〉를 준비하며 읽은 책이 있다. 『恐るべき讃岐うどん』이라는 제목으로, 우리말로 하자면 〈대단한 사누키우동〉쯤 되겠다. 시리즈로 나온 이 책들 중 몇 권을 다카마츠에 갔을 때 구입해 와서 읽었다. 일어 실력도 없는 내가 이렇게 대놓고 '읽었다'고 하는 것은 그만큼 자신이 있기 때문이다.

사실 어느 정도 책을 읽을 실력이 된다고 해도 사투리가 심하고 문화 차이도 있는 에세이를 읽어내기는 쉽지 않다. 하지만 언제나 초보 실력인 나는 그 책을 완전히는 아니더라도 거의 이해했다고 자신 있게 말할 수 있다. 물론 내 친절한 이웃의 도움 없이는 절대적으로 불가능한 일이었다.

내 이웃 중에 여든네 살의 임장성 옹이 계신다. 일본에서 공부하시고 근무도 하신 터라 언어뿐만 아니라 역사와 문학 등 다방면에 해박한 지식을 갖고 계신 분이다. 책을 읽기 위해 나는 그날의 챕터를 복사하고 따끈한 차와 쿠키를 준비해 아파트의 도서실로 가 임장성 옹을 만난다. 임옹께서는 천천히 책을 읽으며 해석을 해주신다. 나는 간단한 메모와 함께 녹음을 하며 주의 깊게 듣는다. 행간의 깊은 의미도 설명해 주시고, 등장인물의 사투리마저 어느 지방의 사투리인지, 글 속에 어떤 의미의 유머가 녹아 있는지도 이야기해 주신다.

내가 특히 재미있게 들었던 대목은, 면통단(麵通団) 단원들이 즐겨 찾는 우동집의 폐점에 관련된 장면이다.

건강상의 이유로 문을 닫아야 하는 나카키타우동에 대한 소식을 듣고 면통단 중에서 게릴라우동모임을 주선하여 나카키타우동의 폐점을 막기 위해 회의를 한다. 우동집 주인이 오십견으로 우동을 만들지 못한다고 하자, 이들은 면통단 단원 중에서 우동 만드는 사람을 파견해 건강이 회복될 때까지 돕겠다는 제안을 하러 나카키타우동에 갔다. 그러나 벽에 붙은 폐점을 알리는 문구를 보고 눈물을 흘리며 실의에 빠져 있었는데, 다시 81일 만에 나카키타우동이 문을 열었다는 소식을 듣는다. 그 소식에 흥분한 회원들은 마치 벌집을 쑤신 듯 전화로 연락하는 소동을 벌인 뒤 환호하며 우동집으로 향한다.

면통단의 유머와 진정한 우동애호가들의 모임임을 알게 해주는 하나의 일화였는데, 그 장면들이 너무 생생하게 상상이 되어 타카마츠에 가면 그들을 만나고 싶다는 생각을 하게 된 것이다.

타카마츠에 와서 우동 순례를 하며 나는 세노 씨에게 면통단의 단장을 만날 수 있도록 주선해 달라고 부탁했었다. 그리고는 면통단장을 만날 기대에 부풀어 있었는데, 면통단장이 나의 프로필을 보내라는 말을 전해 들었다. 좀 놀랐다. 무슨 면접을 보는 기분이랄까. 하지만 어쨌든 만나고 싶은 것은 내 쪽이니 그의 뜻대로 했고, 만날 약속이 정해졌다.

면통단장인 타오 카즈토시(田尾 和俊) 씨는 잡지《四國 Gaja(시코쿠 가자)》의 다카마츠 지점장인 기시모토 히로노리 씨와 함께 나왔고, 나는 세노 씨와 다카마츠 관광컨벤션의 관광진흥부에 소속된 통역사 공진영 씨와 함께 나갔다.

책을 읽으며 내가 상상한 면통단장은 일본의 칠복신 중 호테이(布袋)와 같은 모습이었다. 그러니까 배도 좀 나오고 살이 찐 유쾌한 중년의 아저씨 모습을 상상한 것이다. 그런데 막상 만나보니 나의 상상은 완전히 어긋났다. 그는 군더더기 없는 몸매를 가진 멋진 신사였다. 난 내가 상상해 왔던 책 속의 면통단장이 생각나서 입을 다물고 웃음을 참느라 자꾸 콧구멍에만 힘이 들어갔다.

결국 혹시 오해하지 않을까 싶은 마음에 "사실은 제가 책을 읽고 상상한 분의 모습이 아니어서 놀랐습니다. 책 속의 즐거운 장면이 생각나서 자꾸 웃게 되네요. 죄송합니다." 하고 속마음을 고백했다. 그러자 그는 "사실 다이어트를 꾸준히 해서 지금의 모습이 되었습니다. 제가 살이 많이 쪘었죠."라며 유쾌하게 웃어주었다.

그는 내게 "우동 순례를 하며 이제껏 먹은 우동 중에 어느 집이 맛있었나요?" 하고 물었다. 마치 내게 우동에 대한 테스트라도 하려는 듯 신중한 표정이다.

"음… 토라야(虎屋) 마루가메점(丸亀店)의 니싱우동(にしんうどん)이 먼저 기억납니다. 하지만 그런 멋진 집에서 먹은 우동보다 요산선(予讚線)을 타고 아야가와(綾川) 가는 길에 있는 야마시타우동(山下うどん)이나 가모우우동(がもううどん)이 분위기도 좋고 맛있더군요. 우동은 푸근한 시골분위기가 풍기는 장소에서 먹어야 제 맛이 나는 것 같아요. 맛은 입으로도 느끼지만, 눈과 마음이 채워지는 멋과 정으로도 먹는 것이라 생각하거든요."라고 대답했다. 그리고는 내가 찾은 우동집들에 대한 이야기를 간략하게 하니, 면통단장의 표정이 점점 밝아졌다.

그는 기분 좋게 웃으며 잠깐 기다리라고 하더니, 가방에서 노트북을 꺼내 내게 그들이 갖고 있는 통계를 보여주었다. 20여 일이 지나도록 우동을 먹으며 지낸 나의 우동 평가가 면통단 단원들이 낸 통계와 같다고 하며, 나의 우동 순례가

허당 수준이 아님을 인정해 주었다.

우동의 새로운 도약을 위해 여러 방향을 시도하던 중에, 근사한 정원이 있는 멋진 에도시대의 건물은 어떨까 하는 제안이 나왔단다. 그런 격식 차린 장소의 우동집이 사람들로부터 호응을 받을 것이라고 기대해 본 것이다. 그러나 결과는 전혀 달랐다.

통계에 의하면, 지역 사람은 물론이고 사누키우동을 먹으러 외지에서 오는 사람들도, 멋지고 오래된 가옥에서 격식을 갖추어 먹는 우동보다는 하루 1시간만 문을 여는 제면소에서 먹는 우동, 밭 한가운데의 낡은 창고 같은 데서 심플하게 끓여내는 우동, 계곡의 작은 오두막 같은 곳에서 파는 우동, 깊은 산 장작불로 끓이는 우동, 혹은 복잡한 시장의 한 귀퉁이에 있는 맛집 같은 곳을 선호했다고 한다. 그의 말을 들으며 나는 열심히 고개를 끄덕였다. 나의 우동 순례 역시 그렇게 해왔기 때문이다.

면통단원들에 대해 묻자, 몇 년에 걸쳐 500여 집 이상의 우동을 먹어본 이들이라고 설명했다. 단원들의 거주지는 카가와 현만이 아니라 전국에 분포되어 있단다. 단장의 말로는, 나처럼 20여 일을 계속해서 하루도 빠지지 않고 4~6그릇의 우동을 먹은 사람은 아마 단원 중에도 없을 것이라고 했다.

"단장님! 면통단원들은 모두 어떤 모습인가요? 그러니까… 살이 좀 쪘나요?"

"네, 대부분 살이 많~이 쪘죠. 하하하!"

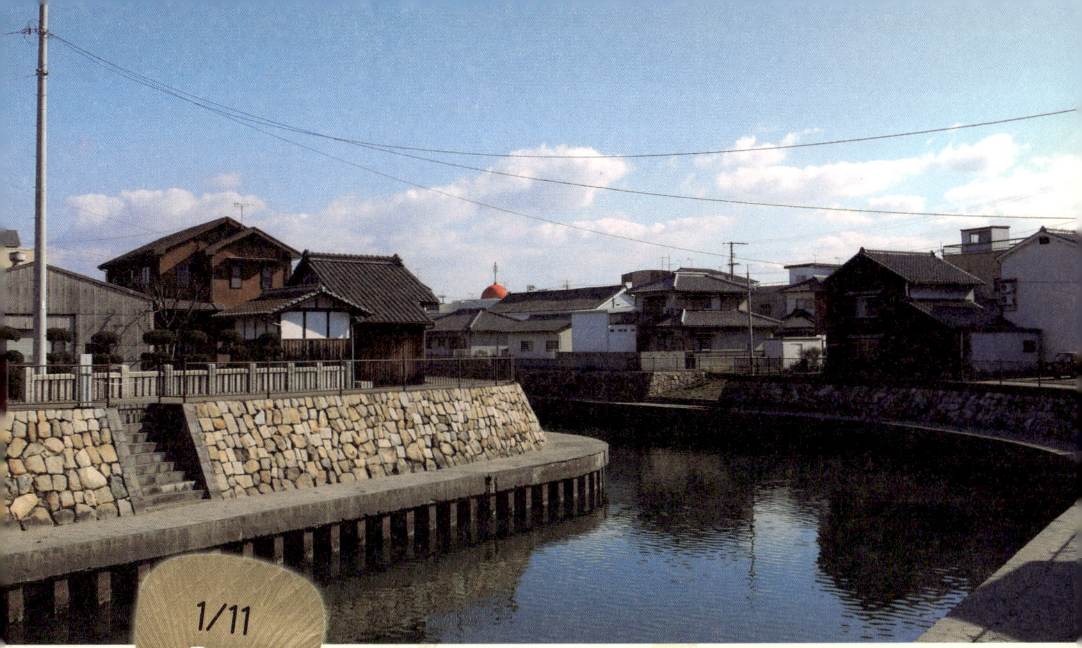

타도츠(多度津)는 작지만 역사적인 의미가 많은 곳이다. 우선 본토에서 코토히라구(金刀比羅宮)에 참배를 오는 이들이 타도츠항을 이용했으며, 시코쿠(四国)에 기차가 처음 들어온 곳도 바로 타도츠이다. 즉 타도츠 역이 시코쿠 최초의 기차역이라는 말이다.

타도츠선(多度津線)은 1924년(大正13)부터 1963년(昭和38)까지 타도츠에서 코토히라(琴平)까지 운행되었다고 한다.

타도츠의 작은 항구에는 어선보다 커다란 화물선들이 드나든다. 마침 거대한 화물선이 들어서며 몸짓 크기만큼 장중한 뱃고동소리를 울리니 실감이 났다. 항구연안에는 육중한 크레인 서 있는 조선소와 시코쿠 철도여객차량 공장, 차량정비공장들이 있다. 예전에는 비행기 격납고로 썼던 건물들이 아직 사용되고 있는데, 그것은 국가의 유형 문화유산으로 등록되었다고 한다. 타도츠 역에도 국가가 지정한 일본철도유산 세 건이 등록되어 있는데, 열차의 방향을 바꾸는 전차대와 급수탑 2개가 그것이다.

우선 타도츠 역에 열차가 들어서면 작은 역사에 넓은 차량기기가 있는 것을 볼 수 있다. 넓은 선로들이 퍼져나가는 곳 위로 육교가 지난다. 그곳에 시선을 두면 빨갛게 반짝이는 불빛이 있다. 도산선(土讚線)과 요산선(予讚線)이 갈라지는 것을 알려주는 신호이다. 그 신호가 파랑색일 때 각각 신호에 따른 노선의 열차들이 지날 것이다. 급수탑은 육교를 오르는 곳에 있다.

타도츠의 지도는 미로와 같다. 길이 얽혀 있어 보기에도 심란하다. 어떻게 찾아가야 하지? 무엇을 이정표삼아 가야 하는 걸까? 그래, 이거야. 바다로 들어가는 작은 강이 마을의 중심을 통과하니, 그 강을 이정표 삼아 우동집을 찾기로 한다. 그래도 꼬불꼬불 얽히고설킨 실타래 같은 길을 혼자 풀어내기는 힘들었다.

마침 지나는 길옆에 타도츠 사무소가 있어 들어갔다. 사무실 한쪽에 놓여 있는 홍보물 중에 좀 큰 타도츠 관광지도가 있나 찾아보았으나, 지도 같은 것은 없었다. 누가 이곳까지 와서 지도를 찾을까 싶다. 그래서 혹시나 하는 마음에 젊은 직원에게 물었다. 혹시 영어를 할까 해서다. 그러나 그는 당황해 하며 상사에게 가더니 그를 데리고 왔다. 그 역시 영어는 하지 못했다.

오히려 내가 미안해져 괜찮다고 돌아서려니 한 여직원을 데리고 왔다. 젊은 여직원은 영어를 잘했다. 그녀가 상사에게 통역을 하자, 그는 잠시 기다리라고 하더니 어딘가로 전화를 했다. 잠시 후 다른 사무실에서 나이든 여직원이 지도 두 장을 들고 왔다. 타도츠의 우동 맵이다. 그러니까 타도츠의 우동집 위치를 알려주는 지도로, 내가 갖고 있는 것보다는 좀 확대된 것이었다.

작은 사무실을 잠시 소란스럽게 한 것이 미안하였지만 소득은 있었다. 이래저래 전화를 해서 다른 사무실에서 지도를 가져다준 것이다. 고마운 일이다. 그 넓은 지도를 들고 길을 잡아 가긴 했지만, 큰길만 잡아 그린 집이라 작은길이 얽히는 곳은 아예 표시가 없다. 인내심을 가지고 엉킨 실을 풀듯이 찾아간 곳에는 우동집 두 곳이 가깝게 있었다.

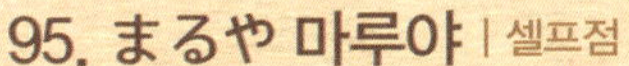

なべうどん 나베우동 600엔

타도츠의 우동집들도 늦게 열고 일찍 닫아 불만이었는데, 현지에 가보니 늦게까지 열어 봤자 찾아올 사람도 없을 것 같다. 이 집은 인근에 근무하는 부두작

업자들을 위해 아침 일찍 문을 여는 것 같았다. 이미 오전 손님이 끝나고 잠시 휴식을 취하는 시간에 내가 도착한 것 같다. 좀 쉬고 점심 준비를 하여야 할 것 같은 분위기였는데도 들어서는 나를 받아주었다.

이 집의 대표 메뉴인 나베 우동(鍋うどん)을 주문했다. 일단 첫맛은 달았다. 면발이 부드럽지만 식감이 괜찮다. 뜨거운 나베(なべ 냄비), 그러니까 그릇이 오랫동안 뜨겁게 음식을 지켜주니 땀을 흘리며 먹는다. 국물은 키츠네(きつね 유부) 때문인지 약간 달았지만 전체적으로 괜찮은 맛이다. 난 생강을 꼭 넣어서 먹는데 생강이 뜨거운 국물과 어울려서 감칠맛을 냈다. 제법 많은 양이다 싶었는데 어느새 다 먹었다. 간밤에 술을 마신 것도 아닌데, 마치 해장을 한 듯 시원하다.

96. 山よし 야마요시 | 셀프점

영업시간 am6:00~pm3:00(주말 · 축일 am10:00~)   휴일 무휴   개업 2006년(平成18)

야마요시(山よし)는 부둣가와 가까운 곳, 창고 같은 커다란 건물들이 줄지어 늘어선 사이에 있었다. 항구에는 타도츠 전체가 들으라는 듯 장중한 뱃고동 소리를 울리며 들어왔던 배가 정박해 있다. 화물선이다. 어찌나 큰지 만일 무슨 일이라도 나면 타도츠 주민을 다 태우고도 남을 것 같다. 우동집으로 들어서는 이들이 모두 작업복차림이다. 일하다 점심을 먹기 위해 온 모양이다.

붓카케우동을 주문했건만, 이건 붓카케우동인지 카케우동인지…. 뭐, 국물이 좀 넉넉한 붓카케우동이 나왔다. 아! 짜다. 이럴 때는 튀김을 하나 정도 넣거나 그것을 적셔먹음 좋은데…. 그러나 참아야 하느니라. 나는 매일매일 호테이

(布袋)가 되어가고 있기 때문이다. 어쩌다 진짜 정체가 궁금한 특별한 경우가 아니라면, 튀김은… 참아야 한다.

《시코쿠 가자(四国 Gaja)》라는 잡지를 보다 그중 특별히 내 눈을 사로잡는 것이 있었다. 바로 이곳 타도츠 역 옆 구내식당에서 우동을 먹는 사진이었다. 기차역을 찾아 그 지역의 음식을 소개하는 코너였던 거 같다. 분위기가 좋아 보였다. 그 사진에 소개된 우동에 미혹되어 구내식당을 찾아갔다.

그러나 정작 우동은 일주일 두 번 정도 내놓는 점심메뉴였고, 오늘의 정식은 뭔지 알 수 없는 국에 밥과 나물이었다. 크림스프처럼 되직한 국물은 짜서 먹을 수가 없어 시금치만 깨작거리다 나왔다. 이런 맛이라면 우동이라도 해도 크게 기대할 맛은 아니겠다 싶었다.

ぶっかけうどん 붓카케우동 小 270엔

　이 집으로 나를 이끈 것은, 온실 속에 놓인 테이블에 앉아서 우동을 먹는 사진 한 장이었다. 논밭 가장자리에 온실을 만들어 나무와 꽃들을 키우며 그곳에 테이블을 놓았다. 영업시간에 늦지 않기 위해 부지런히 걸었지만, 미로 같은 길을 찾아오느라 시간이 좀 많이 걸렸다. 또 아무리 시간 전에 가도 면이 떨어지면 먹을 수 없는 경우가 있어 걱정했는데, 다행이 면이 남아 있었다. 무즙 대신에 무절임이 있어 그것을 우동 위에 올렸다. 레몬은 다른 곳의 절반 정도 크기로 썰어 있었는데, 그 정도면 괜찮다. 이 집도 대체로 달다. 무절임도 달았다. 특별할 것 없는 평범한 맛이었지만, 그나마 온실 속 분위기가 좋아 찾아온 보람은 있었다. 이제 이 집도 문 닫을 준비를 한다.

　타카마츠로 돌아가는 열차에 오른다. 뜨듯한 열차 안에 앉으면 업혀가도 모를 정도로 잠에 빠진다. 여러 번 경험한 탓에 이제는 대충 도착할 시간에 맞춰 알람을 맞추고, 이어폰을 끼고 음악을 들으며 창밖을 본다. 처음에는 그렇다. 음악도 들으며…. 그러나 수탉이 목청껏 울어대는 소리에 번쩍 눈을 떠보면, 열차는 이미 종점인 타카마츠 역으로 들어서고 있다. 그렇게 또 하루가 간다.

원고와 사진 정리 그리고 내일의 우동 순례 일정을 잡기 위해 늦게까지 일해야 하는데, 그럼 아무래도 배가 고플 것 같아서 이번엔 콘피라야 (こんぴらや)로 갔다. 카마멘타마우동(釜明卵うどん)을 주문한다. 뜨거운 면 위에 명란젓이 들어간 우동이

釜明卵うどん 카마멘타마우동 350엔

다. 10분을 기다리겠냐고 물어서 반갑게 대답했다. 10분이면 생면을 끓여 나오는 시간이니까. 나는 마루가메의 츠즈미(つづみ)에서 맛나게 먹었던 멘타이치리멘(明太ちりめん)을 기대하며 느긋하게 기다렸다. 그러나 나온 우동은 내 기대를 무너뜨렸다.

짜다. 명란이 씹히는 것도 없다. 짠맛을 부드럽게 해주는 마요네즈도 없다. 면발은 굵고 부드러웠지만, 전체적으로 아쉬운 맛이다. 옆에서 자루우동을 먹고 계신 아주머니가 부럽다. 어찌나 그렇게 맛있게 후루룩 쩝쩝 드시는지…. 나도 자루우동을 먹을 걸 그랬나 보다.

오늘도 야마시타 씨가 시간을 내주었다. 함께 카가와 현의 역사박물관에 가기로 한 것이다. 야마시타 씨와 역사박물관으로 가기 전에 우동집을 한 곳 들렀다. 지상 최강 우동집이라는 곳이다. 가게 이름도 곳도한도(ゴッドハンド God Hand), 즉 신의 손이다. 거창하기는! 아무튼 지상 최강이라는데 어찌 안 가겠나. 야마시타 씨와 나는 1등 손님으로 지상 최강 우동집에 들어섰다.

ぶっかけうどん 붓카케우동 小 250엔, 튀김 80, 100엔

붓카케우동을 주문했는데, 특별한 맛은 아니었다. 그저 사누키우동 평균 수준의 평범한 맛이다. 하지만 면이 탱탱하며 찰기가 있어 좋았다. 이거야말로 '고시가 아루(こしがある)'이다. 짜지 않아서 좋다.

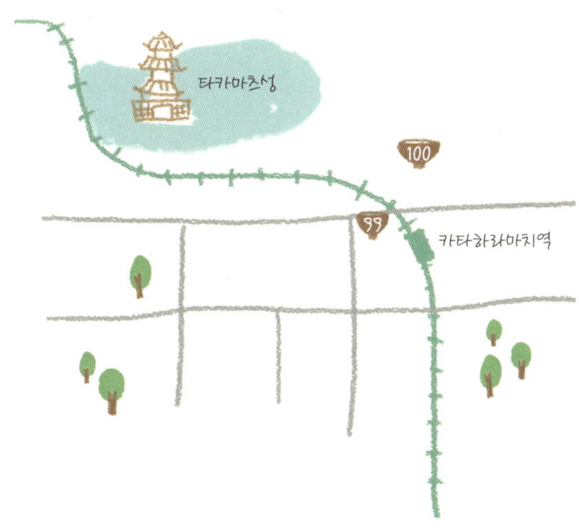

야마시타 씨의 안내로 카가와 현 역사박물관을 둘러보았다. 마침 59회 일본 전통공예전이 있었다. 칠기공예와 도자기의 합(盒)들이 많이 전시되어 있었다. 일본의 료칸(旅館)이나 호텔에는 거의 방에 다구(茶具)가 준비되어 있는데, 그 다구들은 대부분 합에 담겨 테이블에 놓여 있다. 일본에서는 아직 크기와 용도가 다양한 합들을 요긴하게 사용하고 있어서 전통공예인 합들이 다양하게 계승되고 있으며, 또 현대적인 감각과 형태로 변형된 합들도 많다.

그 다양한 전통공예를 보기 위해 많은 관람객이 있었는데, 거의 60 이상의 연세 드신 분들이었다. 아마도 평균 나이로 치자면 65세쯤 되지 않을까? 어쨌든 그런 분들이어서 그런지 작품을 보는 눈길들이 세심하다. 가끔 도자기박물관이라든가 전통공예박물관 등에서 정성스럽게 작품을 관람하는 노인들의 모습을 본다. 그런 관람 태도가 늘 부러웠다.

합(盒)은 뚜껑이 있는 그릇을 말한다. 합을 표현할 때는 대부분 음식과 관련해서 쓰지만, 함(函)은 보석 같은 귀한 것을 담아 보관하기도 하고 옷이나 물건 따위를 넣을 수 있도록 만들기도 한다. 특히 혼인 때 신랑 쪽에서 보내는 혼수의 하나로 채단(采緞)과 혼서지(婚書紙)를 넣은 상자를 함이라고 한다. 보통 함이라고 하면 이 혼수함을 말하기도 한다. 오늘 본 공예품은 그런 합과 함들이다.

카가와의 칠기는 고급 예술품에서 실내 생활용품에 이르기까지 종류가 많으며, 일본 전국적으로도 유명하다. 내가 아는 카가와 현 사람 중에 고토 씨가 있다. 그는 관광부 소속 공무원인데, 그의 안내로 세토내해의 섬들을 여행한 적이 있었다. 인간미 넘치는 고토 씨와의 여행은 아주 즐거웠다. 그에게 카가와 현의 전통에 대한 많은 이야기를 들을 수 있었는데, 알고 보니 그는 칠기 중에서 붉은색 우아함을 보여주는 고토누리(後藤塗り)의 가문을 이어가는 사람이었다. 물론 그가 아니라 그의 부인이었지만 말이다. 어느 섬에서였든가 기억은 나지 않

지만, 칠기공방을 운영하는 곳에서 들은 이야기이다. 고토누리 가문을 이어갈 남자가 없어 자신이 고토누리 가문의 딸인 아내와 결혼하며 성이 고토로 바뀌었다는 것이다.

그때 나는 고토 씨에게 교토(京都)의 코다이지(高臺寺)를 방문했던 얘기를 했었다. 그 아름답고 정교한 칠기의 예술을 보았다고. 교토에 있는 코다이지는 타카마키에(高蒔絵)라고 불리는 독특한 칠 양식으로 장식한 절이다. 코다이지는 일반에게 공개하지 않는데, 우연히도 그 절을 구경할 기회가 있었다. 마침 저녁 해가 지는 시간이었다. 붉게 지는 노을빛이 코다이지를 비추는데, 어찌나 아름답던지 눈물이 났었다. 벌써 20년 전의 일이다.

생활그릇으로의 칠기그릇은 어려서 우리 집에도 있었다. 밥통이 있었고, 뚜껑이 있는 합과 쟁반들이 있었고, 또 엄마의 칠기자개장도 있었다. 교자상도 칠기였고…, 새삼 어린 시절의 가구들이 생각난다. 그러나 지금 나의 집에는 없다. 아하! 선물로 받은 작은 나전칠기 자개 보석함이 하나 있긴 하다.

이제 칠기가 대중적으로 사용되지 않으니 우리 생활에서 발견하기란 쉽지 않다. 하긴 드라마에서 보는 것처럼 비싼 칠기장들은 부잣집 안방을 차지하고 있을지도 모르겠다. 그러나 우리와 다르게 일본은 칠기 합을 아직도 사용하고 있으며, 밥그릇이나 쟁반처럼 생활과 밀접한 도구로 많이 사용하면서 전통을 이어가고 있다.

 溫玉ぶっかけ 온타마붓카케 330엔

카가와 현 역사박물관을 나와 들어간 집이다. 올해의 '대길'을 기원하는 마음으로 먹어보자 싶었다. 이제 우동 소(小)자를 먹고 1시간 뒤면 배가 고프다. 박물관에 들어가기 전에 먹었으니 이제 1시간 30분이 지난 셈인데, 배에서 꼬르륵 소리가 났다. 이런, 이런….

온타마붓카케(溫玉ぶっかけ)를 주문했다. 뜨거운 우동 위에 수란이 올라앉아 있다. 수란은 계란을 깨서 국자나 작은 종지 같은 곳에 담에 뜨거운 물에 익힌 것을 말한다. 반숙된 계란과 생강, 무 간 것, 파, 김이 어우러져 맛이 괜찮다. 야마시타 씨는 카레우동을 시켰는데 맛이 좋다고 한다. 기운이 대길한 집에서 서로 잘 먹었으니, 우린 올해 대길할 것이라고 덕담을 나누며 일어섰다.

야마시타 씨와 헤어져 나는 카타하라마치(片原町) 역으로 발길을 옮겼다. 드디어 오늘 이사무노구치 정원미술관(イサムノグチ庭園美術館)을 관람할 시간이 주어졌다. 항상 가고 싶은 마음은 있었으나 늘 시간이 맞지 않았다. 지난번에는 그 앞을 지나면서도 들어가지 못했다. 관람시간이 맞지 않은 탓이다.

코토덴 시도선(琴電志度線)을 타고 야쿠리(八栗) 역에서 내린다. 이사무노구치 정원미술관은 야쿠리지(八栗寺) 가는 길목에 있다. 돌이 주제인 미술관인데, 관람시간이 무척이나 까다롭다. 화·목·토 10시·1시·3시에 1시간 정도 견학 시간이 주어지는 터라 시간 맞추기가 쉽지 않았다.

나는 이사무 노구치에 대해 이미 많은 정보를 가지고 있었다. 존재에 대한 그의 고뇌, 그의 가슴에 맺힌 한을 단단한 돌들에다 예술적으로 풀어 낸 것은 아닐까. 그런 상상을 하며 꼭 한 번 와보고 싶었다. 실제 작품을 마주하며 그의 시선으로 보고 싶었다. 뉴욕의 우리 집에서 가까운 갤러리에도 그의 작품들이 있지만, 여긴 그가 살았던 작업 공간이라서 더 관심이 간 것이다.

노구치 이사무(野口勇 1904년11월17일~1988년12월30일)는 일본계 미국인으로, 미국 로스앤젤레스에서 태어난 조각가, 인테리어 디자이너, 조경사이다. 아버지 노구치 요네지로는 영문학자로 유학중에 미국 여류시인 레오니 길모어를 만나 사랑을 했다. 레오니 길모어는 이미 전 남자와의 사이에 딸이 있었다. 노구치가 태어나던 해 그의 아버지는 일본으로 돌아갔다. 이사무의 어머니는 그를 데리고 일본으로 왔지만, 노구치는 이사무를 자식으로 인정하지 않았다. 그 후 두 부자는 죽을 때까지 부자의 정을 나누지 못했다.

이사무의 어머니는 일본 땅에서 홀로 그를 키웠고, 뉴욕의 레오나르도 다빈치 미술학교로 유학을 보냈다. 이사무는 재능이 있어 구겐하임 장학금으로 파리로 가 공부를 했다. 파리에서 근대조각의 거장 브랑쿠시를 만나 수개월 동안 그의 조수로 일하며 많은 것을 배우는 행운을 누렸다. 세월이 흘러 그는 근대조각의 거장이 된다.

그러나 이사무는 불행했다. 아버지의 나라에서는 혼혈이라는 차별 속에서 사생아로 자랐고, 어머니의 나라에서는 제2차세계대전 중 적국의 스파이로 취

급받아 강제수용소에 수감되기도 했다. 그의 고통은 참으로 컸을 것이다. 그러면서 그의 작품은 성장했다. 그는 아버지의 나라보다 어머니의 나라에서 더 유명하다. 그의 작품은 일본보다 파리, 뉴욕에 더 많다. 그가 카가와의 고켄산(五剣山) 아래에 살며 작업했던 곳을 현재 돌 정원미술관으로 개방하여 일반 관람객들이 관람할 수 있게 한 것이다.

마을을 병풍처럼 두른 뒷산에는 흑운모와 화강암이 많다. 그래서 길가 곳곳에 석재상이 있다. 석재상들 앞에는 크고 작은 돌들과 잘 다듬은 부처, 다양한 오지조(お地蔵)상과 마리아상도 있다. 시도 야쿠리 역에서 멀지 않은 곳에 있다. 석재상들의 돌들을 구경하며 이른 이사무 노구치 정원미술관은 한적한 곳이었다.

관람은 안내를 받아서 이루어진다. 난 영어가이드를 받는다. 10명 정도의 관람객이 두 안내자의 인도를 받아 견학을 하는 것이다. 이사무가 누구인지, 그곳에 있는 집들이 고택과 양조장을 이전해 복원시켰다는 사실쯤은 이사무 노구치에 관심이 있는 사람들은 이미 알고 왔을 것이다. 나도 그랬다. 자유롭게 관람

하며 사진도 찍고, 감상도 하고 싶었는데, 좀 지나칠 정도의 규제가 거슬렸다. 물론 돌 정원은 자유로이 감상하도록 해주었지만 말이다.

사진으로 봐왔던 장면들이 지금 내 눈앞에 펼쳐져 있었다. 오늘은 실내가 아닌 자연의 빛을 받으며, 맑다 못해 차가운 공기에 에워싸인 채 야외에서 돌 정원을 감상한다. 정원에 향기 좋은 녹나무가 있었다. 열매가 떨어져 발에 밟혔다. 녹나무는 나무가 오래도록 잘 썩지 않아 불상과 고급 가구를 만드는 데 사용한다고 한다. 그래서 절 안에는 나중에 재목으로 사용하려고 녹나무를 심기도 한다. 일본에서는 신성한 곳에 녹나무를 키웠다고 한다. 녹나무를 수증기로 증류하여 얻은 기름이 바로 '장뇌'이다.

시코쿠 순례 중에 절을 오르며 숲을 지날 때였다. 숲을 걷는데 독특한 향기가 났다. 그 향기로 인해 힘든 산행길에 힘이 났었다. 그때 기분을 상쾌하게 만들어 준 그 나무들이 바로 녹나무였다. 타카마츠 중앙공원에도 녹나무가 많다. 바닥에 떨어진 수많은 녹나무 열매가 사람들의 발길에 밟혀 흩어진 냄새가 어찌나 좋던지…. 그때의 기분이 되살아났다.

이사무노구치 정원미술관에서 한국에서 온 관람객을 만났다. 백경임 교수와 그 아드님이다. 난 이곳을 오기 위해 여러 번 시도하다 겨우 오늘 오게 되었는데, 이 두 분은 운 좋게도 예약 없이 찾아왔는데 관람의 기회가 주어진 거다. 모자지간에 사이좋게 여행을 하신다. 나도 저렇게 든든한 아들이 있었으면 좋겠다. 나는 딸이 둘이나 있지만, 사이좋은 모자를 보면 부러운 마음이 드는 건 어쩔 수 없나 보다. 내 딸들은 모두 뉴욕에 있다. 오늘 따라 그 애들이 많이 보고 싶다. 이 세상에서 나를 여왕 대접 해주는 곳은 두 딸의 성(城)뿐일지도 모르겠다. 오늘은 여왕이 되고 싶다.

오늘 하루는 쇼도지마(小豆島)를 돌아보는 일정이다. '오늘은 어떤 풍경들이 나를 기다릴까?' 두근거리는 마음으로 아침도 먹는 둥 마는 둥 타카마츠(高松)항으로 향했다. 쇼도지마로 가는 배는 도노쇼(土庄)항, 이케다(池田)항, 쿠사카베(草壁)항, 사카테(板手)항 등 4개의 노선으로 나누어져 있다. 섬을 꼼꼼히 돌아볼 생각이라면 어느 항에 도착하든 상관없겠지만, 시간이 없다면 볼거리에 따라 항구를 정하고 시간표를 체크해 보는 것이 좋다. 섬까지는 그리 멀지 않다. 보통선(670엔)을 타면 1시간이 걸리지만, 쾌속선(1140엔)은 30분이면 된다. 물론 배삯도 배이긴 하지만.

쇼도지마는 카가와 현에 속하는 섬으로, 고대에는 '아즈키시마'라고 불리었다. 예로부터 소면(국수), 간장, 츠쿠다니(佃煮 조

림의 일종), 참기름, 올리브 등의 생산지로 유명한데, 특히 올리브는 국내 재배의 발상지로 널리 알려져 있다.

세토내해(瀨戸內海)에 흩어진 1천여 개의 섬 중 2번째로 커서 면적이 153km^2 정도 된다고 하니, 우리나라 강화도의 절반쯤 되는 셈이다. 127km의 해안도로를 한 바퀴 도는 데 걸리는 시간은 2시간 정도로 작지만, 둘러볼 것이 제법 많은 섬이다.

쇼도지마는 츠보이 사카에(壺井栄)의 소설 『24개의 눈동자(二十四の瞳)』의 무대이기도 하며, 영화에도 나오지만 쇼도지마에서 바라보는 석양은 일본에서도 손에 꼽을 정도라고 한다. 특히 칸카케이(寒霞渓)의 단풍은 〈일본 3대 아름다운 계곡〉으로 뽑힐 정도다.

전형적인 지중해성 기후로 강수량이 적고 연중 따듯한 날씨라서 어슬렁거리며 걸어 다니거나 1일 버스티켓(2100엔)을 끊어 돌아다녀도 좋을 것 같다.

쇼도지마 교통편 (http://www.24hitomi.or.jp/access/index.html)

타카마츠에서 쇼도지마로 가려면 먼저 어느 항구로 내릴 것인가를 선택해야 한다. 도노쇼(土庄)항, 이케다(池田)항, 쿠사카베(草壁)항 중에서 보고 싶은 곳에 좀 더 가까운 항구를 선택하면 될 것이다. 타카마츠에서 쇼도지마로 가는 배는 30분 간격으로 있다. 보통선으로 1시간 정도 소요되며 요금은 670엔이고.. 쾌속선은 30분 소요되며 요금은 1,140엔이다. 만일 도노쇼항에 내렸다면 1일 승차권을 구입하자. 올리브공원, 영화촌을 들리는 데 유용하다. 이곳저곳 그냥 걸어 다니고 싶다면 쿠사카베항에서 내리는 것이 좋다. 올리브공원이나 간장공장 동네를 둘러보기도 편하고, 칸카게이도 가깝기 때문이다.

엔젤로드(エンジェルロード)란 쇼도지마의 마에시마(前島)에서 요시마(余島)로 이어지는 약 500m의 긴 모래톱 길을 말한다. 조수간만의 차이로 생기는 바닷길로, 우리나라 진도의 바닷길을 생각하면 된다. 다만 진도의 바닷길은 1년에 몇 번뿐이지만, '천사의 산책길'이라고도 불리는 쇼도지마의 바닷길은 하루에 2번이나 건널 수 있다.

원래는 조수간만을 이용해서 물고기 잡이 등을 해오던 길이 '길 한가운데 손을 잡고 거니는 커플은 맺어진다'는 소문이 퍼져서 〈연인들의 성지〉로 관광 스포트라이트를 받게 되었다.

쇼도지마 올리브공원(オリーブ公園)은 올리브를 테마로 한 공원으로, 쇼도지마와 100년이 넘는 올리브의 재배 역사를 소개하는 공간이다.

올리브는 기원전 14~12세기에 시리아에서 터키를 거쳐 그리스에 퍼졌다고 한다. 올리브는 비교적 강우량이 적은 지역에서 잘 자라기 때문에 예로부터 그리스, 터키, 스페인, 이탈리아와 같은 지중해 지역에서 많이 재배되었다. 따라서 강우량이 적고 지중해성 기후인 쇼도지마에도 올리브 재배가 가능했던 것이다. 물론 이제는 남아프리카와 호주, 중국에서도 재배하고 있지만 말이다.

1908년 쇼도지마는 미국에서 들여온 올리브를 최초로 재배하기 시작했으며, 2008년 올리브 재배 100년을 맞았다. 1908년에 심은 올리브 나무가 아직도 많이 남아 있고, 올리브 재배의 일본 생산량 95%를 차지한다고 한다.

공원 안에는 다양한 올리브제품을 관광특산품으로 판매하며, 레스토랑과 온천도 있다. 또한 지중해 스타일의 하얗고 아름다운 건물에서는 결혼식과 연회가 열리기도 한다. 현재 올리브공원의 상징처럼 서 있는 그리스 풍차는, 1992년에 쇼도지마와 그리스의 밀로스 섬이 자매를 맺고 그 우호의 증거로 건설한 것이다.

칸카게이(寒霞渓)는 쇼도지마에 있는 계곡으로, 국가 명승지로 지정되어 있다. 호시카죠우(星ヶ城)와 하라코우겐(原高原) 사이의 동서 7km, 남북 4km에 이르는 큰 계곡으로, 여기에 약 1,300만 년 전의 화산활동에 의한 퇴적암(凝灰角礫岩) 등이 반복되는 지각변동과 비바람에 의한 침식으로 단애와 기암들이 장관을 이루고 있다.

『일본서기(日本書紀)』에도 기술되어 있는 명소로, 1923년에 국가의 명승지로 지정되었다. 계곡과 바다를 한 눈에 볼 수 있는 아름다운 풍광은 1934년 세토내해국립공원 설치의 계기가 되기도 하였다. 〈일본 3대 아름다운 계곡〉, 〈일본 3대 기암절벽〉, 〈일본 100경〉, 〈21세기에 남기고 싶은 일본의 자연 100선〉 등에 선별되었다. 특히 단풍의 계절에는 많은 관광객으로 북적인다고 한다.

쇼도지마의 볼거리에서 빠질 수 없는 것이 바로 니쥬시노히토미 에이가무라 (二十四の瞳映画村)이다. 일본 영화를 좋아하는 사람들이라면 잘 알겠지만, 1954년에 만들어진 일본 영화의 걸작이라면 단연 쿠로사와 아키라(黒沢明) 감독의 〈7인의 사무라이(七人の侍)〉와 키노시타 게이스케(木下惠介) 감독의 〈24개의 눈동자(二十四の瞳)〉를 꼽을 것이다. 난 이 두 영화를 좋아해서 여러 번 봤다. 〈7인의 사무라이〉는 국내외에서 많은 상을 받았고, 〈24개의 눈동자〉도 감독상, 작

품상, 각본상, 여우주연상 등을 휩쓴 영화이다. 일본인들에게 많은 사랑을 받는 영화 〈24개의 눈동자〉의 무대가 바로 쇼도지마이다.

영화는 1928년 섬마을의 분교로 부임한 오오이시(大石) 선생님과 그녀의 첫 제자인 12명의 학생들을 통해 반전의 메시지를 서정성 넘치는 작품으로 그려냈다. 마지막에 전쟁과 가난을 극복한 여선생님이 중년이 되어 다시 쇼도지마의 분교로 부임해 와 옛 제자들과 만나는 장면에서는 늘 코끝이 짠해진다.

쇼도지마에 있는 니쥬시노히토미 에이가무라(二十四の瞳映画村)는 1954년과 1987년 2번에 걸쳐 영화화된 소설 『24개의 눈동자(二十四の瞳)』를 테마로 한 영화와 문학의 테마파크이다. 1987년의 영화 촬영 시 사용된 〈곶이의 분교(岬の 分校場)〉와 다이쇼(大正)~쇼와(昭和) 초기의 민가, 남자 선생님 댁, 어부의 집, 찻집, 토산품 가게 등 14동의 오픈세트를 공개하고 있다.

이밖에도 세토내해에 접한 약 1만 m²의 대지에는 『24개의 눈동자』의 원작자인 소설가 츠보이 사카에(壺井栄)를 현창(顯彰)하고자 설립한 츠보이 사카에 문학관(壺井栄文学館)과 〈24개의 눈동자〉만을 상영하는 영화관 〈마츠다케자(松竹

座)〉 등의 시설이 있다. 2006년에는 1950년대의 영화를 테마로 하는 〈키네마노 안(キネマの庵)〉도 오픈하였다.

입촌시간 | am9:00〜pm5:00 (11월 am8:30〜pm5:00)
휴일 | 무휴
입촌료 | 일반 700엔, 어린이 300엔
〈곶이의 분교(일반 200엔, 어린이 100엔)〉

101. とみた屋 토미타야
🕐 영업시간 am11:00〜pm3:00　🈑 휴일 무휴

かけうどん 카케우동 300엔

영화촌 바로 밖에 있는 우동집이다. 유명인들이 다녀간 사인을 벽면 가득히 붙여놓았다. 가게우동을 먹었다. 국물 맛이 가볍고 맛이 깔끔했다. 뜨거운 국물을 맛나게 다 마셨더니 이마에서 땀방울이 뚝뚝 떨어지고 등줄기에 땀이 흘렀다. 좋〜다!

🕐 **영업시간** am11:00〜pm3:00　　🈑 **휴일 무휴**

釜あげうどん 카마아게우동 530엔

　영화촌 안에 있는 우동집이다. 엄밀히 말하면 간장공장에서 운영하는 식당 인데, 쇼도지마의 명물인 소면과 함께 우동을 판다. 물론 이 집의 간장과 소면도 기념품으로 팔고 있다. 이 집의 특선 간장에 카마아게 우동의 부드러운 면을 찍 어서 먹는다. 3가지의 간장을 맛보도록 내놓는데, 각 간장의 맛이 모두 풍미가 깊고 맛나다. 그러니 우동도 더불어 맛있다.

쇼도지마를 걷다 보면 커다란 나무통들이 늘어선 길을 만나게 된다. 옛날 그대로의 제조법을 유지하며 간장을 만드는 〈간장장(醬油藏)〉이다. 그러니까 독자 브랜드를 갖는 수제간장 공장들이 여러 개가 몰려 있는 동네, 히시오노사토(醬の郷)이다. 400년 이상의 역사를 자랑하고, 옛날과 같은 방식으로 나무통에다 간장을 담으니 1천 개 이상의 나무통이 있다고 한다. 일본의 장인정신이 대를 이어 빚어내는 간장인 것이다.

나무통들은 마치 와인 양조장에라도 온 분위기다. 한국의 간장은 항아리에 담아 장독대에서 주인마님의 정성과 자연의 햇살로 익어가는데, 쇼도지마의 간장은 나무통에서 익어가는 것이다. 두 사람이 들어가 목욕을 해도 될 만한 큰 통도 있다.

간장을 빚는 동네여서인지 이 동네에는 염장식품이 많다. 콩, 채소, 해조류 등

간장에 절인 제품들을 판매하는 곳들이 여러 곳 있어서 시식하는 즐거움도 크다. 간장 박물관과 간장으로 만든 아이스크림을 파는 곳도 있다.

オリーブぶっかけうどん 올리브 붓카케우동 400엔

　네 시작은 미미하나 창대해질 것이란 의미일까? 그런 뜻이 내포되었을 것 같은 우동집이다. 쇼도지마에서 가장 오래된 집으로, 간장동네를 둘러보다 들어간 집이다. 올리브가 유명한 쇼도지마이니만큼 올리브우동이란 메뉴가 있어 올리브 붓카케우동을 주문해 보았다. 그런데 올리브는 어디로 들어가 있는 것일까? 면에 첨가될 걸까? 어쨌든 내가 느낄 만한 어떤 것도 보이지 않았다. 우동의 면발도 평범했고, 전체적으로 맛도 수수했다.

8시가 되기 전에 호텔을 나선다. JR 타카마츠(高松) 역에서 8시 15분에 출발하는 열차를 타기 위해서다. 오늘은 JR 요산선(予讃線)을 타고 간온지(観音寺)로 갈 계획이다. 차비는 1,060엔으로, 이번 우동 순례의 일정 중에서는 제일 먼 거리다. 간온지의 도착 예정시간은 9시 50분으로, 1시간 35분 정도 걸린다. 하지만 특급이나 쾌속 열차로 인한 연착이 없다면, 아마 1시간이면 도착할 것이다. 또한 나처럼 굳이 완행열차를 고집하지 않는다면 더 빨리 도착하겠지.

생각해 보면, 내 인생도 가끔 그런 것 같다. 특급이나 쾌속 열차에 밀려 대기자가 되어야 하는 일 말이다. 젊은 시절이었다면 분명 분통을 터트리고 부당함을 주장했겠지만, 이 나이쯤 되니 뒤로 물러나 기다릴 줄도 안다. 그리고 그 기다림을 때론 여유로 받

아들이기도 한다. 세월은 그냥 흘러가는 것이 아니다. 보이지 않는 세월 속에 큰 가르침이 있는 게다. 어느 샌가 몸에 익숙해진 옷처럼 말이다.

언제부턴가 비가 내리고 있었다. 월요일 오전이어서일까? 도착한 간온지 역은 내 기억 속의 풍경보다 훨씬 한산했다. 우산을 쓰고 역 앞으로 나오니 다리가 보였다. 저 다리를 건너 간온지로 갔던 모습들이 떠오른다. 오늘은 돌아가는 길에 간온지를 들릴 예정이다. 먼저 우동집으로 간다.

大えび天ぷらうどん 오오에비텐푸라우동 580엔

간온지(観音寺) 역에 내려 다리를 건너면 49번 도로이다. 교차로에서 좌회전을 하면 동서로 이어지는 21번 길이 나오는데, 이 길을 따라 걷는데 계속 분위기 좋은 음악이 흘러나왔다. 타카마츠의 효고마치(兵庫町)나 마루가메마치(丸亀町) 거리에도 늘 음악이 흘렀다. 활기차고 경쾌하게 걷도록 말이다.

이 거리는 타카마츠의 번화가처럼 지붕을 이어놓은 상가도 아니고, 사람들이 번잡하게 오가는 거리도 아니다. 상가도 많지 않을 뿐더러 아직 문을 열리지도 않았다. 그런 거리에 오늘의 날씨와 어울리는 팝과 재즈가 번갈아 나온다. 여기가 어딘가! 이름도 사찰명을 딴 마을인데, 가로등마다 설치된 스피커를 통해 긴 거리에 재즈의 선율이 흘렀다. 그 대로변 귀퉁이에 유리란 이름의 우동집이 있다.

겨우 한 사람이 들어갈 만한 외문을 지나 들어선 실내에는 자리가 8개밖에 없었다. 그중 한 자리에 앉아 무엇을 먹을지 고민하는데, 주인이 메뉴를 추천해

준다. 새우가 들어간 우동으로, 하루에 10그릇만 판다고 한다. 테이블 위에 아직 치우지 못한 빈 우동그릇이 있는 걸 보니 아침 손님이 한바탕 다녀간 듯했다. 내가 영업시간 중간의 쉬는 때에 왔나 보다. 내가 들어섰을 때 주인은 보이지 않았었다. 내가 소리를 내어 찾는 기척에 주인이 주방에서 나왔다. 내가 그의 잠깐의 휴식을 방해한 듯하다.

우동은 15분 정도를 기다려야 했다. 새우 튀기는 소리가 났다. 면도 삶은 것을 데워주는 것이 아니라 삶는 모양이다. 난 테이블에 턱을 괴고 앉아 보이지 않는 주방에서 나는 소리로 무엇을 하는지 가늠하며 우동을 기다린다. 우동집의 분위기는 이름처럼 백합을 닮지는 않았다. 오히려 보랏빛 가지꽃을 닮았다.

드디어 우동이 나왔다. 넉넉한 국물에 잠긴 새우튀김은 얇은 옷을 입고 둥근 욕조에 섹시하게 누운 여인 같다. 먼저 보기만 해도 속이 시원해지는 국물을 조금 맛보았다. 어느나 다를까. 시원해지며 맛깔나는 우동이다. 이름처럼 커다란 새우튀김도 두꺼운 튀김옷을 입고 억지로 섹시한 자태를 만들어 서 있던 오카센(おかせん)의 새우튀김보다 맛있다.

우동을 다 먹으니 땀이 후끈 솟았다. 속이 확! 풀리며 편해졌다. 어떻게 이런 맘이 드는 걸까? 우동 먹기 전에 내 속이 불편했던 것도 아닌데 말이다. 이 집의 우동 한 그릇을 더 먹고 싶은 생각이 들었지만, 우산을 들고 다시 길을 나선다. 푸근한 행복이 느껴진다.

이번엔 사이타가와(財田川)를 건너 바닷가에 있는 코토히키공원(琴弾公園)으로 간다. 그곳 바닷가에 모래그림으로 에도시대의 동전인 칸에이츠호(寬永通宝)를 새겨놓은 것이 있다고 했다. 그것을 보기 위해 코토히키야마(琴弾山)의 전망대로 올라가는데, 아무도 오르지 않는 비 내리는 산길을 혼자 가려니 좀 서늘한 기분이 들어서 그냥 도중에 내려왔다.

코토히키공원은 소나무 숲이다. 숲에서 좋은 기운을 얻을 것만 같아 맘껏 심호흡을 하며 소나무 숲길을 걸었다. 그 숲 한가운데 모래그림이 있다. 평면으로 보이는 것은 동전의 모습이라기보다 그냥 모래무덤이다.

활처럼 휘어진 아리아케하마(有明浜)의 모래사장을 걷는데, 저 멀리 해안가에 온천이 보였다. 게다가 '천연온천'이라고 쓰여 있다. 그럼 가야지, 뭐가 바쁘다고…. 더구나 이런 날씨에 온천을 그냥 지나칠 수는 없지! 모래사장을 바쁘게 걸어 나왔다. 코토히키공원 입구에 키타노우동(きたのうどん)이 있다. 온천 들어가기 전에 우동 한 그릇 하는 것도 좋겠지?

코토히키공원(琴弾公園)

카가와 현 간온지(観音寺) 시에 있는 공원. 세토내해국립공원(瀬戸内海国立公園)에 포함되어 국가 명승지로 지정되어 있다. 1897년 현립공원으로 개원하였다. 설계는 오자와 케이지로우(小沢圭次郎 1842~1932 교육자, 문필가, 조경예술가)가 맡았다. 공원 정상의 전망대에서는 칸에이츠호우(寛永通宝 1636년에 주조된 화폐) 모형의 거대한 모래그림(銭型砂絵)과 아리아케해안(有明海岸)을 한눈에 볼 수 있다.

아리아케하마(有明浜)

세토내해에 접한 약 2,000m에 달하는 모래사장. 아리아케해수욕장이 있어 여름에는 해수욕을 즐기려는 사람들로 북적인다. 또한 바닷가 식물의 서식지가 있어 〈아리아케하마의 바닷가식물군락〉으로써 간온지 시 천연기념물로 지정되어 있다.

 山菜うどん 산사이우동 570엔

이번에는 제발 짜지 않기를 바라면서 산사이우동(山菜うどん)을 주문했다. 우동 위에는 고사리와 버섯, 키츠네(きつね 유부)가 올라가 있었다. 고사리 냄새가 물씬 났다. 국물은 약간 짰지만 나물이 짜지 않아 괜찮다. 키츠네도 절임이 아니고 튀긴 것이어서 달지 않았다. 면발은 탄력이 없고 부드러웠지만, 전체적으로 맛은 괜찮았다.

이 집은 모녀가 운영을 하는 모양이다. 지금은 겨울방학 때라 손녀까지 나와 있었다. 고등학생쯤 되어 보이는 손녀는 일하는 게 영 못마땅한지 표정이 전혀 없다. 그 아이를 보고 있자니 내 딸이 생각났다. 나의 이쁜 수정이가 2년 만에 뉴욕에서 왔는데, 마침 외할머니가 많이 아파 누워 계셨고 나는 회사에 있어야 했다. 한참 친구들과 놀고 싶을 텐데, 착한 내 딸은 엄마 대신 외할머니를 돕는다며 며칠 동안 할머니 집을 드나들면서 말벗도 하고 잔심부름을 하며 시간을 보냈다.

　　그러던 어느 날 불편한 할머니를 목욕시키다가 그만 목욕탕에서 넘어지고 말았다. 꼬리뼈가 많이 아팠을 텐데 내색도 않고 하루 종일 할머니 시중을 들고 집으로 돌아왔다. 그날 밤새 끙끙거리고 아파해 병원을 데리고 가니 꼬리뼈가 부러졌다고 했다. 딸아이는 뉴욕으로 돌아갈 때까지 침대에 엎드려 지내며 꼬리뼈가 붙기를 기다렸었다. 한여름에 말이다.

　　미안하고, 기특하고, 고맙고, 안타까웠는데, 녀석은 불평 없이 그 시간들을 보냈다. 다시 공부하러 떠날 때도 꼬리뼈가 완쾌되지 않아서 도넛 방석을 가지고 갔다. 그 시간을 되돌아 생각하면 눈물이 난다. 나의 엄마와 내 딸이 모두 보고 싶고, 엄마도 고맙고 딸도 고마운 마음에서다.

　　아리아케하마(有明浜)는 일본의 〈해수욕장 88선〉에도 뽑힌 곳으로, 저녁노을이 아름답기로 유명하다. 그 아리아케하마를 바라보는 위치에 온천 코토히키카이로(琴弾廻廊)가 있다. 수건 2장이 포함된 입욕비가 700엔이다. 온천 시설은 좋다. 바닷가를 바라보며 식사를 할 수도 있고, 예약을 하면 독립된 공간에서 가족 혹은 친구들과 휴식을 취할 수도 있다.

　　난 노천온천을 기대하고 있었다. 바다가 바라보이는 곳에서 시원한 바람을 쐬며 온천을 즐기는 상상을 하면서 말이다. 실내에서 몸을 덥히고 밖으로 나갔다. 노천탕은 여러 개가 흩어져 있었는데, 바다가 보일 만한 곳은 모두 대나무로 울타리를 만들어 놓았다. 물론 서서 보면 바다가 보이지만…, 아쉽다. 여러 곳의 노천탕을 들락거리다가 황토방 같은 곳으로 갔다. 고대 사우나 방식이라고 하는 카마부로(釜風呂)이다.

　　카마부로는 서울의 한증막들에 비하면 온도가 낮은 편인데도, 앉아 있으면 땀이 잘 났다. 보통 이 시간에 여길 찾는 사람들이라면 동네사람들일 것이다. 멀어 봤자 다 간온지 시 주변일 테고. 아니 먼 데서 왔어도 한국 아줌마들은 사우나에서 만나면 금방 친구가 된다. 이런저런 수다를 풀며 뜨거운 열기를 이겨내는 것이다. 그러나 이곳 풍경은 달랐다.

카마부로 안에 8명이 줄지어 앉았는데도 너무 조용하다. 네 명이 서로 마주보고 앉아 아무런 말없이 땀만 흘린다. 거의 같은 시간에 하나 둘씩 들어왔다. 말없이 앉아 숨소리만 들린다. 그렇게 한참을 요조숙녀처럼 앉아 있다. 숨을 토해내는 소리가 가볍게 들리기 시작했다. 그리고는 토해내는 숨들이 중고차 시동 걸리듯이 거칠어지면 하나 둘씩 밖으로 나간다. 한 아줌마가 늦게까지 앉아 있었다. 그 양반도 숨을 내쉬고 들이마시기를 바쁘게 연거푸 해대더니만 몸을 끌고 밖으로 나갔다. 시동이 걸렸나 보다.

나 홀로 앉아 있다. 나는 아직 시동이 걸리지 않았다. 나의 배는 부드럽게 부풀어 오른 찐빵처럼, 아니 부드럽게 숙성된 우동의 반죽처럼 탄력 있고 부드럽다. 아, 나는 호테이(布袋)가 되어가는구나. 진정 호테이가 되어간다면 많은 복과 부도 함께 부풀어오게 하소서 아멘! 드디어 나의 숨도 발동이 걸리고 있다. 마치 8톤 트럭에 시동이 걸리는 것 같다. 깊고 무거운 숨을 연거푸 토해 낸 뒤에 뜨거운 막을 나왔다. 흐린 하늘이라도 좋다, 바다가 검은빛이어도 좋다, 시원해서 좋다!

몸도 마음도 개운해져서 드디어 69번 간온지(觀音寺)로 간다. 69번 간온지 안에 68번 진네인(神惠院)이 있다. 88사찰 영지 중에 이렇게 한 곳에 영지가 둘인 곳은 오직 이곳뿐이다. 그 연유는 이렇게 시작된다.

코토히키산(琴弾山)에 하치만(八幡) 신을 모시는 신전을 세우고 코토히키하치만구(琴弾八幡宮)라고 이름 붙였다. 하치만은 생명을 지키는 신이다. 그래서 무사들의 수호신이다. 하치만 신은 노인이 거문고를 연주하는 모습으로 많은 그림 속에 표현되어 왔다. 그 후에 코우보대사(弘法大師)가 이곳을 방문하여 아미타여래상을 본존으로 삼아 코토히키야마 진네인(琴弾山 神惠院)으로 이름을 고치고 68번 영지로 삼았다.

이 코토히키하치만구(琴弾八幡宮)의 진구우지(神宮寺 신불습합 사상을 바탕으로 신사에 부속으로 세워진 불교 사원이나 불당)로써 건립된 것이 간온지의 전신이다. 코우보대사는 진구코고(神功皇后 일본 서기에 나오는 전설상의 황후)와 관음보살은 태생의 차이라며, 성관세음보살상(聖觀世音菩薩像)을 새겨 본존으로 모시고 동시에 칠당가람을 만들었다. 이름을 싯포산 간온지(七宝山觀音寺)라고 하고, 69번의 영지로 삼았다.

그런데 메이지정부의 신불분리정책에 의해 68번 진네인은 코토히키하치만이라는 신사와 진네인으로 분리, 독립되었다. 결국 진네인의 본존인 아미타여래상을 간온지로 옮겨와 성관세음보살상과 동거하는 형태가 되었다.

일본은 메이지이신(明治維新) 이후 군국주의로 내달렸다. 일본은 무려 800만이나 되는 신을 섬기는 뭇 신들의 나라이다. 천황을 이 신국을 일원화할 유일신이자 현인신(現人神)으로 만들기 위해서는 신도를 국교로 삼아야 했다. 그 과정에서 1868년 신불분리령(神佛分離令)이 내려진다. 불교사찰과 불상은 물론이고, 승려는 신관이 되어야 했다. 1871년까지 극심했던 불교 탄압은 1877년에 가서야 막을 내린다.

신불분리령은 일본에서 불교에 대한 최초이며 최대의 박해였다. 일본 고유의 종교인 신도와 불교의 융합은 6세기 중엽 불교의 전래와 함께 시작되어 현재에 이른다. 일본의 가정은 신단과 불단을 함께 두기도 하고, 성인식은 신도 의식으로 장례식은 불교 의식으로 한다. 나의 일본사찰 순례기『신들의 이야기 속으로 거침없이 걷다!』에는 그런 이야기들이 들어 있다.

精進うどん 세이신우동 330엔

　사찰 66번과 67번 안에 있는 집이다. 오랜 사찰 안에 있는 집이라 우동집도 오래된 옛집이다. 어쩌면 그저 예스러워 보이는 것일 수도 있겠지만…. 두 여인이 우동과 기념품을 판다. 카케우동을 주문하고 메뉴를 보니 '세이신우동(精進うどん)'이라는 것이 있었다. 우동의 이름이 재밌다. 그래서 카케우동을 취소하고 세이신우동을 먹을 수 있는지 물었더니, 그게 카케우동이란다. 츠키미우동(月見うどん)이라는 것도 있었다. 달을 보는 우동이라… 노랗고 둥근 계란이 둥실 떠 있는 우동이란다. 알아갈수록 재미있는 우동의 세계다.

　그렇게 오늘의 우동 순례도 끝이 났다. 돌아오는 열차에서는 알람까지 해놓고 잠을 잤건만, 타카마츠 역에서 또 누가 깨워서 일어났다. 참… 재밌다. 호테이(布袋)가 되어가고, 잠꾸러기가 되어가고…. 비가 와도, 해가 저물어 어둔 밤에도 시커먼 선글라스를 끼고 다니는 우동 순례자라니….

1/15
화요일

우동 순례의 마지막 날이 될 오늘, 사누키우동과 함께 카가와 현의 대명사와도 같은 코토히라구를 다시 한 번 찾는다.
코토히라구(金刀比羅宮)는 조즈산(象頭山) 중턱 520고지에 자리 잡고 있는 신사로, 종교법인 코토히라본교(金刀比羅本教)의 총본부이며, 일본 내 코토히라신사(金刀比羅神社)의 총본궁이다. 메이지이신(明治維新)으로 신불분리(神佛分離) 정책이 실시되기 이전에는 진언종(眞言宗)의 마츠오지 킨코우인(松尾寺 金光院)이었으며, 신불습합(神佛習合)으로 조즈산의 콘피라오오곤겐(金毘羅大権現)이라 불리게 되었다.
코토히라구는 오모노누시노미코토(大物主命)와 스토쿠천황(崇德天皇)의 제사를 모시는데, 주민들은 오래전부터 '사누키의 콘피

라상(さぬきのこんぴらさん)'이라는 애칭으로 부르며 바다의 수호신으로 숭배해 왔다. 신사와 절이 혼합된 모습들은 메이지이신에 의한 신불분리정책으로 인하여 분리되어, 메이지시대 초기 정부에서 이곳을 신사로 정했다.

전국에서 코토히라구로 참배하기 위해 많은 사람들이 몰려왔다. 본토에서는 마루가메(丸亀)와 타도츠(多度津)의 항구를 통하여 왔기 때문에, 마루가메와 타도츠에서 이어지는 콘피라가도는 참배객들이 머무는 여관과 쉼터인 찻집, 기념품가게들이 줄지어 있었다. 콘피라구에 다다르면 본궁까지 오르는 785계의 돌계단을 올라야 했고, 더 안쪽의 오쿠샤(奧社)에 이르려면 1,368계단을 올라야 한다. 넓은 경내는 유서 깊은 건물들이 있으며, 보물관과 서원(書院)에는 미술품과 문화재들이 전시되어 있다.

기념품을 파는 상점들이 늘어선 계단을 헐떡거리며 올라 대문을 지나면, 우산을 펼치고 앉아 있는 5명의 장사들이 있다. 이들을 고닌뱌쿠쇼(五人百姓)라고 부른다. 원래 경내에서는 장사가 금지되어 있지만, 예부터 특별히 경내에서 영업이 허가된 다섯 가문이 대대로 이어져 오는 것이다.

에도시대 중기부터 특히 코토히라구 참배가 대유행이었었는데, 콘피라구에

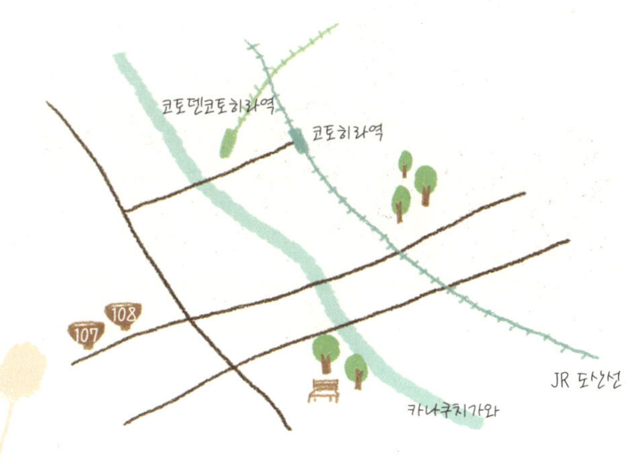

직접 참배를 오지 못하는 경우에는 인편에 대신 참배를 하게 했다. 간혹 개를 보내 참배를 대신하는 경우도 있었다고 한다. 그래서 참배하러 왔던 개(콘피라이누 こんぴら狗)를 기념하는 동상도 세워져 있다. 개의 목에 '코토히라구에 참배갑니다'라고 쓴 표시와 기도문을 써 놓고, 콘피라구로 참배 가는 인편에 딸려 보냈다고 한다.

약 400개의 계단을 올라가면 시세이도(資生堂)가 운영하는 레스토랑 카미츠바키(神椿)가 있다. 양식 레스토랑과 카페를 겸한 곳으로, 시세이도의 물품도 일부 판매하며 특별전시회도 한다. 이곳으로 들어가 쉬거나 계단에서 크게 심호흡 한번 몰아쉬고 다시 계단을 오르면, 785개의 계단에 이르러 본궁에 도착한다. 본궁의 앞뜰에 탁 트인 전망이 펼쳐진다. 멀리 사누키후지산이 랜드마크처럼 서 있는 사누키 들판이 보인다. 그곳에서 583계단을 더 올라가면 오쿠샤(奥社)에 이르게 된다. 일본에서 신심이 깊은 사람들의 평생 소망 중에 하나가 바로 이곳까지 오는 것이라 하는데, 나는 이미 두 번이 올라갔다 왔다.

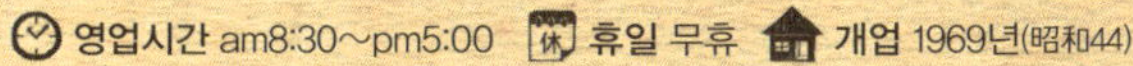
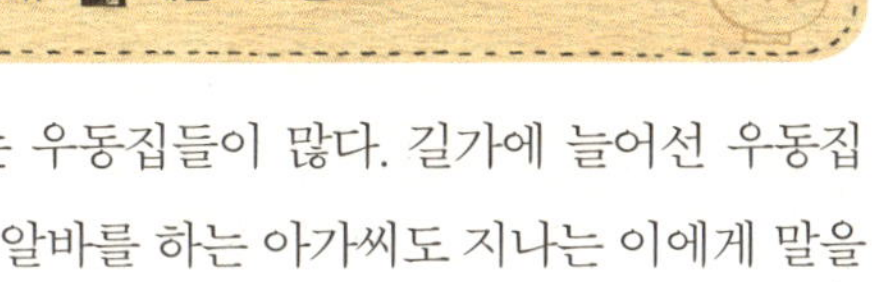

코토히라구에 오르는 참배도에는 우동집들이 많다. 길가에 늘어선 우동집 앞은 쥔장인 듯한 꼬부랑 할머니도 알바를 하는 아가씨도 지나는 이에게 말을 건네며 우동 먹으러 들어오라고 호객행위를 한다. 수많은 계단을 오르기 전에 토라야가 있다. 토라야에서도 할머니가 나와 우동 먹고 가라고 나를 불렀다.

"하~이!" 한껏 높은 톤으로 대답하며 토라야에 들어섰다. 토라야 마루가메 점의 니싱우동은 내가 먹은 우동 순위에서 베스트 10에 속한다. 그 니싱우동의 맛을 본점에서도 맛보고 싶었다. 그러나 본점이라는 타이틀이 무색하게 우동은 형편없었다. 마루가메점의 우동이 훨씬 맛이 있었다. 기대를 하고 찾아갔는데…, 은근 골이 날 정도였다.

にしんうどん 니싱우동 750엔

ぶっかけうどん 붓카케우동 600엔

코토히라구에 올라갔다 내려오면서 들렀다. 평범한 붓카케우동이다. 우동에 텐카스가 뿌려져 나왔다. 텐카스가 들어가면 우선 고소한 맛이 난다. 하지만 나는 싫다. 무즙과 생강즙, 실파가 들어간 것이 더 좋다. 면발의 탄력은 보통이었지만 짜지 않아 맛있게 먹었다. 우동을 다 먹고 나니 서비스라며 찰떡 두 개가 들어가 있는 단팥죽을 주었다. 단팥죽은 제대로 단맛이 났다. 그래, 단팥죽은 달아야 맛나다.

코토히라구((金刀比羅宮) 부근에 유명한 가부키(歌舞伎) 공연장이 있다. 국가 중요문화재로 지정된 가나마루자(金丸座)다. 1835년에 막대한 비용을 들여 세운 시바이코야(芝居小屋 공연장)로, 현존하는 것 중에서 가장 오래되었단다. 매년 봄에 가부키(歌舞伎) 공연이 열

려 많은 사람들이 찾아오는데, 나는 아직 이곳에서 가부키공연을 보지는 못했다. 산책삼아 가나마루자를 서성거리면 마치 에도(江戸)시대에 가 있는 느낌을 받는다. 그 느낌이 좋아 코토히라구에 오면 꼭 들러서 느린 걸음으로 한 바퀴 둘러보는 곳이다.

개장시간 | am9:00~pm5:00 **입장료** | 300엔

코토히라의 역사와 문화를 소개하는 코토히라쵸리츠(琴平町立) 역사민속자료관(歷史民俗資料館)도 둘러보기를 권한다. 옛날에 가나마루자(金丸座)가 있던 곳에 세워진 코토히라쵸(琴平町) 문화회관 1층에 자리 잡고 있는데, 1688~1704년에 그려진 병풍그림을 토대로 만든 파노라마 모형은 지나다니는 사람의 모습까지 충실히 재현되어 있어 볼 만하다. 힘들게 코토히라구의 본궁까지 다녀왔다면 더욱 추천하고 싶은 장소이다.

개관시간 | am9:00~pm5:00 **휴일** | 화요일 **입관료** | 200엔

나카노 우동학교(中野うどん學校)는 콘피라구로 이어지는 거리의 중간쯤에
있다. 일본 최초의 우동 체험학교로, 콘피라구의 본점과 함께 7개의 분점이 있
다. 한국에도 방송을 통해 여러 번 소개되었으며, 재미있는 퍼포먼스로 여행자
들에게 인기가 높다. 나카노 우동학교의 교장이자 스타강사인 '맛짱'이 오늘의
선생님이다.

1교시는 반죽을 적당한 두께로 잘 밀어 먹기 좋은 크기로 썰기, 2교시는 중력
분 밀가루를 소금이 적당히 녹아 있는 물과 잘 배합해 최상의 반죽 만들기이다.

1교시는 미리 준비된 반죽을 맛짱이 가르쳐주는 대로 밀대를 이용해 반죽을
얇게 민 뒤에 일정한 크기로 고르게 썰어내는 것이다. 그러니까 칼국수 만드는
것과 크게 다르지 않다. 이렇게 만든 면은 강의가 끝난 후 위층의 식당에서 끓여

먹을 수도 있으며, 포장해 가지고 갈 수도 있다.

2교시는 반죽을 만드는 법이다. 중력분에 소금물을 넣고 훌훌 섞어주며 반죽하는데, 가장 중요한 것이 소금물이다. 나카노 우동학교에서는 소금물의 비율을 이 지역의 사케(酒) 잔으로 계량한다. 5인분을 기준으로 소맥분 500g에 사용되는 소금물은, 여름에는 소금 1잔에 물 9잔, 봄가을에는 소금 1잔에 물 11잔, 겨울에는 소금1잔에 물 15잔으로 만든다. 그러니까 여름에는 간을 좀 세게 하고, 겨울에는 간을 약하게 하는 것이다.

소금물이 밀가루에 다 섞이면 체중을 실어 밀가루를 뭉친다. 뭉친 밀가루 반죽을 비닐봉투에 담아 잘근잘근 발로 밟아 탄력 있게 만드는 작업을 한다. 이때 맛짱은 댄스음악을 틀어 흥을 돋운다. 카라의 노래도 나오고, 소녀시대의 노래도 나온다. 신나게 발로 밟은 다음 손으로 다시 반죽을 잘 뭉쳐 모아 손으로 꾹 눌렀을 때 탄력 있게 솟아오르면 반죽이 잘된 것이다.

사누키우동은 이렇게 반죽한 덩어리를 2시간 정도 숙성을 거친 후 밀대로 얇게 펴서 칼로 썬다. 면은 뜨거운 물에 15분 정도 끓여야 쫄깃한 식감이 살아 있는 우동이 완성된다.

40분 정도 걸려서 우동 만드는 법을 배우면 졸업식을 통해 졸업장을 받는다. 졸업장은 바로 사누키우동을 만드는 레시피이며, 밀대가 선물로 주워진다. 이 얼마나 재밌는 퍼포먼스인가. 이런 즐거운 행위로 나카노 우동학교 사업은 대박이 났고, 훌륭한 관광콘텐츠가 되어 지역경제를 살리는 데도 단단히 한몫하고 있다.

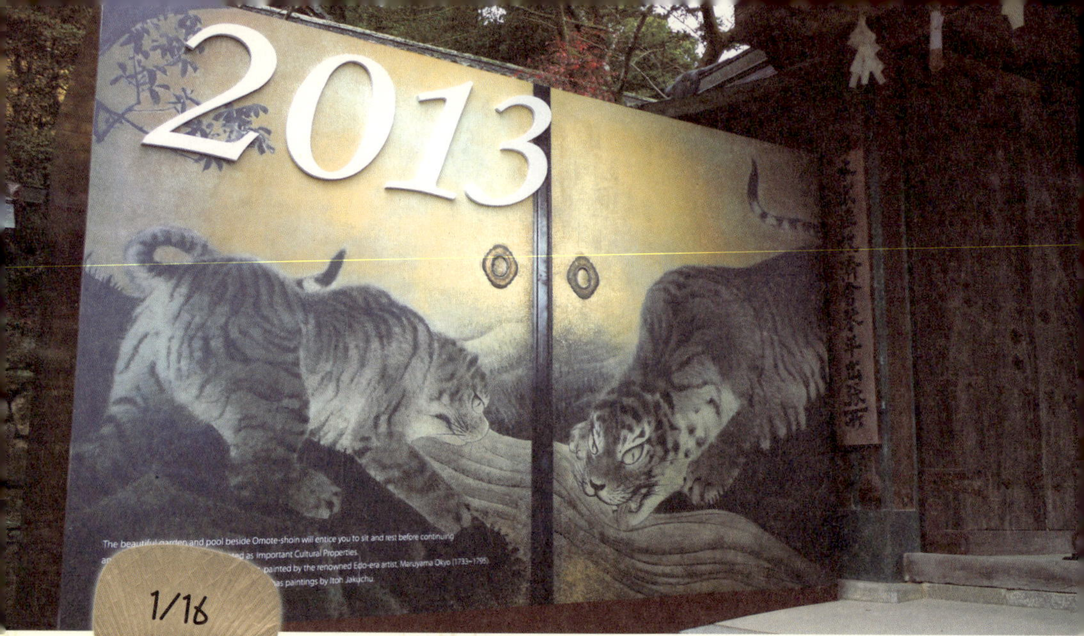

2013

1/16 수요일

〈독자와 함께 하는 우동여행〉을 했을 때이다. 우동을 먹고 사누키 들판을 걸으며 카가와 현의 예술기행도 함께 하는 여행이었다. 어떻게 하루에 세 번 이상 우동을 먹을 수 있냐고 했던 분들이 하루에 우동 세 그릇을 거뜬히 비웠다. 그리고 집으로 돌아가는 길. '우동 현'이라는 애칭으로 불리는 카가와 현을 떠나는 세레모니로 공항에서 카레우동을 먹으며 마무리했다. 진정으로 우동의 맛을 즐기며 조금씩 우동마니아가 되어가는 기쁨을 즐겁게 수다로 풀면서 말이다.

참, 공항에는 우동국물이 나오는 수도꼭지가 있다. 매일 10L의 우동국물을 제공하는데, 종이컵으로 한 잔씩 마시면 200명이 먹을 수 있는 양이라고 한다. 이 또한 그냥 지나치면 아쉽다.

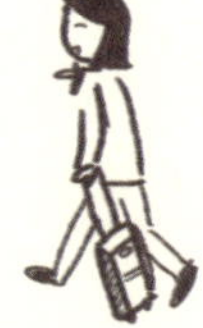

🍜 カレーうどん 카레우동 580엔

타카마츠 여행을 끝내고 돌아갈 때면 거르지 않고 꼭 들리는 우동집이다. 타카마츠 시내에서 공항으로 들어오는 버스를 타면 이 집 카레우동 먹을 생각에 즐거울 정도이다. 카마아게나 자루 우동도 먹어봤지만, 역시 이 집에서 내가 좋아하는 것은 카레우동이다. 땀을 흠뻑 흘리며 따끈한 우동 한 그릇을 먹고 나면 사우나를 한 뒤 냉탕으로 들어간 듯 개운하다.

이번에도 설레는 기대감으로 카레우동을 주문한다. 노란 카레가 얹어 나온 우동을 한 젓가락 끌어 올리며 향기를 맡는다. 흐음 카레의 향과 어울린 깊고 풍부한 우동면의 냄새! 뜨거운 김이 모락모락 오른다. 후욱~ 한 번 입김으로 식힌 우동은 폭풍 흡입되어 무저갱으로 빨려 들어가듯 사라진다.

2012의 해를 마무리하고 2013의 새해를 맞으며 보낸 카가와 현에서의 27일. 사누키 들판을 누비며 '맛과 멋과 정으로 먹는' 우동 여행의 마무리도 그렇게 우동 한 그릇을 먹으며 끝을 냈다.

독자 여러분을 위해 추천하고 싶은 〈1일3식 우동 코스〉를 만들어 보았다. 덤으로
카가와(香川) 현의 볼거리들을 함께 즐기는 것도 포기하지 말자.

타카마츠(高松) 역

사누키츠다(讃岐津田) 역
마츠노야세이멘(松の家製麵)
하류우(羽立)
츠다노마츠바라(津田の松原)

코토덴시도선(琴電志度線)

타카마츠(高松) 역
메리겐야(めりげんや)

JR요산선(予讃線)

사누키후추(讃岐府中) 역
야마시타우동(山下うどん)
가모우우동(がもううどん)

JR요산선(予讃線)

마루가메(丸亀) 역
츠즈미(つづみ)

이노쿠마 겐이치로 현대미술관
(猪熊弦一郎 現代美術館)
마루가메성(丸亀城)

JR요산선(予讃線)

타카마츠(高松) 역
사누키노코코로(讃岐のこころ)
츠야츠야(艶艶)

바닷가의 절경도 감상하고
온천욕도 즐기고

타카마츠(高松) 역
메리겐야(めりげんや)

JR요산선(予讃線)

칸온지(観音寺) 역
키타노우동
(きたのうどん)
고도우안(梧桐庵)
유리(ゆり)우동

JR요산선(予讃線)

칸온지(観音寺)
코토히키공원(琴弾公園)
코토히키카이로(琴弾回廊)

타카마츠(高松) 역
카와후쿠(川福)

2008년 봄, 그러니까 시코쿠(四国) 88사찰을 순례할 때이다. 일본은 예로부터 사찰 주변이 몬젠마치(門前町)라 하여 번화가를 이루었던 터라, 그것이 고스란히 남아 주로 사찰 주변에 식당들이 많다. 처음에는 무심했던 것이 점차 시간이 지날수록 유난히 우동집이 많다는 사실을 알게 되었다.

지나는 도심에는 곳곳에 우동집이 있었고, 산 아래와 산중턱, 사찰 안에 있기도 했다. 어떤 집은 논밭 한가운데 있기도 했고, 우동이 그려진 깃발 하나를 문 앞에 꽂아놓고 우동집임을 알리기도 했으며, 때론 간판이 없는 경우도 있었다.

생각해 보면 시코쿠 88사찰 순례는 우동 순례이기도 했고, 일본 가정식 백반의 맛 기행이기도 했으며, 일본 여관 순례이기도 했다. 매일 한 그릇의 우동을 먹었고, 매일 다른 여관에서 잠을 자야 했으며, 매일 다른 여관의 음식을 먹어야 했으니 말이다.

시코쿠 사찰 순례기인 『신들의 이야기 속으로 거침없이 걷다』를 출판한 뒤에 〈독자와 함께 떠나는 사찰 순례〉도 했다. 시코쿠 4개의 현을 5박6일씩의 일정으로 한 사찰과 문화 탐방이었는데, 독자들과도 점심은 늘 우동으로 먹었다. 모두들 대만족이어서, 하루에 한 번으로는 부족하니 기회를 내 우동을 한 번 더 먹자고 했다. 우동을 먹는 즐거움으로 사찰 순례의 발걸음이 가벼웠을 정도다.

〈독자와 함께 떠나는 사찰 순례〉를 하며 받은 우동에 대한 폭발적인 선호도 때문에 〈우동 앤 워크-한 그릇의 우동에 예술을 담다〉란 타이틀로《행복이 가득한 집》에서 기획을 했더니, 소개되자마자 신청자가 3일 만에 대형버스 두 대 인원이 되어서 예정 날짜보다 신청자 마감을 서둘러야 했다. 결국 2회에 걸친 우동 기행이 시작됐다.

우동 기행은 하루에 3군데의 우동집을 찾아가는 것을 기본으로 했다. 사누키 들판을 걸으며 시골의 정취를 맘껏 즐기다 만나는 한적한 우동집에서 장작으로 끓인 우동을 먹고, 다시 논두렁 밭두렁 길을 따라 걷다가 넓은 호숫가에 자리한 전망 좋은 우동집에서 할머니들이 만드는 야콘우동도 먹고, 우동학교에 들려 약 1시간의 즐거운 체험도 하고, 아트 기행으로 나오시마(直島)의 아트프로젝트를 둘러보았다.

〈독자와 함께하는 우동 여행〉을 마친 뒤 정식으로 우동 순례를 해보고자 하는 마음이 들었다. 연말연시 서울에 있으면 각종 모임에 참석하느라 바쁜데, 그렇게 보내기보다 훌쩍 일본으로 떠나는 것이 좋겠단 생각이 들었고, 바로 실행에 옮겼다.

그 사이 타카마츠를 오가며 우동 가이드북과 참고할 만한 우동 책 몇 권을 사왔고, 어르신의 도움을 받아 우동 관련 책을 읽으며 준비를 한 뒤 카가와 현의 타카마츠로 떠났다. 인구 100만의 카가와 현에는 우동집이 900여 곳이나 있다고 한다. 그 많은 우동집 중에서 어디를 갈 것인가를 정하는 것도 꽤나 힘든 작업이었다.

일단 나는 체인점보다는 독자적으로 운영하는 곳을 선호했다. 다음에는 특별한 우동을 파는 곳, 어떤 우동의 원조라고 불리는 곳, 아주 오래된 곳, 새로 생겨난 곳, 현지인이 많이 찾아가는 곳, 아주 유명한 곳 등, 고급 우동집에서부터 제면소에서 하루 1시간만 우동을 파는 집까지 다양하게 골라보았다.

제일 힘들었던 것은 하루의 스케줄을 짜는 일이었다. 영업시간과 휴일 등을 고려해야 했고, 우동을 먹고 바로 먹기는 힘드니까 가까운 곳에 있는 집을 두고 더 먼 곳의 우동집을 찾아가야 했다.

하루에 평균 5그릇의 우동을 먹는 일이 '미친 짓'으로 보일 수도 있겠지만, 우동집을 찾아가고 우동을 먹는 데 전혀 지루하거나 심심하지 않았다. 비를 맞아도 오래 걸어 고단했을 때도 우동 순례가 재미있었고, 그 순간순간의 장면들을 즐겼다. 아마도 우동을 먹는 게 고행이었다면 27일간 내내 우동을 먹지는 못했을 것이다. 서울로 돌아오는 길에도 공항에서 마지막 우동을 먹으며 '며칠만 더 있다 갔으면', '아직 가고 싶은 집이 더 있는데' 하는 아쉬운 마음이 들었다.

책을 만드는 과정 중에 더 많은 아쉬움이 남았다. 바쁘고 복잡한 우동집에서 김이 모락모락 나는 우동 사진을 찍기가 힘들어 사진이 만족스럽게 나오지 못했고, 비가내리는 날에 다닌 곳은 쓸 만한 사진이 거의 없어 첨부할 자료가 부족했다.

이번 '나의 우동 이야기'는 테마가 있는 여행을 꿈꾸는 이들에게 "이런 여행도 해볼 수 있다!"는 하나의 소재로 소개하고 싶다. 나는 테마가 있는 여행을 주로 해왔다. 나의 첫 여행은 괴테를 찾아서 떠난 독일 음악기행이었고. 그 다음엔 와인기행, 겨울 시베리아 횡단을 했었다. 그리고 로마의 역사 로만로드를 찾아서 떠나기도 했고, 북미대륙은 기차를 타고 종횡무진 누벼보았다. 이번 우동 순례도 그런 여행 중의 하나이다.

　이 책을 읽은 독자들이 '사누키우동 여행'을 떠난다면 도움이 될 만한 1일 추천 코스 몇 곳을 예시해 보았다. 더불어 훌륭한 작가들의 미술관과 박물관 등을 둘러보는 것도 추천한다. 세토내해는 일본의 지중해라 불린다. 카가와 현의 세토내해에 흩어진 나오시마(直島), 오기지마(男木島), 메기지마(女木島), 데지마(豊島), 쇼도지마(小豆島) 같은 섬들에 있는 미술관을 찾아보는 것도 좋을 것이다. 건강한 걷기와 함께 훌륭한 건축, 예술작품들을 감상할 수 있다.

　우동 순례를 도와준 여러분께 감사를 전하며, 기회가 된다면 다시 걸어보고 싶은 사누키 들판으로 초대해 따뜻한 우동 한 그릇 대접하고 싶다.

김효선

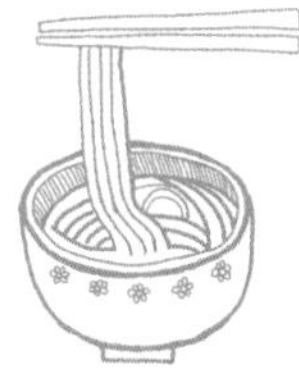

우동현^현으로 불리는 카가와현,
그 지상 최고의 우동 맛집 **109**!

사누키우동 순례 109

1판 1쇄 인쇄 2013년 8월 8일
1판 1쇄 발행 2013년 8월 13일

지은이 김효선
펴낸이 안광욱
펴낸곳 도서출판 비엠케이

편집 박진희
디자인 아르떼203
제작진행 (주)꽃피는청춘

출판등록 2006년 5월 29일(제313-2006-000117호)
주소 서울시 마포구 성산동 240-24 화이트빌 1F
전화 (02)323-4894
팩스 (02)323-4876
이메일 arteahn@naver.com

값은 표지에 있습니다.
ISBN 978-89-965605-3-1 13980

일원화 공급처 (주)북새통
주소 서울시 마포구 서교동 465-4 광림빌딩 2층
전화 (02)338-0117
팩스 (02)338-7161
이메일 bookmania@booksetong.com